BRETT UND STEIN
VERLAG

Guo Juan

Chinesische Meisterpartien

Die Titelkämpfe des
19. Mingren und 21. Tianyuan

BRETT UND STEIN
VERLAG

Guo Juan 5.Dan ist eine chinesische Profi-Spielerin und hat viele Jahre in der chinesischen Nationalmannschaft trainiert. Sie lebt heute in den Niederlanden, wo sie Kurse und Unterricht im Brettspiel Go gibt (www.guojuangoschool.com).

Bibliografische Information der Deutschen Nationalbibliothek
Die Deutsche Nationalbibliothek verzeichnet diese Publikation in der Deutschen Nationalbibliografie; detaillierte bibliografische Daten sind im Internet über http://dnb.d-nb.de abrufbar.

Den chinesischen Gepflogenheiten und der in Ostasien üblichen Reihenfolge entsprechend, wird bei Personennamen stets der Familienname dem persönlichen Namen vorangestellt.

ISBN 978-3-940563-04-0

Umschlaggestaltung: Gunnar Dickfeld
Druck: Books on Demand GmbH, Norderstedt

smartgo® Die Diagramme in diesem Buch wurden erstellt mit SmartGo™: http://www.smartgo.com/de

Printed in Germany

Inhalt

19. Mingren Titelkampf

Zhou Ruiyang vs. Gu Li 9
Partie 1 11
Partie 2 35
Partie 3 61

21. Tianyuan Titelkampf

Gu Li vs. Liu Shizhen 83
Partie 1 85
Partie 2 115
Partie 3 143

Anhang

Glossar 161

名人战

19. Mingren – Zhou Ruiyang vs. Gu Li

Das Go-Jahr 2007 wurde in China mit der Austragung des 19. Mingren-Titelkampfes eröffnet. Der fünfzehnjährige Herausforderer Zhou Ruiyang trat gegen den Großmeister Gu Li an.

Der Mingren ist das bedeutendste Turnier in China und entspricht in etwa dem vom Nihon Kiin in Japan veranstaltetem Meijin-Titelturnier. Er wird vom Chinesischen Go-Verband, dem Zhongguo Qiyuan, und der chinesischen Volkszeitung Renmin Ribao durchgeführt. Im Mingren, der in der Übersetzung „genialer Kopf" bedeutet, treten in den Vorrunden vierundsechzig Spieler an, um sich für die K.o.-Runden zu qualifizieren. In den K.o.-Runden spielen sechzehn Spieler zwei Gewinner aus, die in einer Serie von drei Partien den endgültigen Herausforderer für das Finale bestimmen.

Der Titelkampf zwischen dem Herausforderer und dem Titelträger stellt den Höhepunkt des Turnieres dar und besteht aus einer Spielserie von fünf Partien.

Gu Li ist einer der besten Go-Spieler des heutigen China. Einige zählen ihn sogar zu einem der besten der Welt. Er wurde 1982 geboren und bereits 1994 Profi. Seither hat er alle wichtigen Titel, ausgenommen des Chang Qi Cups, gewonnen. Im Jahr 2006 gewann er als jüngster Chinese in der Geschichte den internationalen 10. LG Cup und wurde infolge dessen zum 9. Dan heraufgestuft.

Wie sein Vorname Li, der Stärke bedeutet, bereits anzeigt ist er in der Lage auch in schwierigsten Situationen zu kämpfen und exzellente Züge zu finden. Nicht umsonst findet sich der Begriff auch in der Go-Terminologie. In China trägt Gu Li den Spitznamen Da Li, der große Li. Diese Ehre drückt die Anerkennung seiner erstaunlichen Fähigkeiten aus, starke Züge zu spielen, die von einem scharfen Instinkt und akkuratem Rechnen zeugen.

Gu Li ist bekannt für seine kämpferischen Partien, denn sein Stil basiert auf den Kampf im Mittelspiel. In früheren Jahren provozierte er in seinen Partien jeden Kampf, ohne Rücksicht auf die Auswirkungen auf seine Gebiete. Das Endspiel, in dem es nur noch um die letzen kleinen Punkte geht, stellt seine Schwäche dar. In jüngerer Zeit, insbesondere nach seinem Sieg über den Koreaner Choi Cheol Han 9. Dan, den er im Samsung Cup mit nur einem halben

Punkt besiegt hatte, hat sich sein Stil des Kampfes verändert. Nun berücksichtigt er häufiger die teils sehr destruktiven Auswirkungen der Kämpfe auf die Gebietsanlagen.

Mit einem furiosen 3:0 Sieg hatte Gu Li dem vorherigen Mingren Qiu Jun 8. Dan den Titel abgenommen. Im folgenden Jahr verteidigte er den Titel gegen den Herausforderer Yu Bin 9. Dan – wieder mit einem 3:0. Nun stand die zweite Verteidigung des Titels an, der ihm vom fünfzehnjährigen Zhou Ruiyang streitig gemacht wurde.

Zhou Ruiyang wurde 1991 geboren und begann im Alter von sieben Jahren Go zu spielen. Er gewann das größte Amateurturnier, den Wanbao Cup, und wurde noch im gleichen Jahr Profi. 2005 spielte er bereits als Kapitän der Mannschaft Beijing Haidian in der chinesischen Liga und konnte mehrere Siege gegen so bekannte Spieler wie Xie He 6. Dan, Chang Hao 9. Dan und den Koreaner Cho Hunhyun 9. Dan erringen. Daraufhin wurde er zum 3. Dan hochgestuft.

Im Jahr 2006 gelang Zhou der endgültige Durchbruch, als er im Duell der Herausforderer zum Tianyuan, dem zweitgrößten Turnier in China, Kong Jie besiegte und in dessen Folge im Finale gegen Gu Li antrat. Während er die erste Partie für sich entscheiden konnte, verlor er die zweite und die entscheidende dritte. Im gleichen Jahr erhielt er den Rang des 4. Dan.

Seither erhielt er Anerkennung von allen Seiten und wird als einziger Gu Li ebenbürtiger Spieler gehandelt. Da man das Zusammentreffen als die Fortsetzung des Kampfes um den Tianyuan aus dem vorangegangenen Jahr ansah, wurde die Begegnung dieses außergewöhnlichen jungen Talentes mit dem stärksten Spieler des Landes im Finale des 19. Mingren mit höchster Spannung erwartet. Während die ersten beiden Runden im Zhongguo Qiyuan in Beijing stattfanden, sollten die letzten drei in der Stadt Yongchen auf der Insel Henan ausgetragen werden.

Die Partien dieses Titelkampfes werden auf den nächsten Seiten dieses Buches präsentiert.

名人战

Der Mingren-Titelkampf

Partie I

Weiß:	Gu Li, Mingren
Schwarz:	Zhou Rui Yang, 4. Dan
Partie:	19. Mingren, Finale
Datum:	4. Januar 2007
Ort:	Zhongguo Qiyuan, Beijing
Komi:	7.5
Regeln:	Japanisch
Kommentar:	Wang Jian Kun 7. Dan
	Guo Juan 5. Dan

Figur 1 (1 - 50)

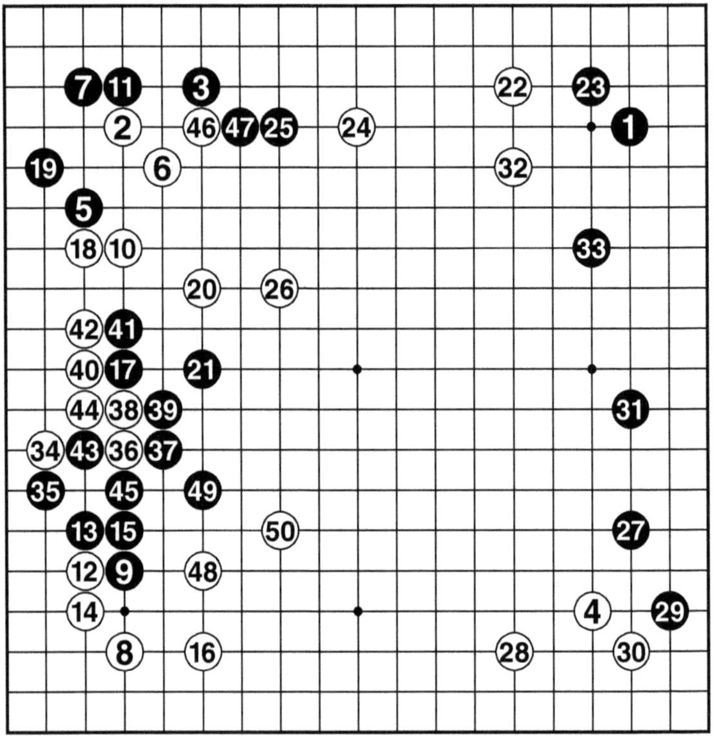

Wenn Weiß auf Schwarz 3 nicht antwortet, ist ein Doppelangriff die logische Fortsetzung. Wenn Weiß nun Vorhand nehmen möchte, muss er das Kosumi auf 6 spielen. Die Ecke links unten ist noch frei, daher ist es richtig, hier Vorhand zu nehmen.

Weiß 34 ist der Höhepunkt der Partie. Niemand hatte diesen Zug erwartet, selbst Zhou Ruiyang schien nicht damit gerechnet zu haben. An dieser Stelle beginnt der schwarze Leidensweg.

Weiß profitiert in der Abfolge bis 42, denn es ist nicht nur Gebiet entstanden, sondern – und das ist viel bedeutender – eine solide Basis; während Schwarz noch keine Basis hat.

Schwarz 47 ist eindeutig übertrieben und zu ungeduldig. Er hat den Kampf am linken Rand verloren und möchte nun aufholen.

Nach Weiß 50 sieht der untere Rand sehr vielversprechend aus.

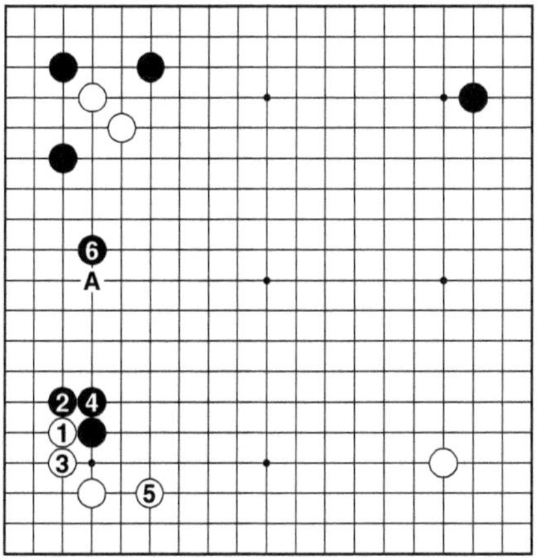

Dia. 1
Weiß 10 in der Partie ist sehr interessant. Wenn Weiß statt dessen sofort den Anleger an den schwarzen Stein und das bekannte Joseki spielt, dann wird Schwarz der normalen Ausdehnung A auf 6 spielen.

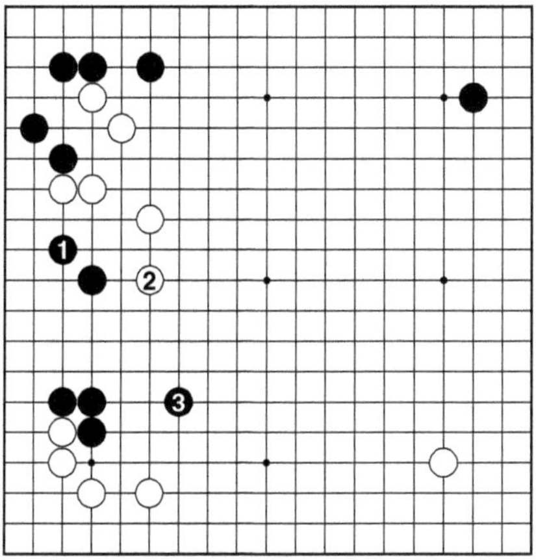

Dia. 2
Mit Schwarz 21 ins Zentrum zu laufen scheint nicht verkehrt. Aber Gu Li spielte später einen gefährlichen Angriffszug. Daher war man sich nach der Partie einig, dass Schwarz 1 hier die bessere Wahl ist. Dieser Zug gibt Schwarz eine Basis und viele Punkte.

Es gibt keinen Weg, Schwarz einfach einzuschließen, denn er kann mit 3 herausspringen.

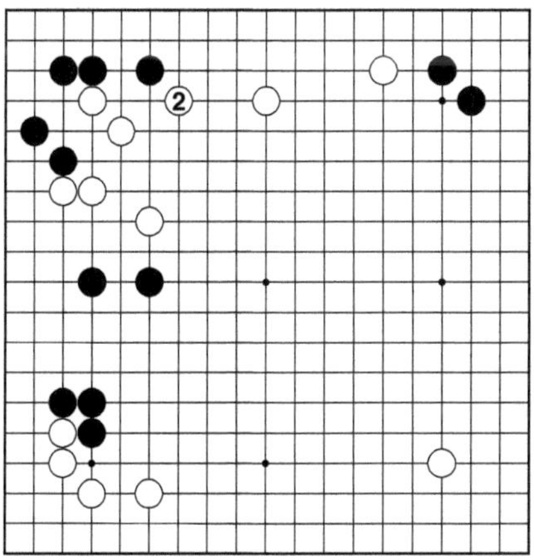

Dia. 3
Schwarz 25 in der Partie ist notwendig. Wenn Schwarz hier nicht herausläuft, dann macht Weiß 2 schöne Form und baut Einfluß auf.

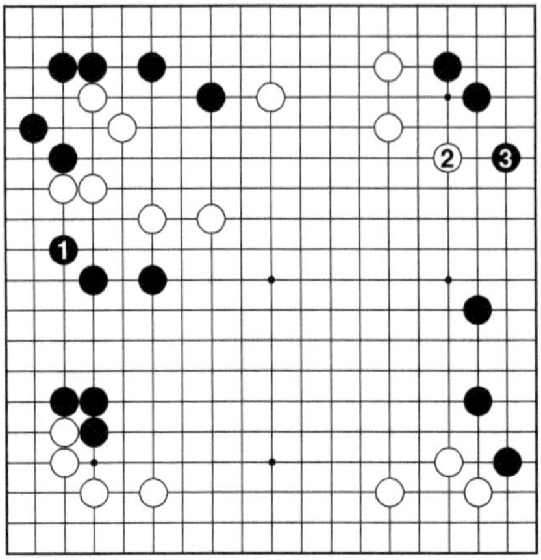

Dia. 4.
Schwarz 33 sieht normal aus und bringt viel Gebiet für Schwarz, aber wenn Schwarz geahnt hätte, wie gefährlich der weiße Angriff sein würde, hätte er Schwarz 1 in diesem Diagramm bevorzugt und Weiß den großen Punkt am rechten Rand überlassen.

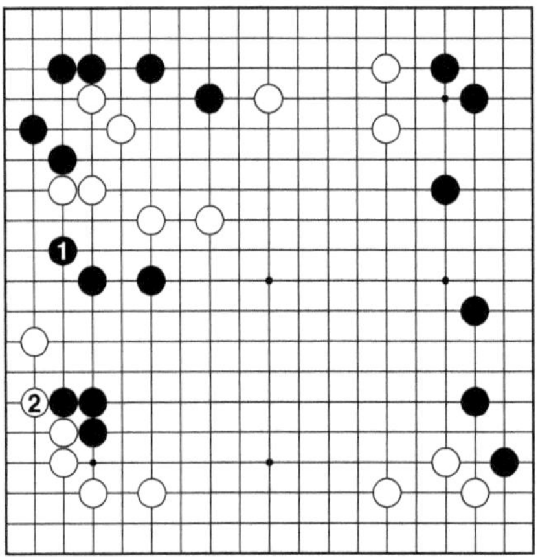

Dia. 5
Kann Schwarz auf Weiß 34 nicht mit 1 antworten?

Die Antwort lautet nein, denn Schwarz verliert auf diese Weise zu viele Punkte.

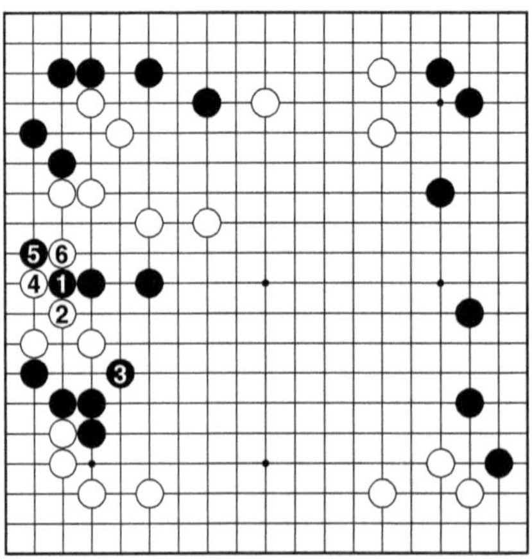

Dia. 6
Schwarz 1 als Antwort auf Weiß 36 sieht gut aus, aber Weiß hat den „ungewöhnlichen" Zug auf 2.

Deshalb kann Schwarz nicht 1 spielen, denn Weiß schneidet einfach mit 4 und 6.

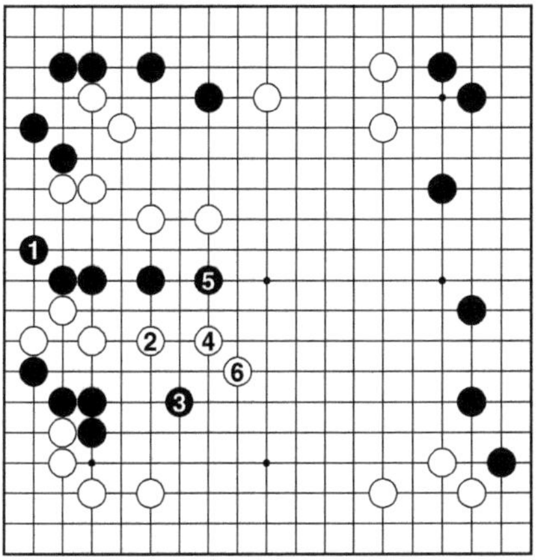

Dia. 7
Wenn Schwarz statt 3 im letzten Diagramm wie hier spielt, dann folgen Weiß 2 bis 6 und das Ergebnis sieht wieder nicht überzeugend aus für Schwarz.

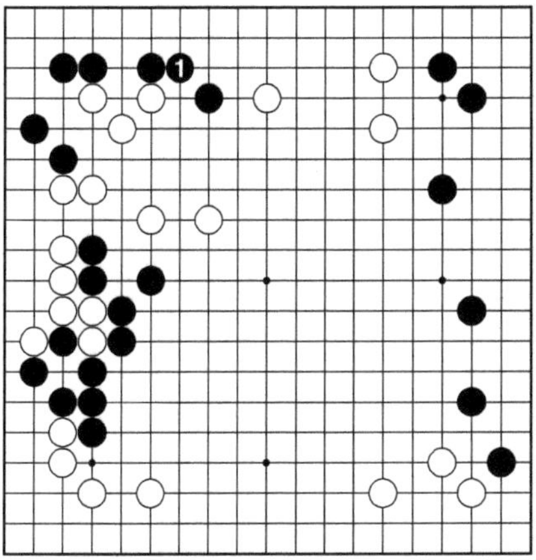

Dia. 8
Schwarz sollte mit 47 geduldig strecken und auf seine Chance warten.

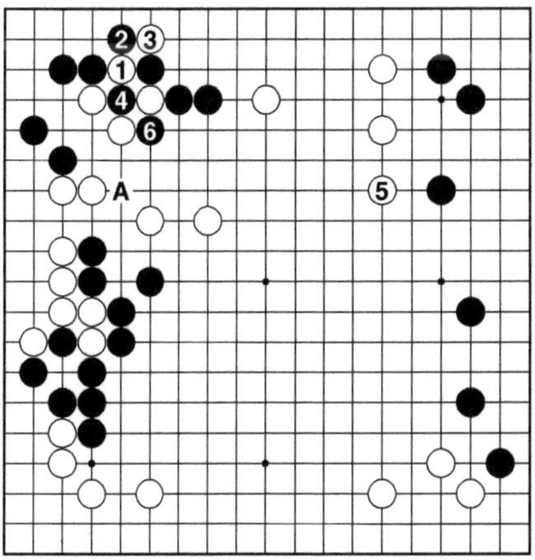

Dia. 9
Weiß kann die Schwäche mit 1 und 3 ausnutzen; es entsteht ein Ko. Weiß darf das Ko jedoch nicht zu früh beginnen, denn es könnte auch für ihn gefährlich werden. Schlägt Schwarz auf 6 durch, dann wird die Schwäche auf A aktiviert.

Weiß muss folglich erst einige Ko-Drohungen schaffen.

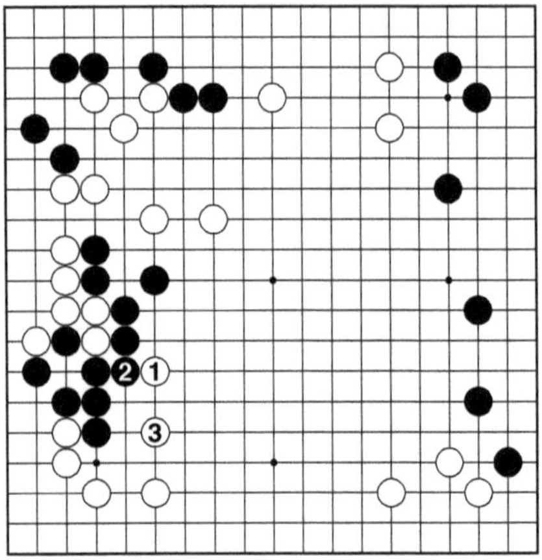

Dia. 10
Kann Weiß mit 48 auch aggressiver spielen?

Die Kombination Weiß 1 und 3 sehen wie eine sehr schöne Entwicklung aus.

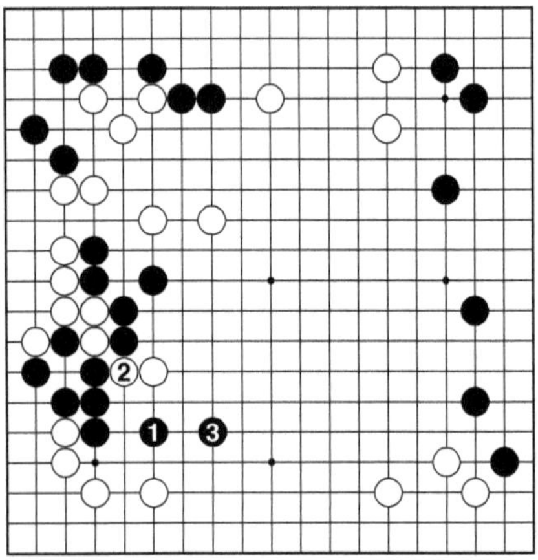

Dia. 11
Schwarz wird sicherlich Gegenwehr mit 1 und 3 leisten. Der Schnitt ist nicht wirklich gefährlich und Weiß würde sich damit selbst in Gefahr bringen.

Daher ist Weiß 1 im letzten Diagramm nicht klug.

Figur 2 (51 - 90)

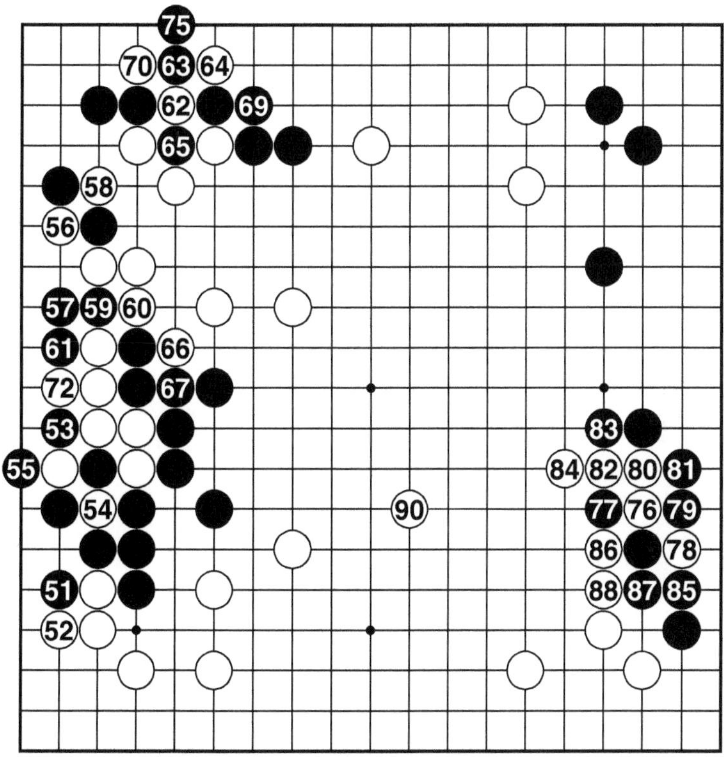

68 auf 62, 71 auf 65, 73 über 54, 74 auf 62, 89 auf 65

Das Schlagen mit Weiß 54 ist der einzige Zug. Schwarz 57 ist Tesuji, aber in dieser Situation leider nicht gut genug.

Es hat den Anschein, dass Schwarz nach 61 viele Steine gefangen hat, aber Weiß ist nun sicher und kann das Ko auf 62 beginnen. Während Schwarz mit 75 eine Zeitbombe in den Händen hält, schafft Weiß weitere Ko-Drohungen am rechten Rand.

Mit 86 bis 90 baut Weiß am unteren Rand ein wirklich beeindruckendes Moyo auf. Schwarz kann aufgrund der tickenden Zeitbombe nichts unternehmen, um dieses Moyo zu reduzieren – es ist wirklich tragisch.

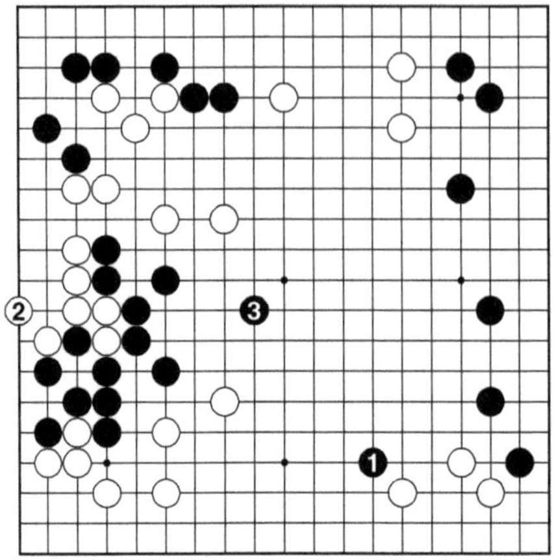

Dia. 12
Weiß 53 ist lokal ein guter Punkt, aber in der Gesamtstellung ist er noch nicht dringend.

Es ist besser, mit Schwarz 1 den unteren Rand zu reduzieren. Weiß 2 stellt kein großes Problem für Schwarz dar.

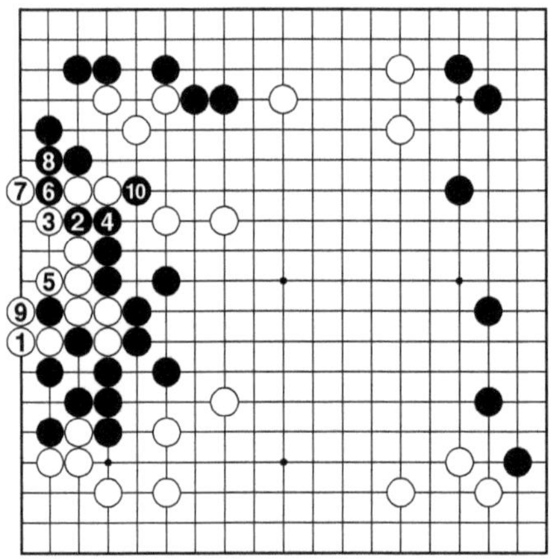

Dia. 13
Weiß 1 für 54 in der Partie ist aggressiv und in der Abfolge bis 10 kann Weiß leben.

Aber das Ergebnis ist sehr gut für Schwarz.

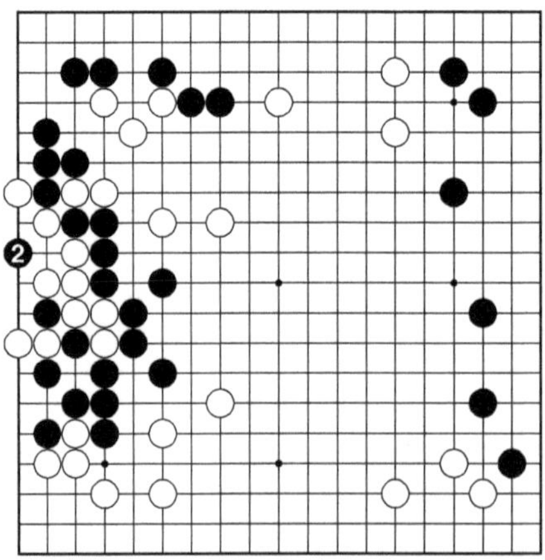

Dia. 14
Weiß 9 im letzten Diagramm ist notwendig, denn wenn Weiß fernbleibt, dann tötet Schwarz 2.

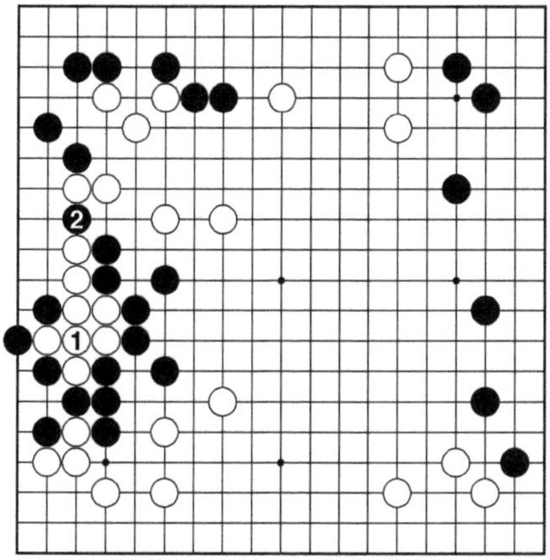

Dia. 15
Weiß kann mit 56 nicht decken, denn Schwarz 2 bringt ihn in arge Bedrängnis.

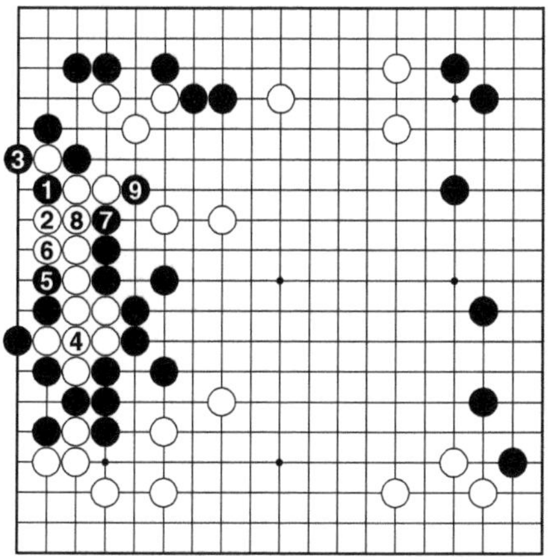

Dia. 16
Schwarz sollte nach Weiß 56 nur einen Stein fangen. Er hat dann eine sehr schöne Fortsetzung, die Weiß sehr weh tut.

Weiß kann so nicht spielen.

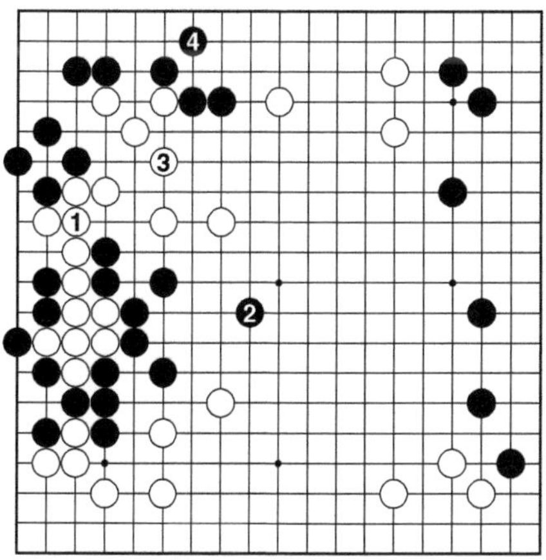

Dia. 17
Daher wird Weiß wohl oder übel mit 1 verbinden.

Trotzdem hat Weiß keine Basis mehr und daher auch keine Chance, das Ko am oberen Rand zu beginnen.

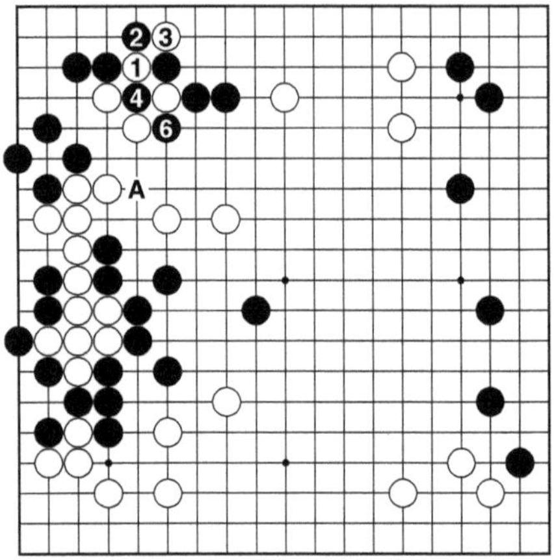

Dia. 18
Beginnt Weiß das Ko sofort und gelingt es Schwarz durchzuschlagen, dann bringt ein schwarzer Zug auf A die weiße Gruppe um.

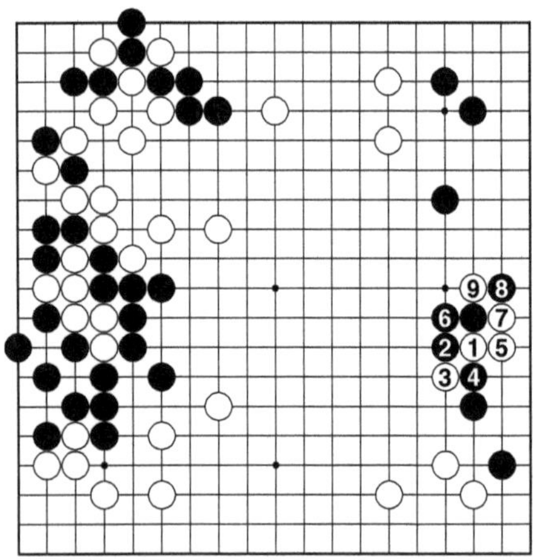

Dia. 19
Für Weiß 76 in der Partie kann Weiß auch 1 in dieser Variante wählen, denn er braucht nur eine gute Drohung. Weiß 9 bringt sie hier.

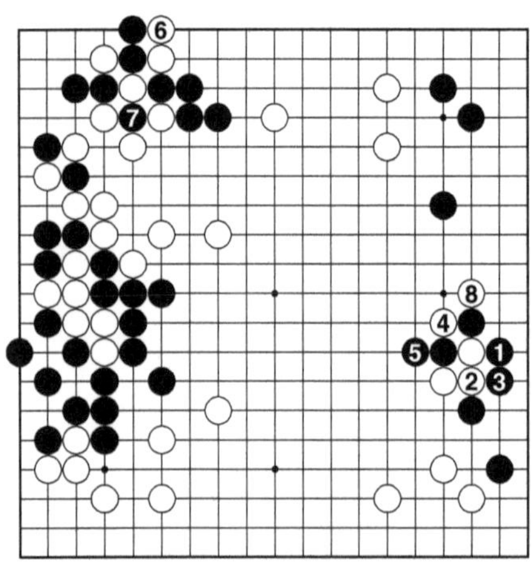

Dia. 20
Schwarz muss folglich nur auf diese Weise nachgeben. Trotzdem bleibt Schwarz keine Chance zum kämpfen. Die Situation ist schwierig für ihn.

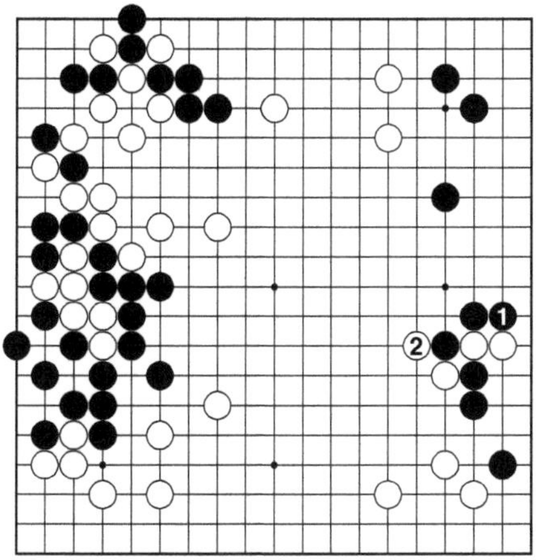

Dia. 21
Auch in dieser Variante bekommt Weiß seine Drohung.

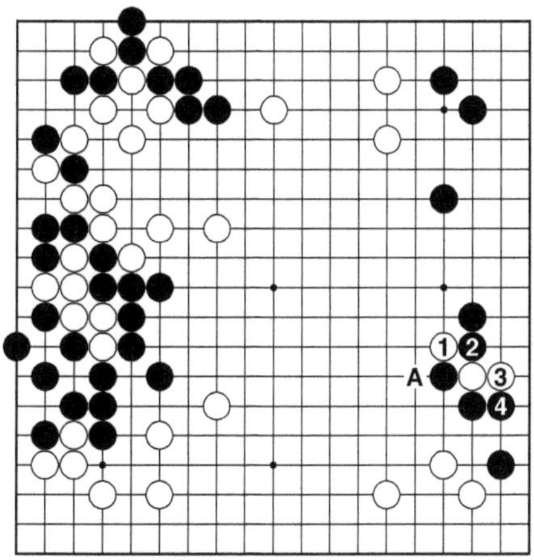

Dia. 22
Weiß 78 könnte auch schärfer gespielt werden. A ist wieder eine schöne Drohung.

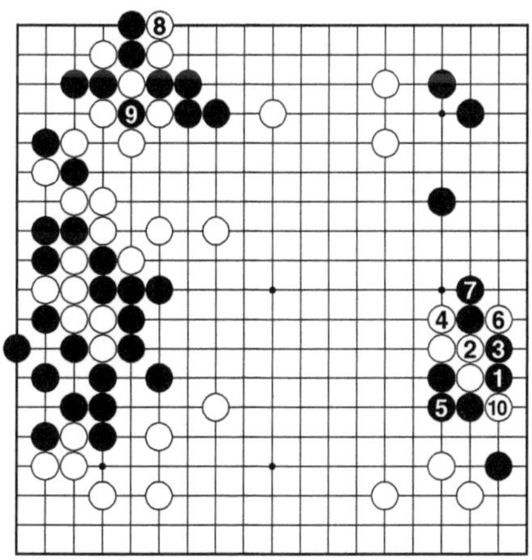

Dia. 23
Schwarz kann auf Weiß 1 im letzten Diagramm nur wie hier gezeigt verteidigen. Dennoch verliert er.

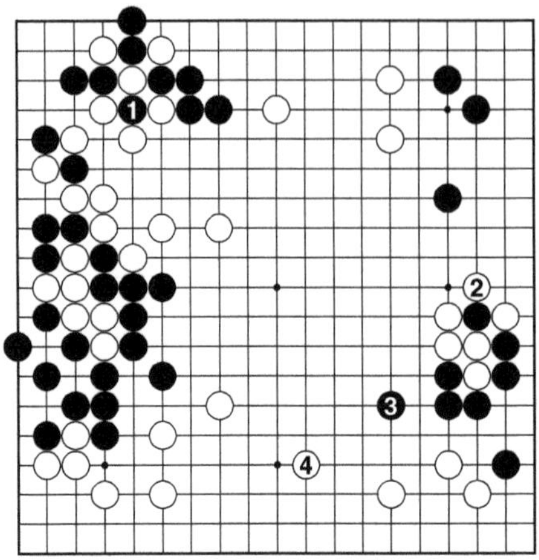

Dia. 24
Wenn Schwarz statt 7 im Diagramm 23 das Ko nimmt, dann schlägt Weiß einen schwarzen Stein.

Nach 4 steht es sehr gut für Weiß.

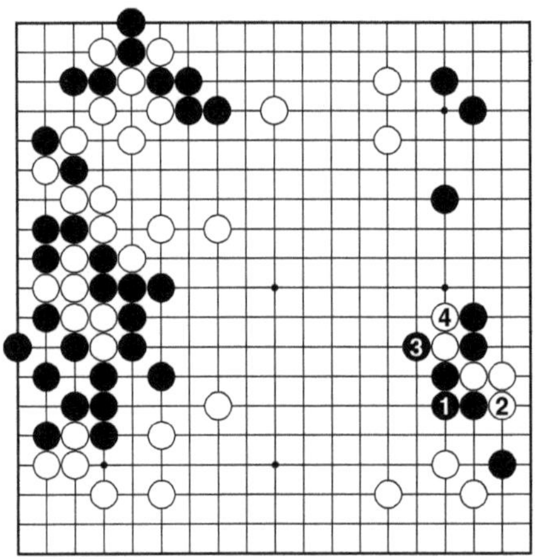

Dia. 25
An Stelle von Schwarz 4 im Diagramm 22 mit 1 zu decken, hilft Schwarz auch nicht weiter.

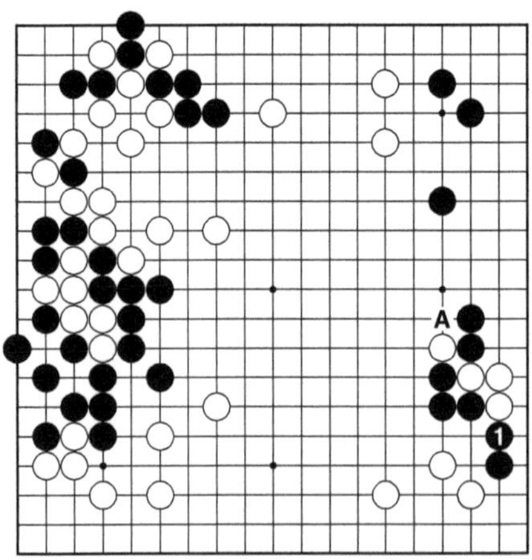

Dia. 26
Schwarz 1 hier ist ebenfalls nicht ausreichend, denn auch das Strecken auf A ist eine Drohung.

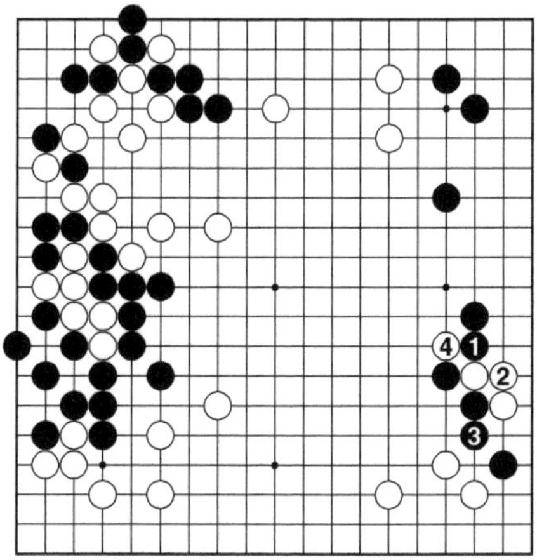

Dia. 27
Schwarz darf 79 nicht wie hier spielen, denn plötzlich gibt es überall Ko-Drohungen für Weiß.

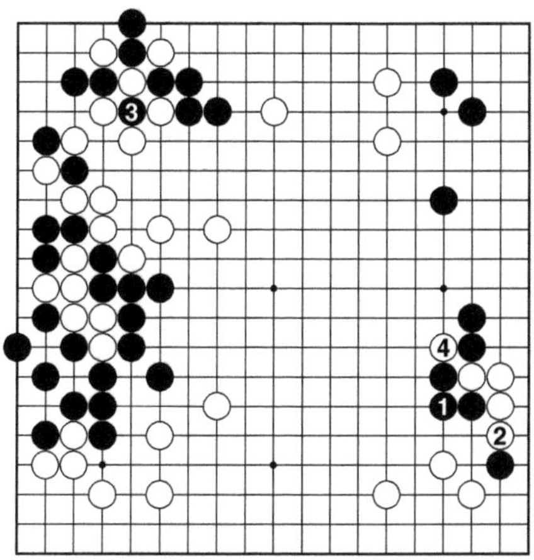

Dia. 28
Wenn Schwarz anstatt von 3 im letzten Diagramm mit 1 deckt, dann bringt das Weiß viele Punkte. Wenn Schwarz dann das Ko schlägt, kann Weiß mit 4 schneiden.

Folglich ist diese Variante ebenfalls nicht gut für Schwarz.

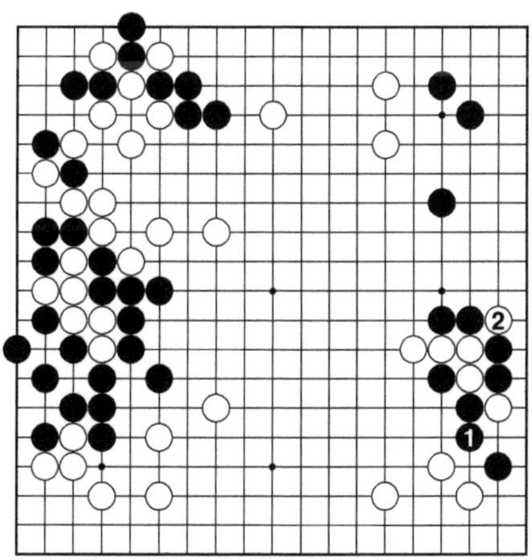

Dia. 29
Schwarz kann mit 85 in der Partie nicht auf 1 strecken, denn Weiß 2 generiert wieder Ko-Drohungen.

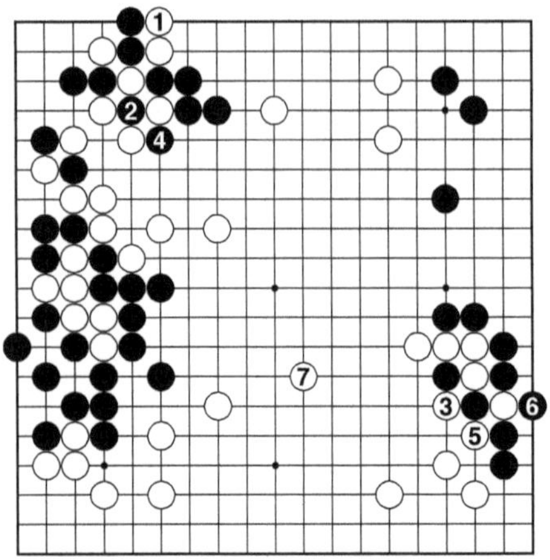

Dia. 30
Diese Variante für Weiß 86 sieht auch spielbar für Weiß aus.

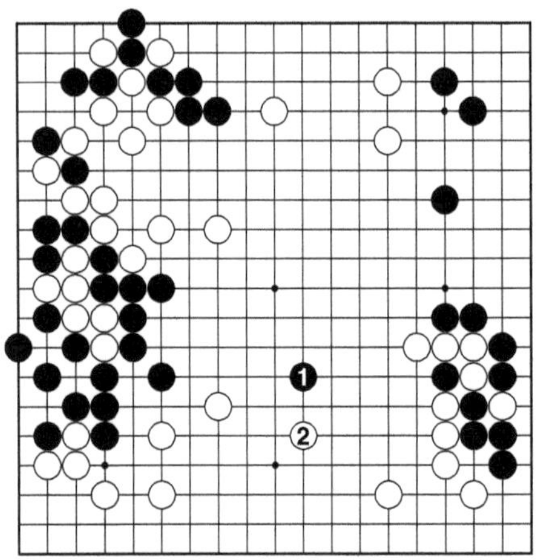

Dia. 31
Schwarz könnte statt 89 in der Partie mit 1 das weiße Moyo reduzieren, aber es bleibt nach Weiß 2 immer noch riesig.

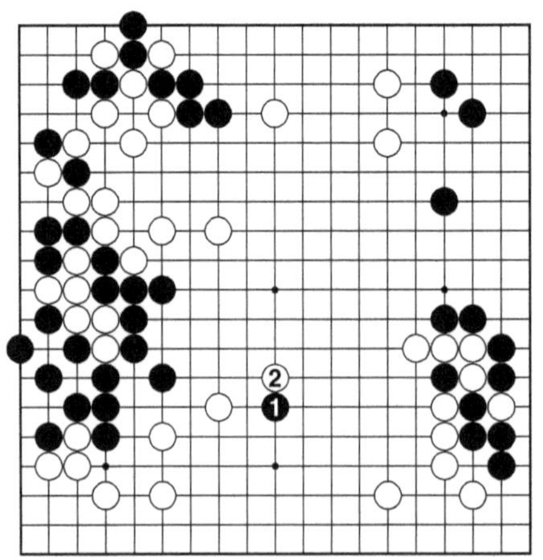

Dia. 32
Auf Schwarz 1 hier, kann Weiß nahezu alles als Ko-Drohung spielen.

Daher hat Schwarz keine Chance, das Moyo zu reduzieren, so lange das Ko am oberen Rand besteht.

Figur 3 (91 - 140)

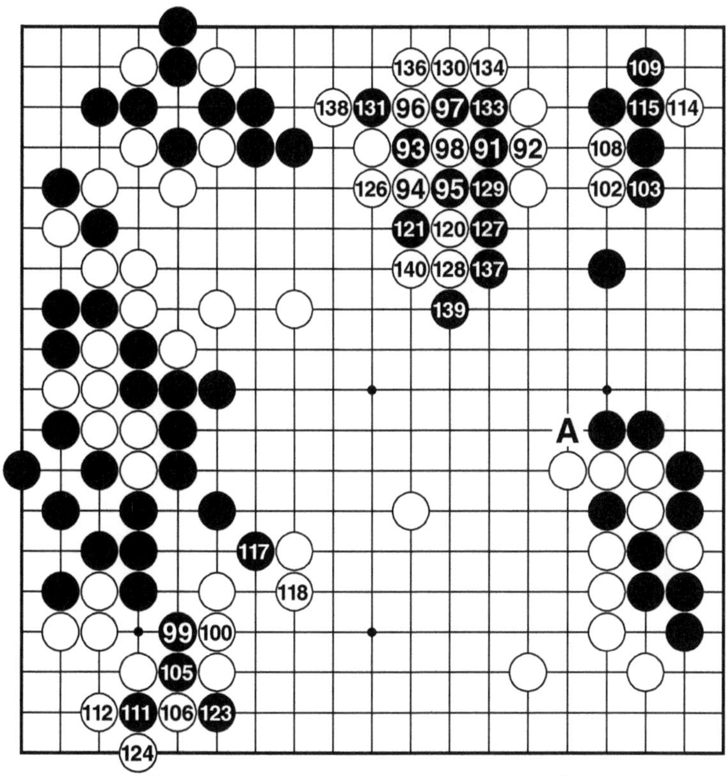

Ko: 101, 107, 113, 119, 125 und 135 auf 93;
104, 110, 116, 122 und 132 auf 98

Schwarz sucht mit 91 eine Chance und so gibt es ein weiteres Ko! Schwarz 99 ist nicht die beste Drohung, denn es macht Weiß noch stärker. Außerdem kann Schwarz auf diese Weise nicht ausreichend Drohungen generieren.

Schwarz 131 ist der Zug, der die Partie verliert. Die folgenden Züge machen es Weiß einfach zu leicht und nach 138 ist klar, dass die Partie vorbei ist.

Weiß 140 zeigt den Kampfgeist von Gu Li, der selten sanfte Züge. spielt. Ein Zug auf A wäre hier völlig ausreichend.

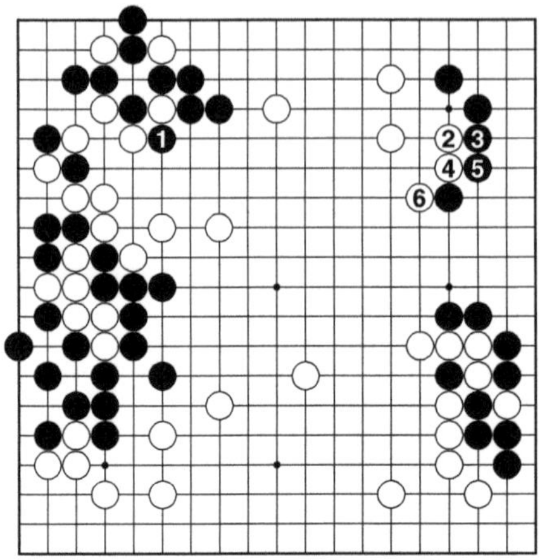

Dia. 33
Schlägt Schwarz das Ko mit 91, dann ist das Spiel einfach für Weiß, denn Schwarz hat nicht genügend Gebiet.

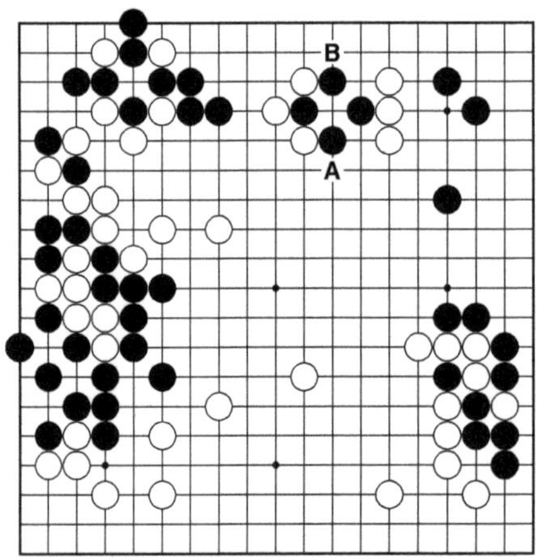

Dia. 34
Es ist notwendig, die lokalen Varianten des neuen Ko zu betrachten, um die Partie zu verstehen.

Weiß hat hier die Züge auf A und B.

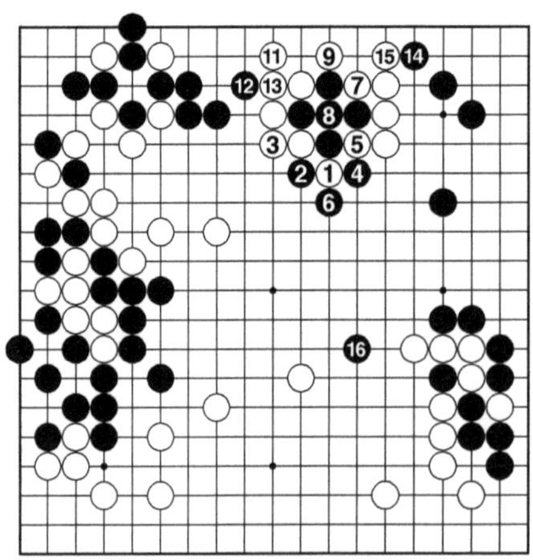

Dia. 35 – Variante A
Wenn Weiß nicht genügend Drohungen hat, dann ist diese Sequenz wahrscheinlich. Möchte Weiß nur leben, muss er 5 spielen.

Schwarz 10 deckt. Nach 11 ist Weiß sicher und Schwarz bekommt die Außenseite. Weiß lebt, wenn auch nur klein.

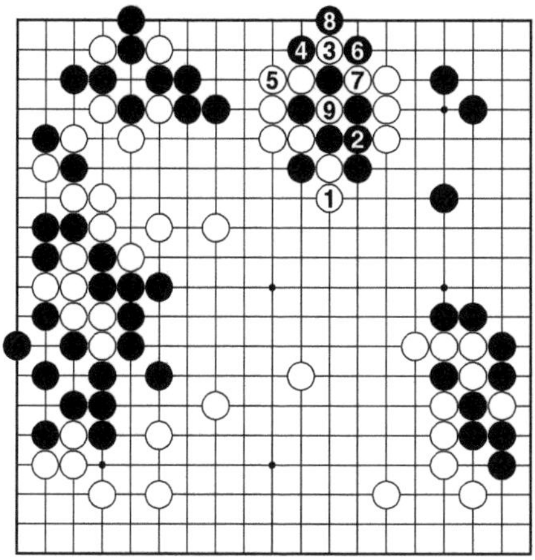

Dia. 36
Weiß 1 sieht besser aus als 5 im letzten Diagramm. In der Folge bis Weiß 9 gibt es wieder ein Ko.

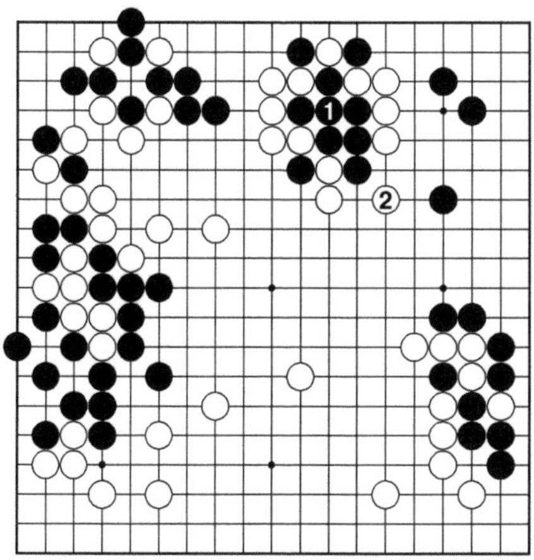

Dia. 37
Schwarz 1 statt 8 im vorherigen Diagramm ist keine interessante Alternative für Schwarz.

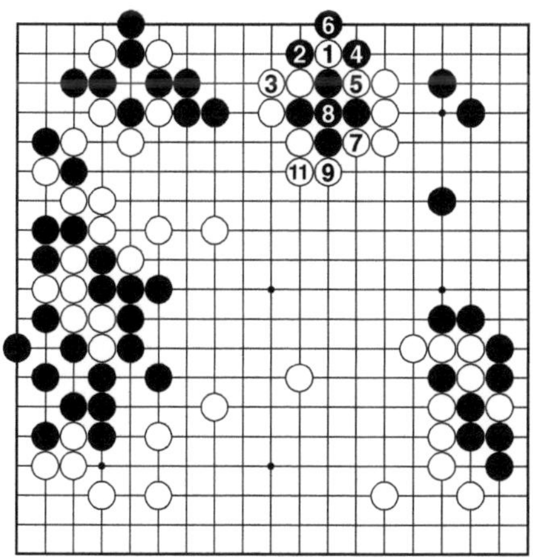

Dia. 38 – Variante B
Möchte Weiß auf Sicherheit spielen, dann ist 1 die bessere Variante. Weiß baut bis 11 einen soliden Außenwall auf.

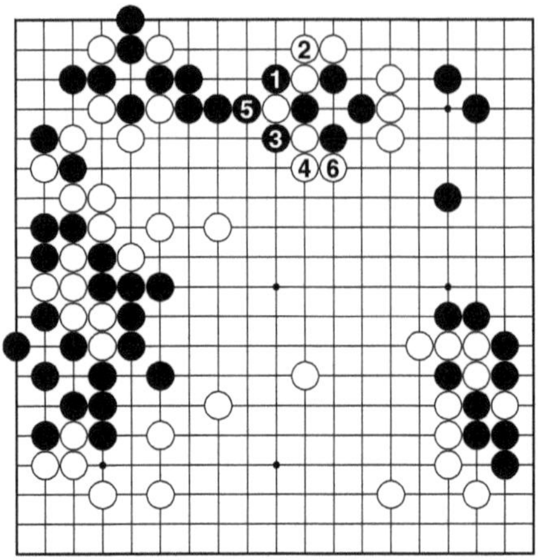

Dia. 39
Kontert Schwarz auf Weiß 1 im letzten Diagramm mit dieser Variante, dann bekommt Weiß wieder eine sichere Stellung.

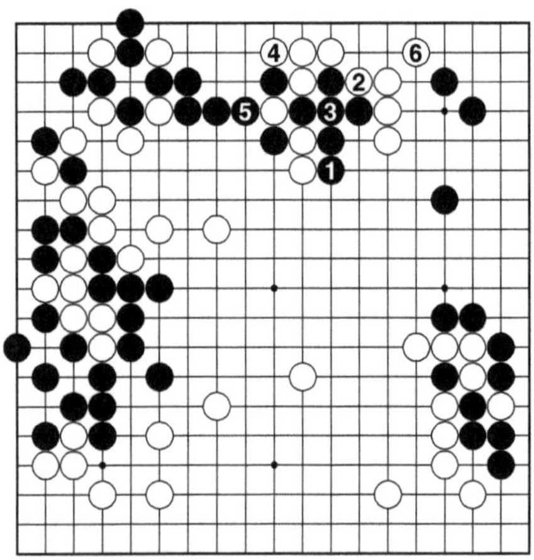

Dia. 40
Auf Weiß 4 im letzten Diagramm wird Schwarz mit 1 strecken. Dies ist der stärkste Widerstand.

Aber selbst wenn Weiß das Ko nicht gewinnen kann, so lebt er zumindest problemlos am oberen Rand.

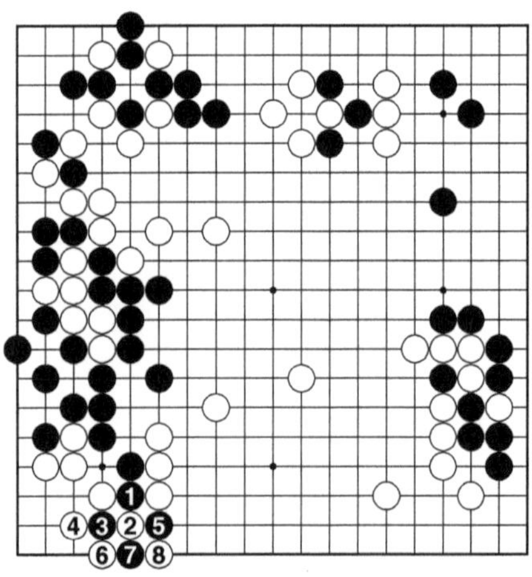

Dia. 41
In der Partie war Schwarz 99 keine gute Drohung.

Als Fortsetzung hat Schwarz maximal fünf weitere Ko-Drohungen.

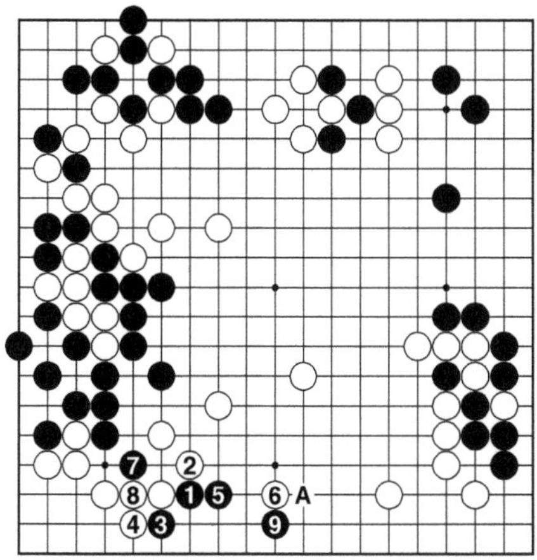

Dia. 42
Daher sollte Schwarz wie hier gezeigt Drohungen suchen.

Dies sind deutlich mehr als fünf Drohungen und es sieht so aus, als könne Schwarz endlos fortsetzen.

Statt Schwarz 9 ist auch ein Anleger auf A denkbar.

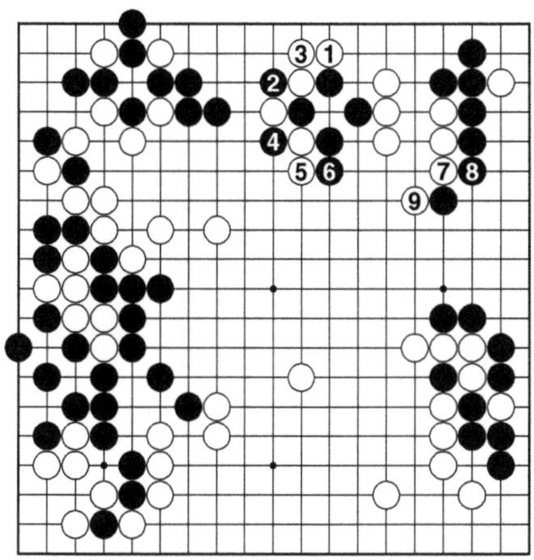

Dia. 43
Weiß 120 ist riskant. Weiß kann jedoch einen sicheren Weg wählen. Falls er das Ko nicht gewinnt, so kann er noch problemlos am oberen Rand leben.

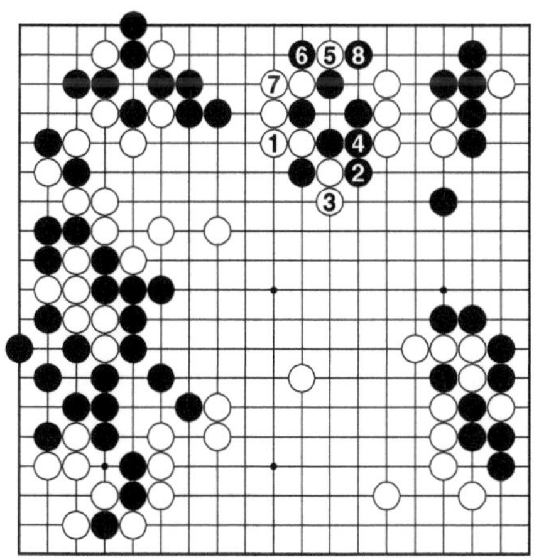

Dia. 44
Weiß 122. Gewinnt Weiß das Ko nicht, dann sieht es nicht gut aus für ihn.

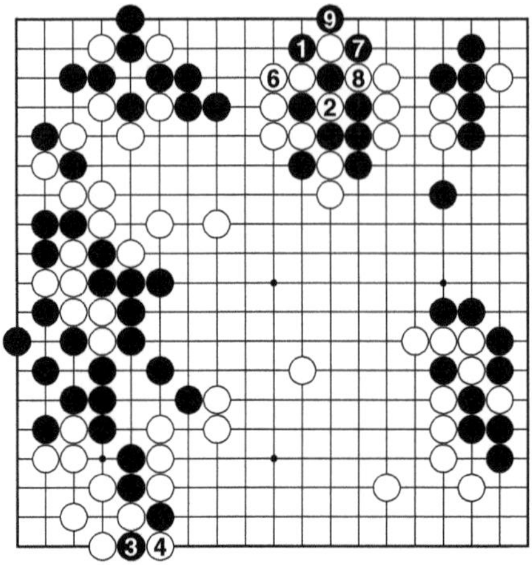

Dia. 45
Schwarz 131 ist der Zug, der die Partie verliert. Schwarz muss mit 1 von dieser Seite spielen. Schwarz 3 ist keine gute Drohung, doch für Weiß bleibt es hier schwierig.

(Schwarz 5 über 2, Weiß 10 auf 2)

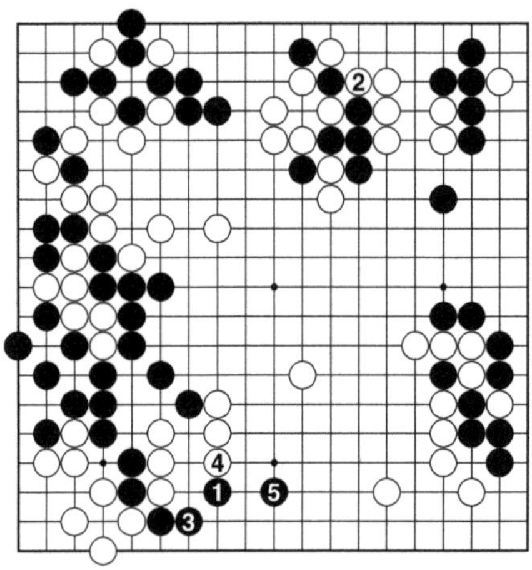

Dia. 46
Statt der Drohung auf 3 sollte Schwarz lieber 1 hier spielen, denn dies macht es für Weiß viel schwieriger.

Die Frage ist, ob Weiß die schwarze Gruppe am unteren Rand töten kann.

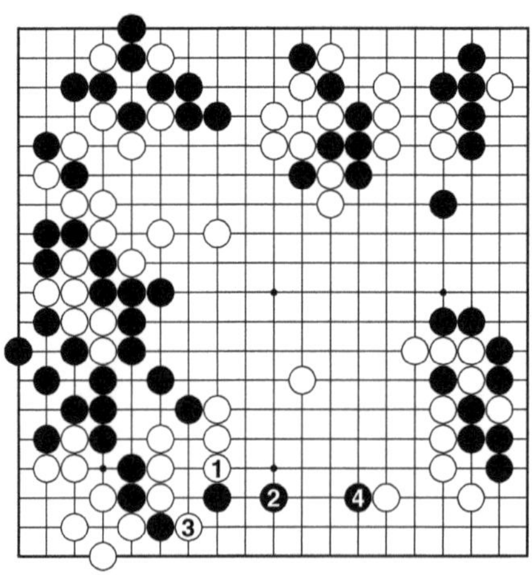

Dia. 47
Antwortet Weiß mit 1 auf die Drohung im letzten Diagramm, dann hat Schwarz nahezu endlos viele Drohungen um das Ko fortzusetzen.

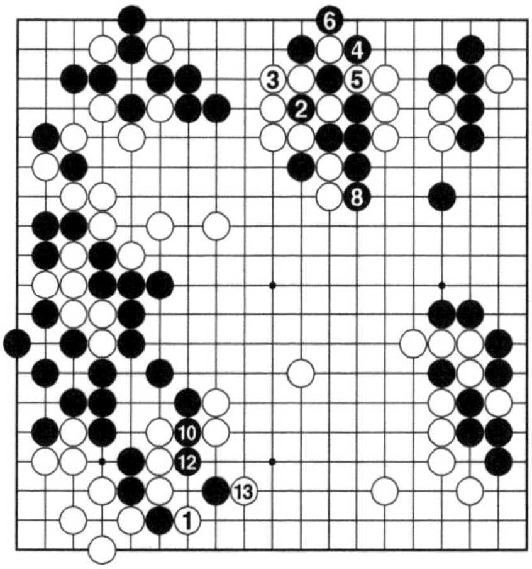

Dia. 48
Diese Variante, die Ko-Drohung zu beantworten ist für Weiß spielbar.

(Weiß 7 neben 2, Weiß 9 unter 6, Weiß 11 neben 5)

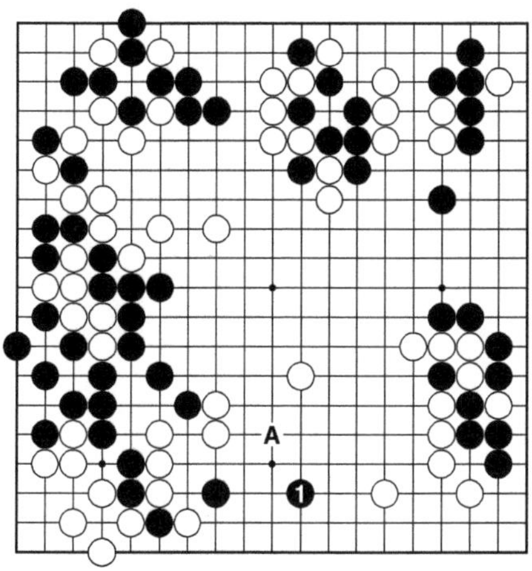

Dia. 49
Schwarz 1, statt 4 im letzten Diagramm stellt eine hartnäckige Alternative dar.

Schwarz kann hier leben, weil es das Ko am oberen Rand gibt. Alternativ kann er auch mit A beginnen.

Figur 4 (140 - 204)

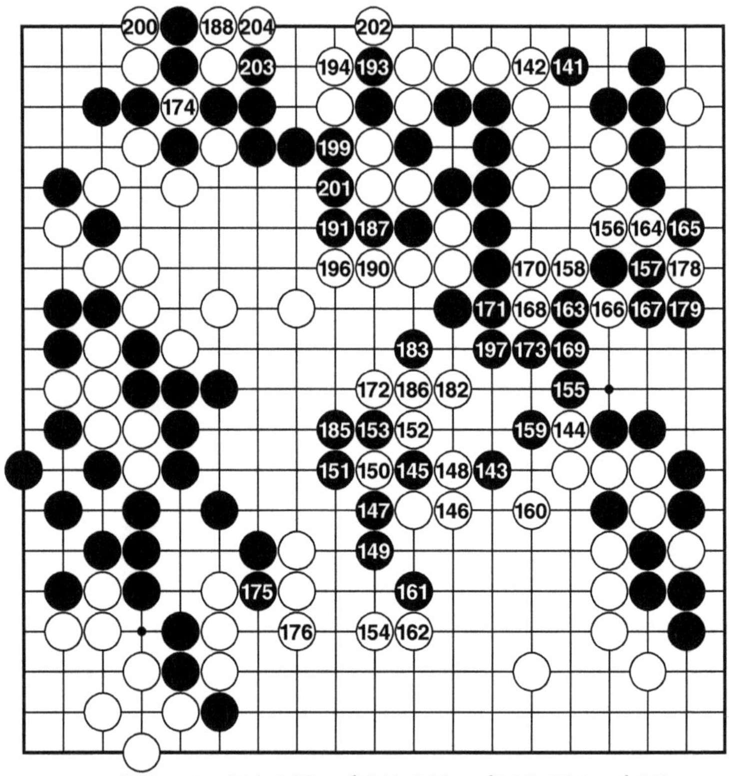

177 unter 174, 180 auf 174, 181 auf 145, 184 auf 150, 189 unter 174, 192 auf 174, 195 unter 174, 198 auf 174

Obwohl Weiß nur noch sein Gebiet zu sichern braucht, spielt er auch mit 144 und 148 die jeweils härtesten Züge. Weiß 166 ist Tesuji.

Nach 204 ist Weiß verbunden. Schwarz gibt auf.

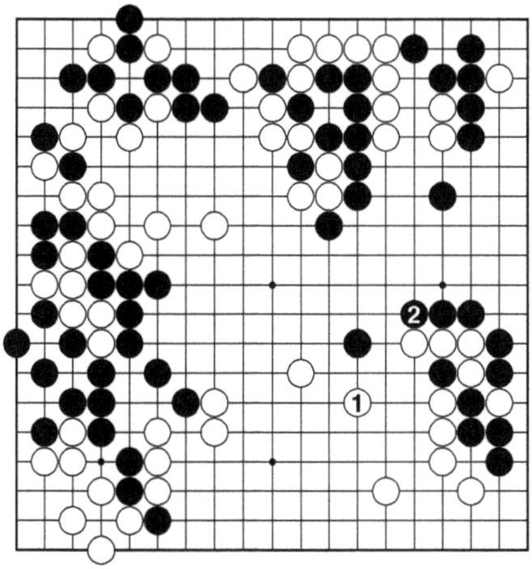

Dia. 50
Mit Weiß 144 wie hier zu verteidigen ist zu nachgiebig und nicht Gu Lis Stil.

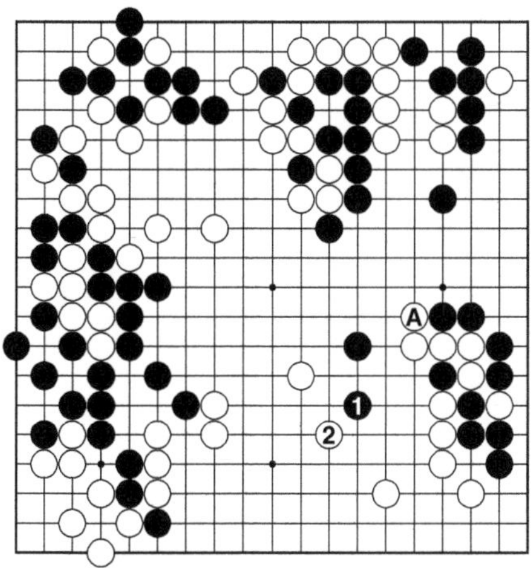

Dia. 51
Weiß hat mit Schwarz 1 keine Probleme, denn der Zug auf A war größer.

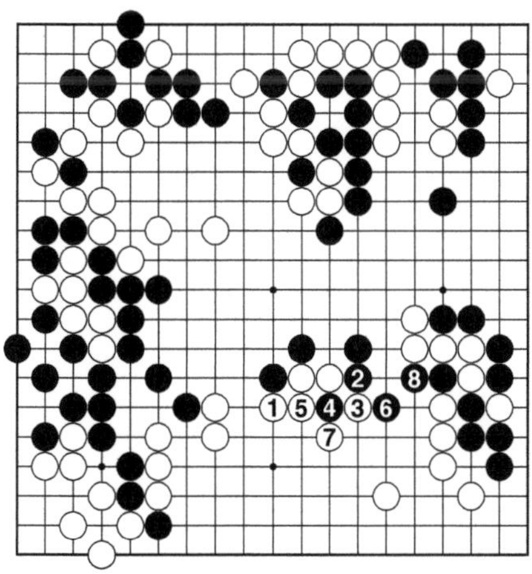

Dia. 52
Wie häufig passiert einem Spieler dies: Wählt man einen ruhigen Zug, dann wird alles noch schlimmer.

So ist Weiß 148 zwar aggressiv, aber notwendig.

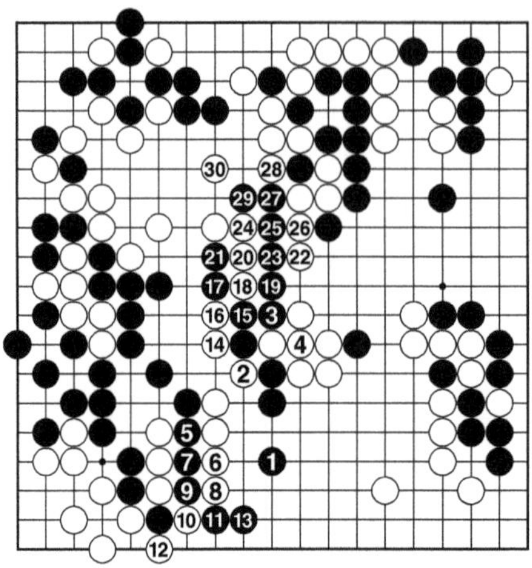

Dia. 53
Kann Schwarz mit 153 auch auf 1 in diesem Diagramm spielen?

Die Sequenz bis 30 zeigt, dass Weiß gewinnt.

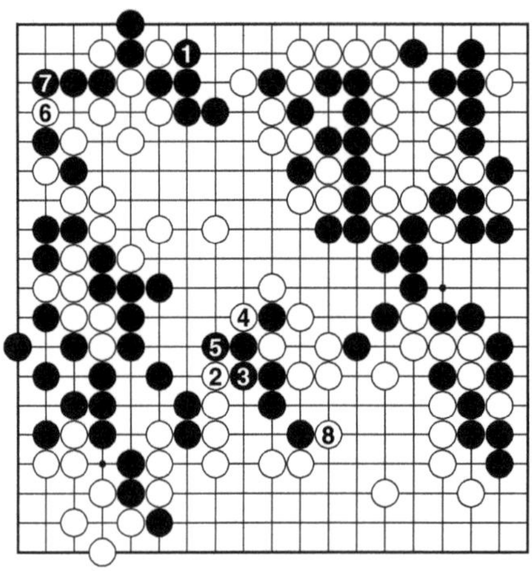

Dia. 54
Schwarz muss mit 181 verteidigen, doch dann hat er am Ende nicht genug Punkte, um zu gewinnen.

Zhou Ruiyang wurde in der ersten Partie von Gu Li regelrecht überrumpelt. Die Invasion mit 34 kam unerwartet und die Partie in einen komplizierten Kampfplatz verwandelt.

名人战

Der Mingren-Titelkampf

Partie II

Weiß:	Zhou Ruiyang, 4. Dan
Schwarz:	Gu Li, Mingren
Partie:	19. Mingren, Finale
Datum:	6. Januar 2007
Ort:	Zhongguo Qiyuan, Beijing
Komi:	7.5
Regeln:	Japanisch
Kommentar:	Guo Juan 5. Dan

Figur 1 (1 - 45)

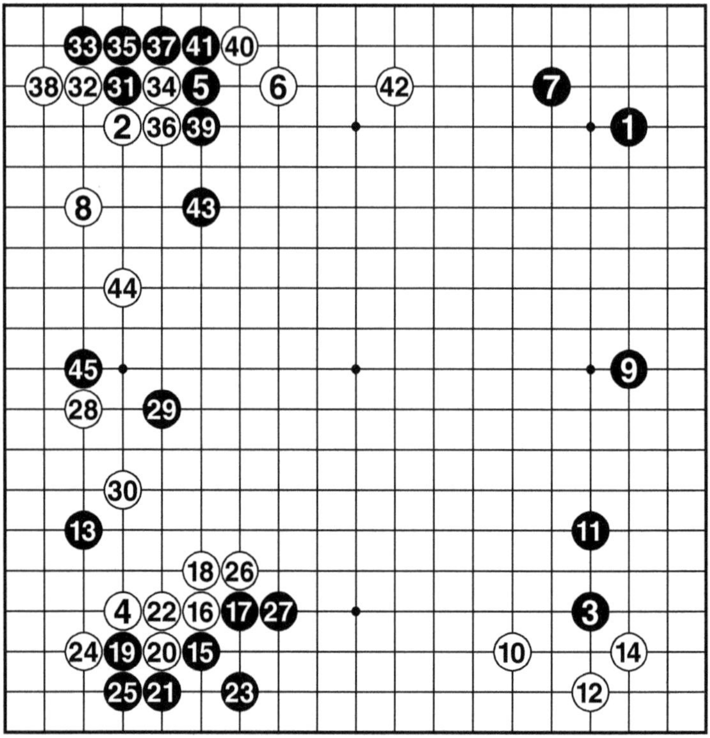

Weiß kann 8 auch auf 9 spielen. Schwarz 13 ist ein interessanter und Weiß 14 ein großer Zug. Da Weiß die Ecke links nicht verteidigt, ist ein Doppelangriff mit Schwarz 15 eine konsequente Fortsetzung. Für Weiß 16 gibt es Alternativen.

Weiß 26 hilft Schwarz, sagt Meister Go Seigen, denn der Stein schiebt von hinten. Das möchte man normalerweise vermeiden. Obwohl der Zug Schwarz hilft, bekommt Weiß dafür Vorhand, um 28 zu spielen. Man sieht, wie hier auf die Balance der globalen Spielsituation geachtet wird.

Schwarz 29 ist fragwürdig, denn Weiß wird mit 30 verteidigen. Damit verbaut Schwarz sich die Option, später mit dem Stein 13 loszulaufen. Schwarz 31 bis 43 sind auch eine Art von Joseki.

Warum greift Schwarz mit 45 so aggressiv an, wo er doch bereits eine schwache Gruppe oben stehen gelassen hat? Dieser Zug sieht überzogen aus.

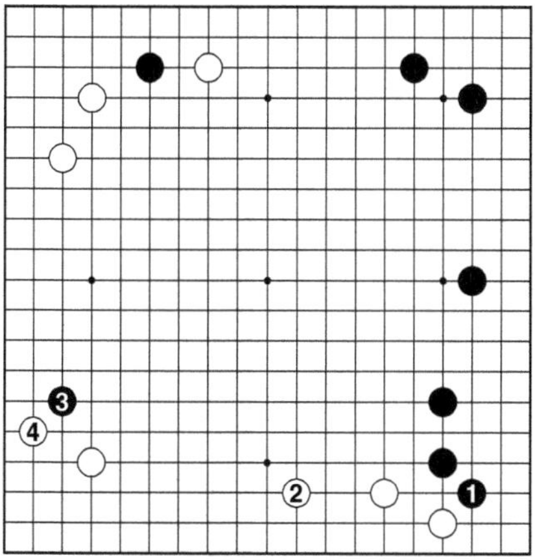

Dia. 1
Wenn Schwarz statt 13 zuerst die Ecke rechts unten nimmt, dann hat dies Auswirkungen auf die linke Seite.

Weiß wird nun mit 4 die linke Ecke behalten. Da Weiß bereits einen Stein auf 2 stehen hat, kann Schwarz den unteren Rand nicht mehr so leicht invadieren.

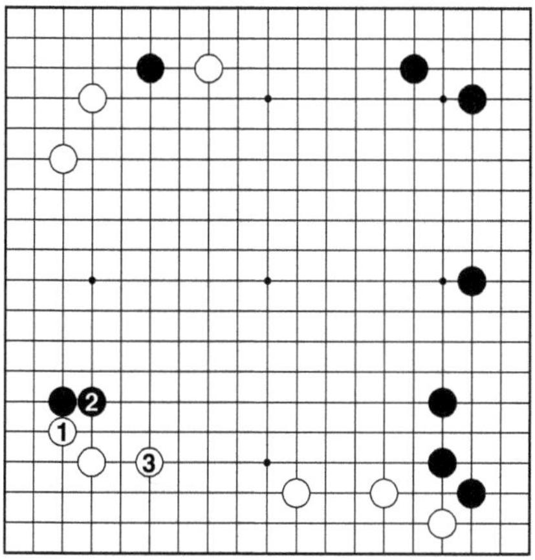

Dia. 2
Auch in dieser Variante stehen die weißen Steine gut zueinander und eine schwarze Invasion am unteren Rand ist nicht viel versprechend.

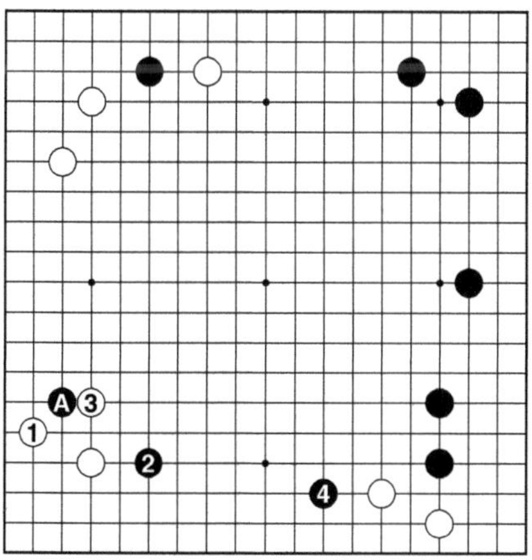

Dia. 3
Daher spielt Schwarz zuerst A. Wenn Weiß nun die Ecke mit 1 verteidigt, hat Schwarz die Möglichkeit, mit 2 und 4 den Rand aufzubrechen. Das ist die eigentliche Intention von Schwarz A.

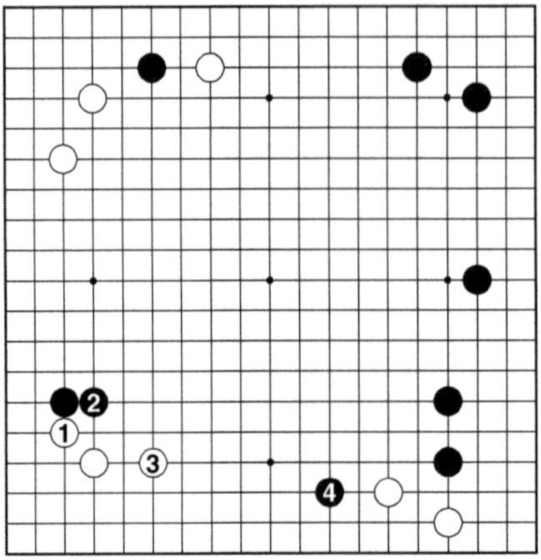

Dia. 4
Spielt Weiß nach 13 in der Partie diese Variante, so kann Schwarz ohne Gefahr mit 4 invadieren.

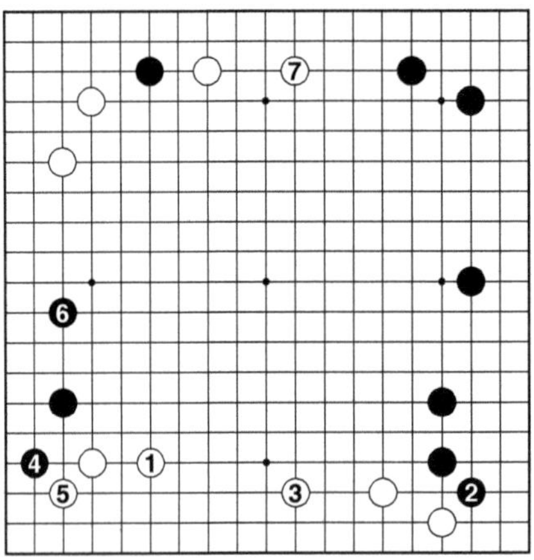

Dia. 5
Wenn Weiß jedoch ruhig mit 1 verteidigt, dann wird Schwarz die Ecke rechts unten nehmen und bekommt zudem noch eine halbe Ecke links unten.

Aus diesen Varianten läßt sich sehen, warum Schwarz in der Partie 13 gespielt hat.

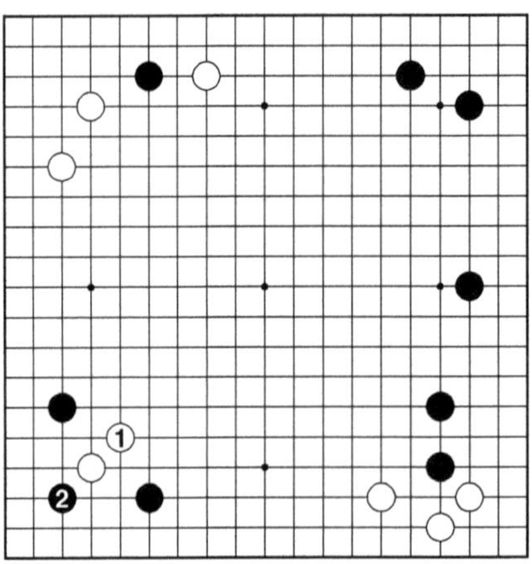

Dia. 6
Da Weiß mit 14 die linke Ecke nicht verteidigt hat, wartet Schwarz mit einem Doppelangriff auf.

Möchte Weiß in dieser Ecke die Vorhand behalten, kann er 1 gegen 2 abtauschen und dann die Ecke stehen lassen.

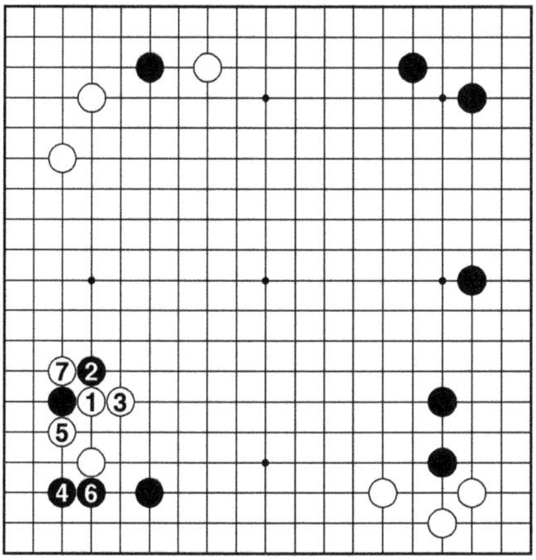

Dia. 7
Was ist mit dem weißen Aufleger auf 1 als Antwort auf den Doppelangriff?

Weiß entscheidet sich hier für die linke Seite, um diese zu entwickeln, denn dies passt gut zu den Steinen links oben.

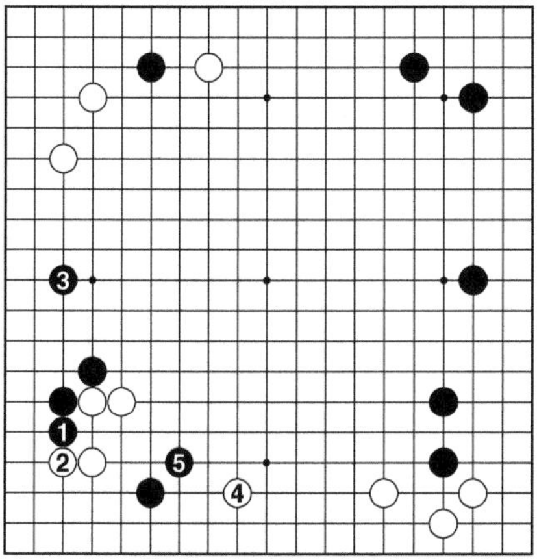

Dia. 8
Schwarz wird folglich nicht in die Ecke springen, sondern es vorziehen, den linken Rand zu nehmen, um den weißen Plan zu durchkreuzen.

Weiß bekommt 4 am unteren Rand, der viel zu niedrig steht und somit nicht wirklich interessant ist.

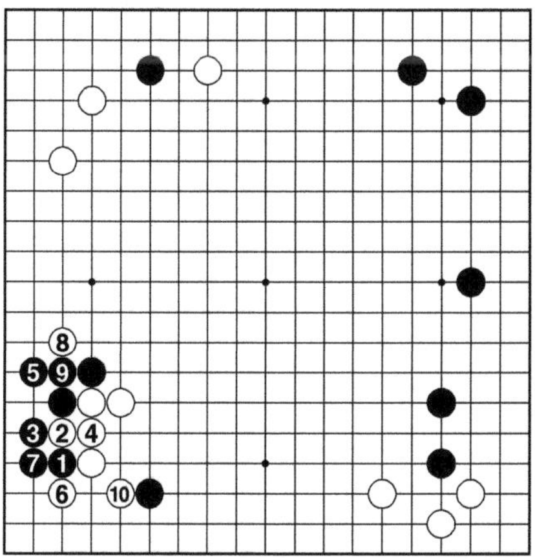

Dia. 9
Häufig sieht man auch Schwarz 1 bis Weiß 10, die ebenfalls Joseki sind.

Das Ergebnis ist ähnlich, Schwarz entwertet den linken Rand und den unteren kann Weiß nicht mit einem Zug abschließen.

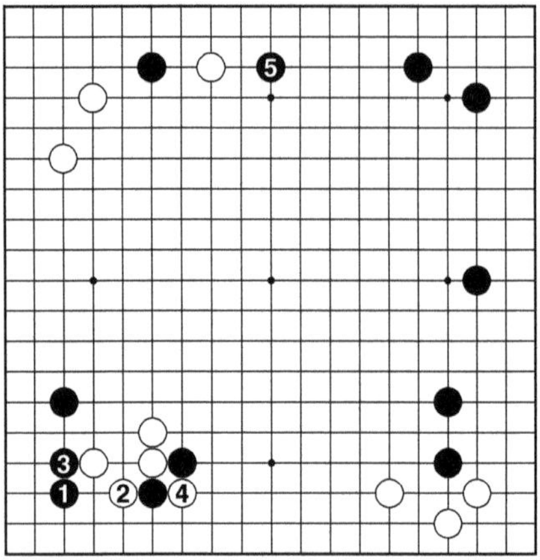

Dia. 10
Für Schwarz 19 in der Partie kann er auch die einfache Variante in diesem Diagramm wählen. Zum einen ist die Richtung der unteren linken Ecke nicht schlecht für Schwarz, zum anderen bekommt er Vorhand und kann mit 5 ein großes Moyo aufbauen. Das sieht insgesamt gut für Schwarz aus.

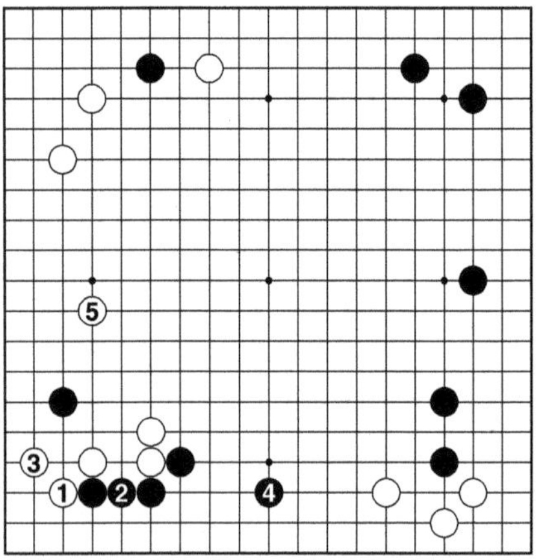

Dia. 11
Diese Variante statt Weiß 20 in der Partie, wäre sehr gut für Weiß...

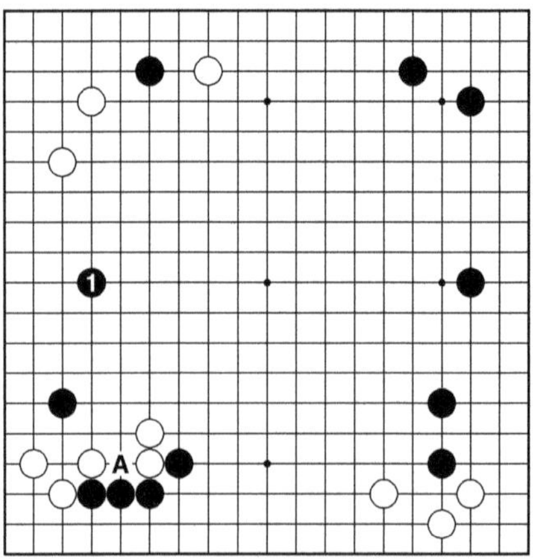

Dia. 12
...aber Schwarz wird dies nicht zulassen, sondern auf der linken Seite spielen.

Aufgrund des Schwäche auf A, kann Weiß die schwarze Gruppe nicht so leicht angreifen.

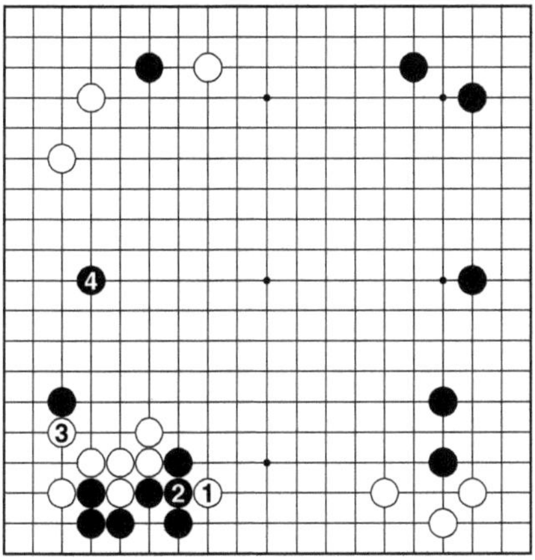

Dia. 13
Weiß 1 und 3 sind die Variante, die Go Seigen in diesem Joseki bevorzugt.

Aber in dieser Situation kann Schwarz mit 4 Vorhand nehmen und am linken Rand spielen und so das drohende weiße Moyo verhindern.

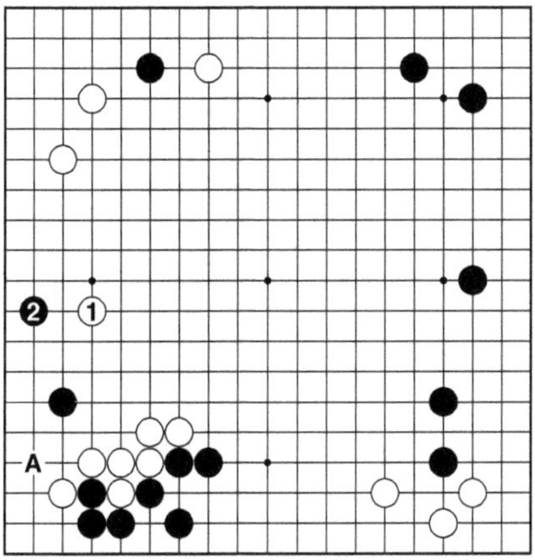

Dia. 14
Für Weiß 28 sieht der hohe Angriff auf 1 auf den ersten Blick attraktiver aus, aber Schwarz kann leicht mit 2 leben.

Zudem ist A eine gute Fortsetzung für Schwarz.

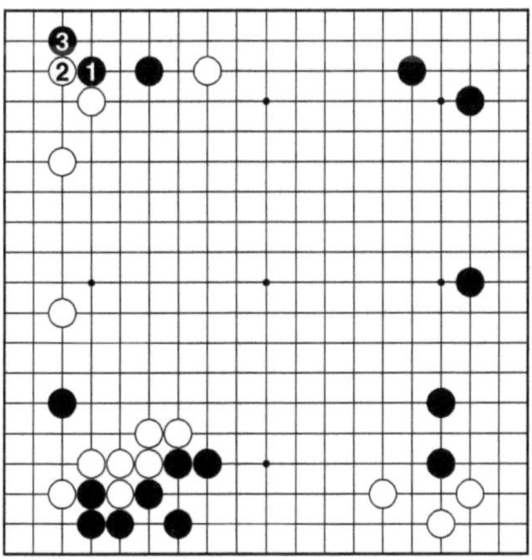

Dia. 15
Anstatt von Schwarz 29 in der Partie ist es für Schwarz besser, zuerst in der oberen Ecke zu spielen.

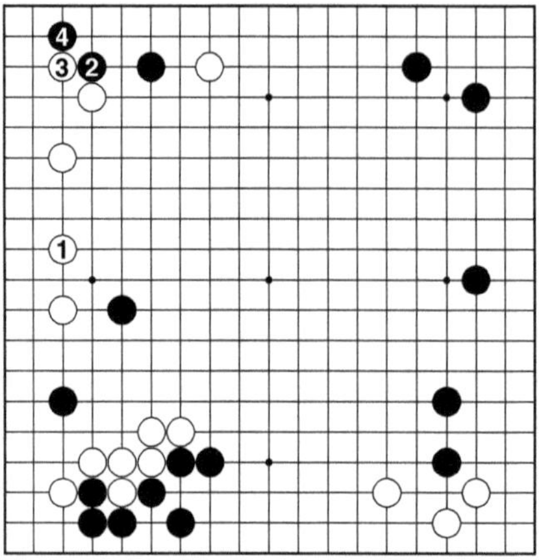

Dia. 16
Als Antwort auf Schwarz 29 in diese Richtung zu springen, ist für Weiß nicht interessant, denn nach 2 bis 4 in der oberen Ecke ist Weiß an diesem Rand überkonzentriert.

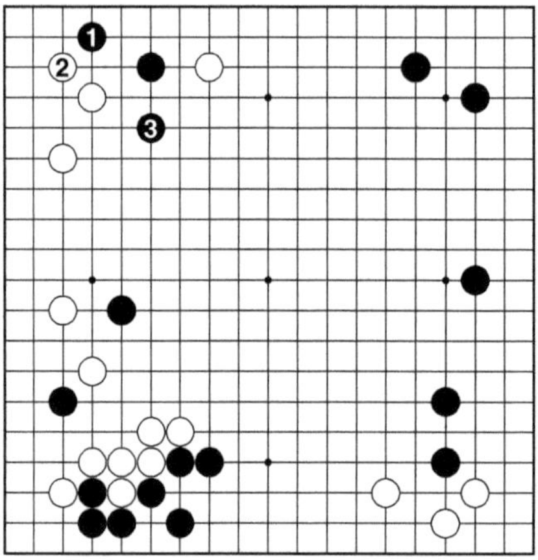

Dia. 17
Diese Variante ist für Schwarz ebenfalls sehr nett, vielleicht sogar besser als in der Partie.

Luo Xihe spielt dies zum Beispiel sehr gern.

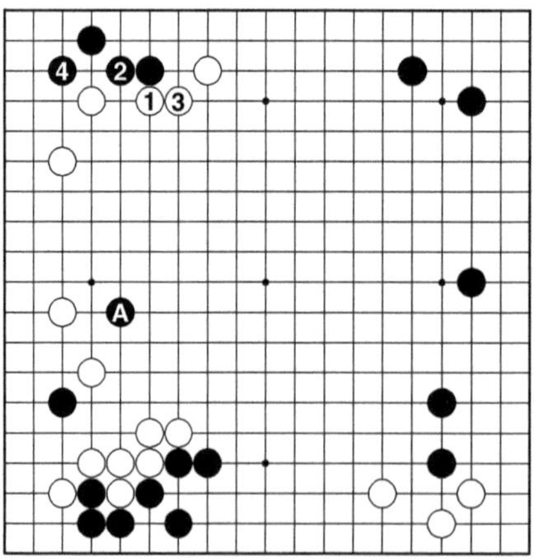

Dia. 18
Wenn Weiß nach dem schwarzen Sprung in die Ecke mit 1 oben auflegt und Schwarz einschließt, dann wird A zu einem guten Zug für Schwarz. Trotzdem wird er nicht umhin kommen, das Moyo reduzieren zu müssen.

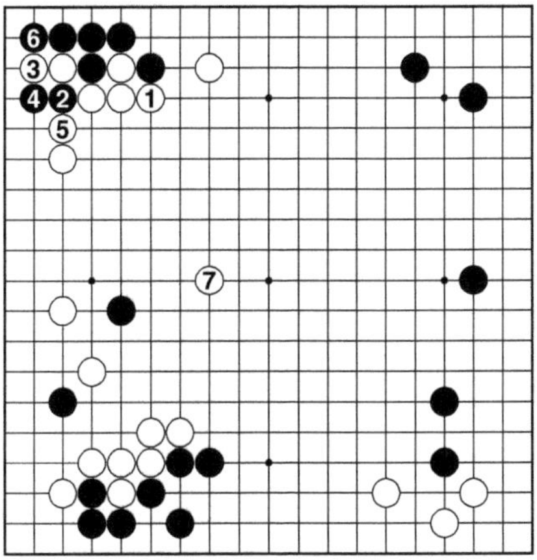

Dia. 19
An Stelle von 38 in der Partie kann Weiß auch diese Variante wählen. Er verliert zwar viele Punkte in der Ecke, bekommt dafür aber die Chance auf das ganz „große Ding" in der Mitte.

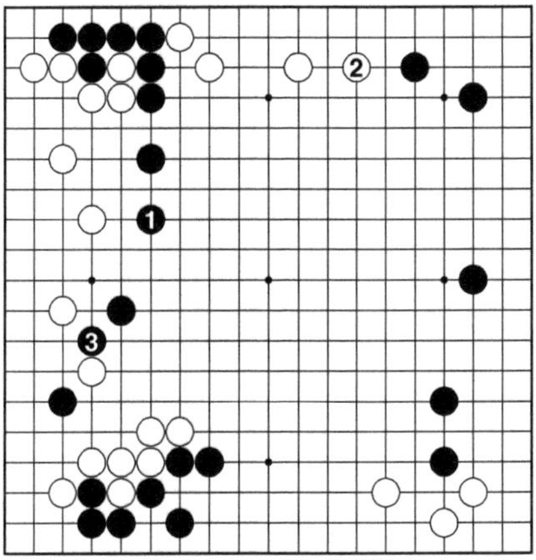

Dia. 20
Schwarz 1 auf Weiß 44 ist normal, um die Gruppe zu stärken. Aber Schwarz 3 ist keine aktive Fortsetzung.

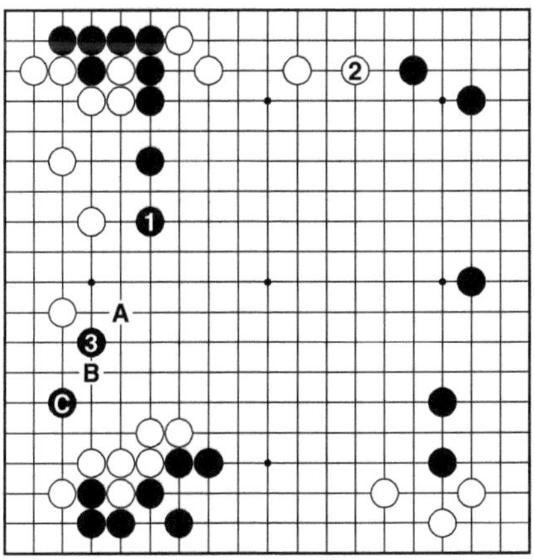

Dia. 21
Wenn Schwarz den Abtausch A für B noch nicht gespielt hätte, so könnte er den schwarzen Stein C mit 3 in Bewegung setzen.

Das ist der Grund, warum Gu Li jetzt nicht auf 1 spielen wollte.

Figur 2 (46 - 100)

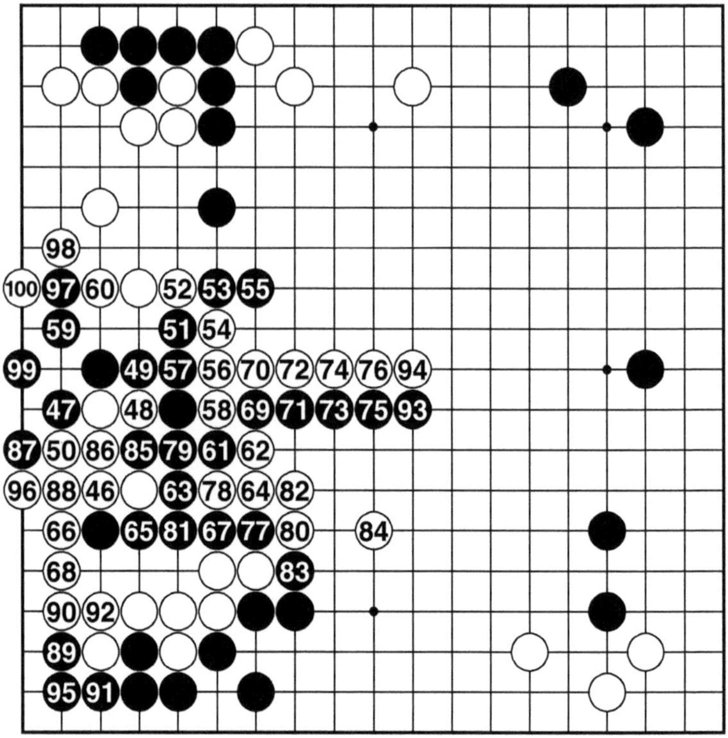

Weiß 46 steht für Zhou Ruiyangs soliden Spielstil. Weiß 48 ist der Formpunkt, der die schwarze Form zerstören soll und Weiß 50 muss natürlich die Verbindung am Rand unterbinden.

Schwarz 51 zeigt keine Furcht vor dem kommenden Schnitt, den Weiß umgehend spielt. Das Ergebnis sieht nach Weiß 58 tatsächlich nicht gut aus für Schwarz. Gu Lis Stärke liegt jedoch in eben solchen Situationen, denn hier kann er seine Fähigkeit, Züge und Varianten schnell und meist auch korrekt auszulesen, ausspielen. Das macht ihn in Kämpfen im Mittelspiel ungeheuer stark. Trotzdem ist die Situation hier nicht einfach und es gibt nicht viele Spieler, die sich auf solche Kämpfe einlassen.

Es gibt Alternativen für Weiß 60, aber die Varianten sind sehr kompliziert. Schwarz 89 ist ein guter Punkt. Mit Weiß 100 ist ein riesiges Seki am linken Rand entstanden.

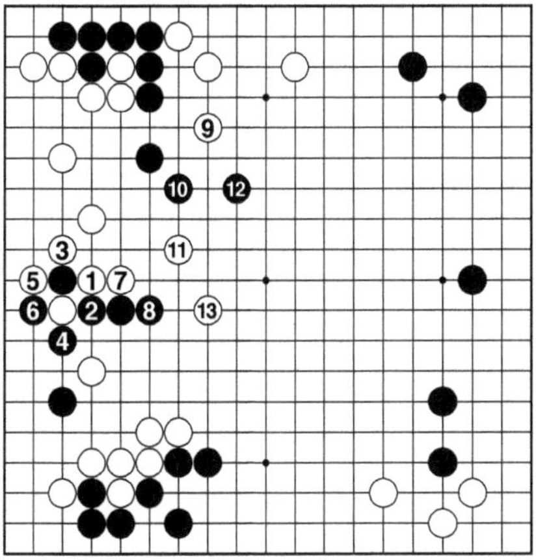

Dia. 22
Wenn Gu Li Weiß wäre, dann könnte man ihn sicher sein, dass er mit Weiß 48 auf 1 in diesem Diagramm spielen würde. Die Variante sieht gefährlich aus.

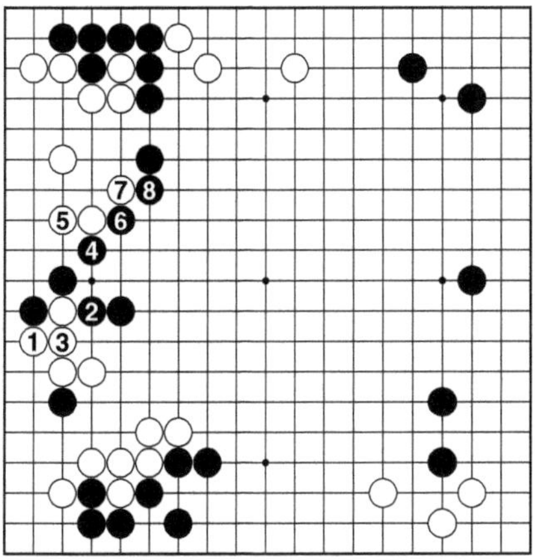

Dia. 23
Diese Variante (statt 48 in der Partie) ist zu nachgiebig von Weiß. Sie ist ohne Frage gut für Schwarz.

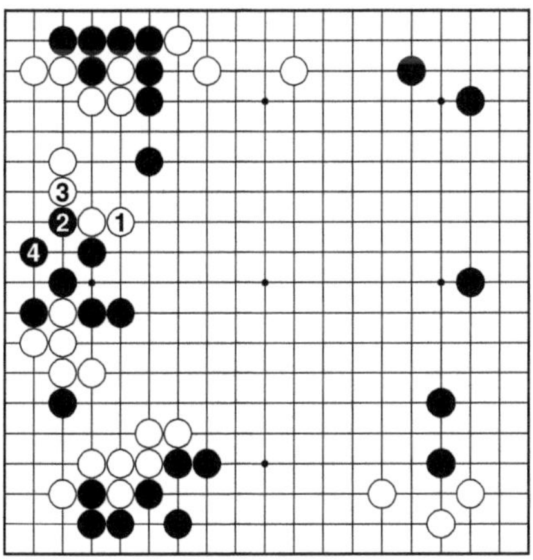

Dia. 24
Streckt Weiß mit 1 an Stelle von 5 in Diagramm 23, so kann Schwarz ganz leicht Augen bauen. Nun hat Weiß keine Möglichkeit mehr, Schwarz effektiv anzugreifen.

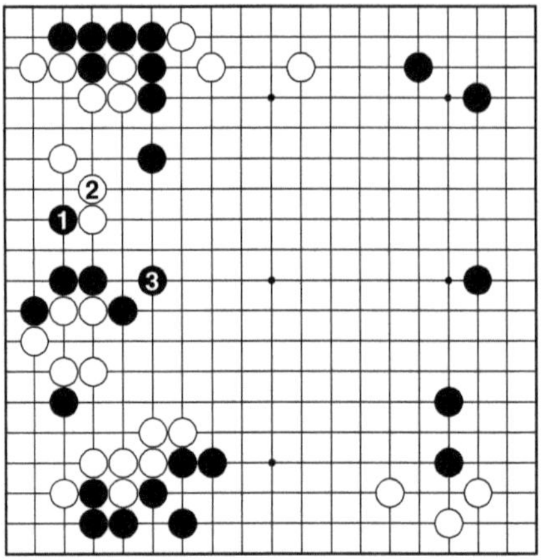

Dia. 25
Für Schwarz 51 kann man auch 1 in diesem Diagramm erwägen, denn er besetzt einen guten Formpunkt.

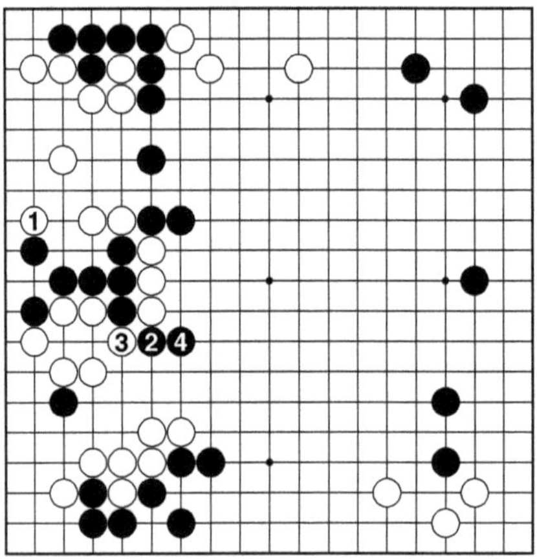

Dia. 26
Weiß 1 ist eine Variante für Weiß 60 in der Partie. Doch da die drei weißen Steine sterben, ist dies nicht spielbar.

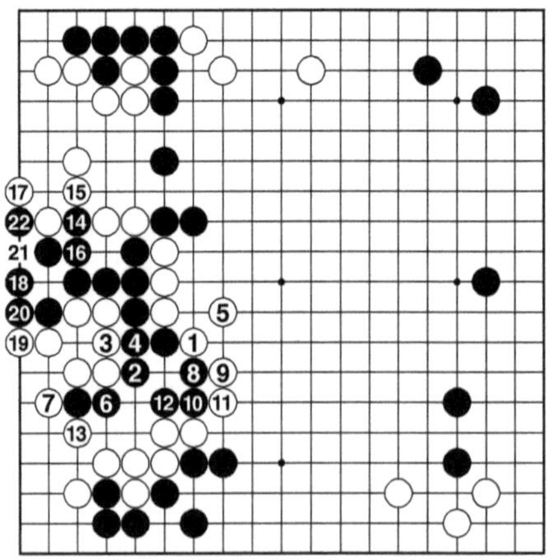

Dia. 27
Spielt Weiß nach Schwarz 2 in Diagramm 26 das Hane mit 1, dann führt dies zu einem Ko. Aber das Ko ist gefährlich für Weiß, denn wenn es Schwarz gewinnt, dann wird die weiße Gruppe oben sterben.

Das Ko ist somit gut für Schwarz und diese Variante ebenfalls nicht spielbar für Weiß.

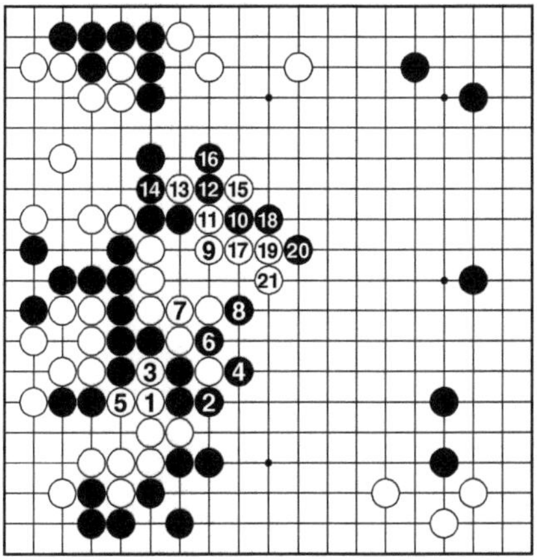

Dia. 28
Es gibt noch einen Zug zu untersuchen. Weiß spielt statt 11 in Diagramm 27 auf 1 hier und muss in der Folge die Flucht antreten.

Gu Li war bereit, die Gruppe am Rand zu opfern, um die weiße Gruppe in der Brettmitte unter Druck zu setzen und so ein schönes Moyo aufzubauen.

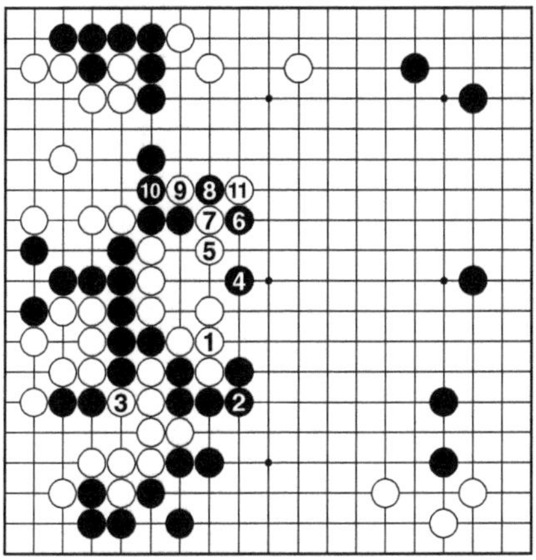

Dia. 29
Weiß muss daher das Atari auf 4 in Diagramm 28 decken und kann so entkommen.

Weiß 9 ist die korrekte Reihenfolge.

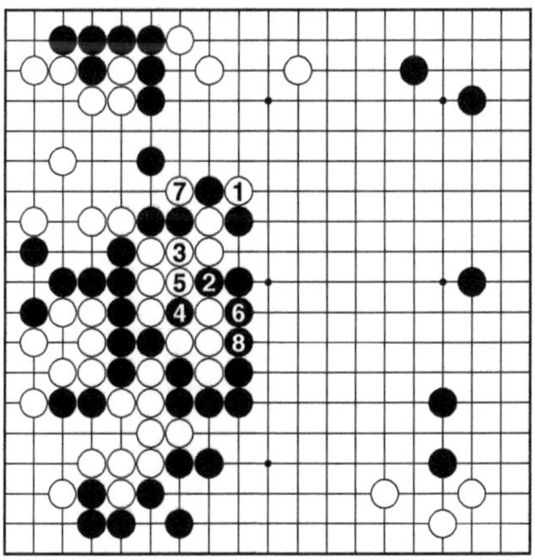

Dia. 30
Schneidet Weiß mit 9 aus Diagramm 20 auf 1 wie hier gezeigt, so ist das die falsche Reihenfolge und die weiße Stellung kollabiert.

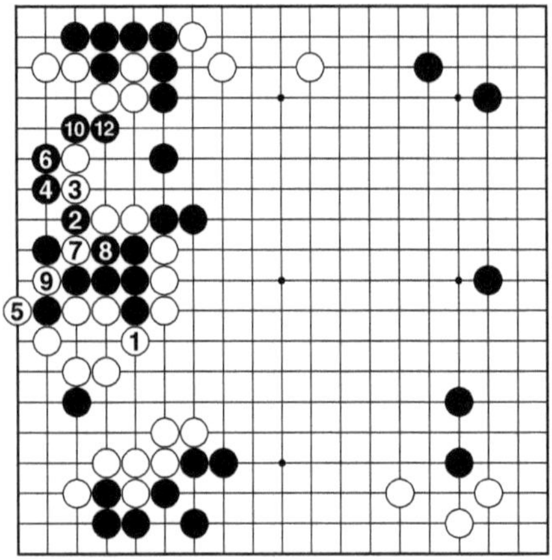

Dia. 31
Für Weiß 60 kann Weiß auch 1 hier in Erwägung ziehen. Weiß schlägt mit 9 auf 7 einen ganzen Batzen von Steinen, aber Schwarz bekommt die Ecke, die ebenfalls viele Punkte wert ist.

Zudem ist die einst schwache Gruppe von Schwarz nun sehr stark geworden.

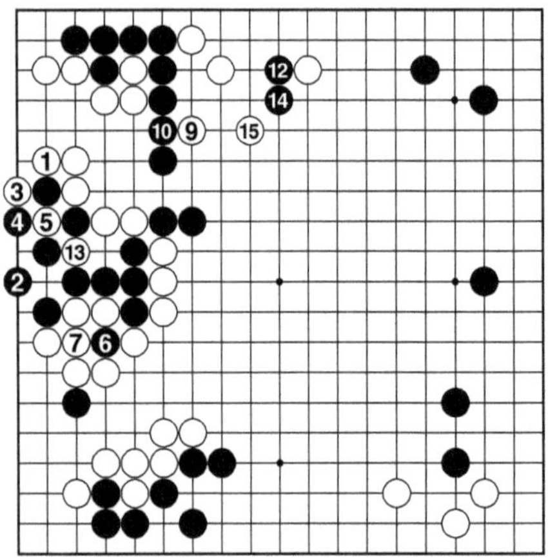

Dia. 32
Weiß muss folglich mit 1 blocken, da er keine Zeit für das Atari auf 5 im letzten Diagramm hat. Nun gibt es ein Ko, aber Schwarz hat kaum Drohungen.

Das Ergebnis hier ist gut für Weiß, denn Schwarz hat bereits viel verloren und Weiß kann noch immer wegzulaufen.
(Schwarz 8 über 5, Weiß 11 auf 5)

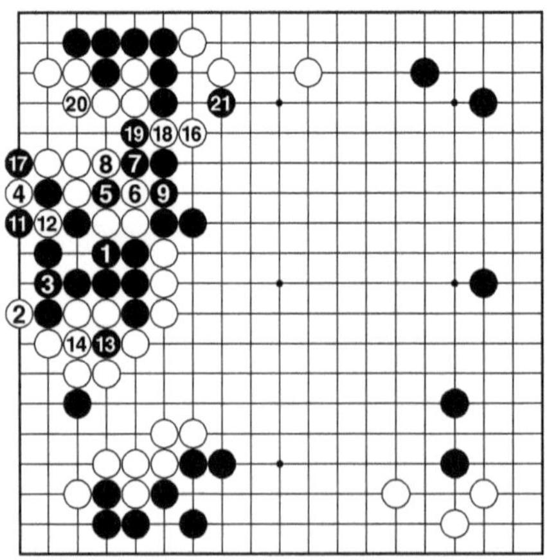

Dia. 33
Gu Li sagte nach der Partie, er wollte nach 5 in Diagramm 26 diese Variante spielen.

Schwarz hat einige gute Züge, bevor er das Ko beginnt. Weiß 16 ist nun keine echte Drohung mehr und am Ende verliert er.

(Weiß 10 auf 5, Schwarz 15 über 12)

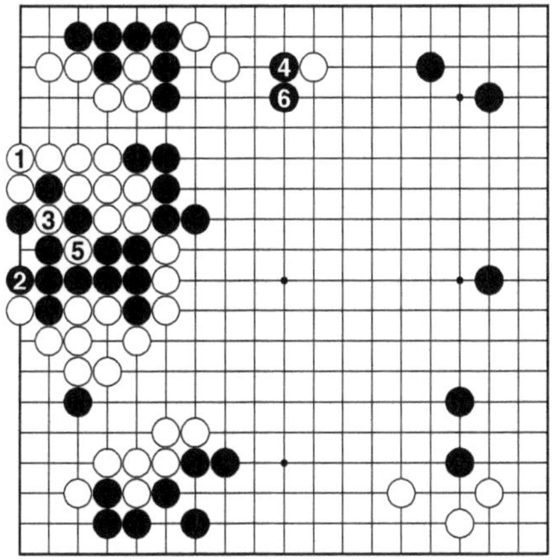

Dia. 34
Weiß muss daher nach 11 verbinden. Das Ergebnis ist wieder ein Ko. Der Unterschied zu Diagramm 32 besteht darin, dass Schwarz eine viel stärkere Form hat und Weiß die schwarzen Opfersteine rausnehmen muss. Auch dieses Ergebnis ist gut für Schwarz, denn die Opfersteine werden bis zum Letzten ausgenutzt.

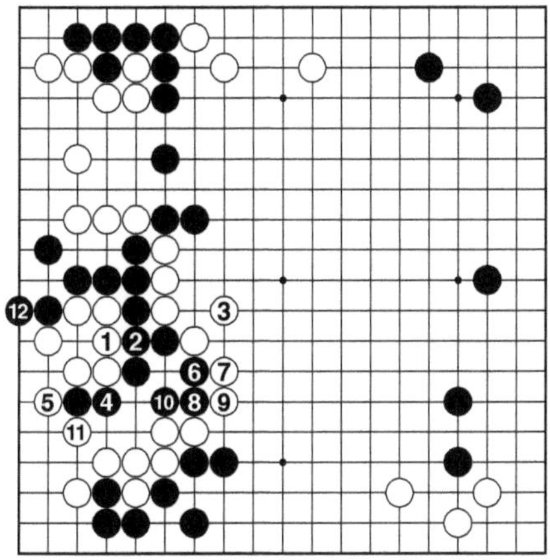

Dia. 35
Weiß kann mit 64 auf 1 wie hier gezeigt leben.

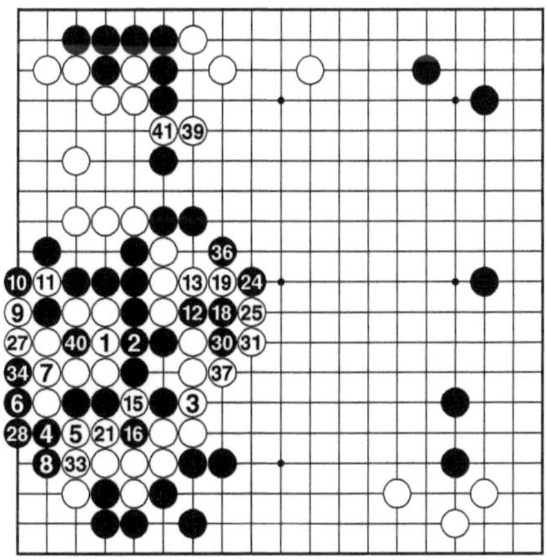

Dia. 36
Wenn Weiß nach 67 in der Partie mit 3 außen abschließt, was passiert dann innen?

Wenn Schwarz wirklich das Ko gewinnen will, dann bringt 24 zusätzliche Drohungen.

Das Ergebnis ist gut für Weiß, da die linke obere Ecke sehr groß geworden

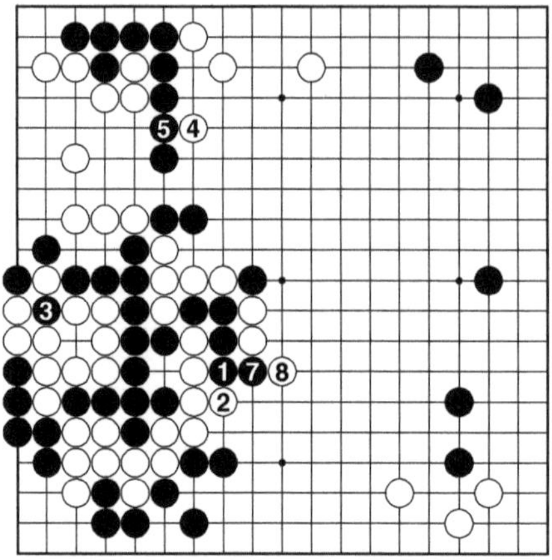

Dia. 37
Wenn die Partie nach 35 in Diagramm 36 wie hier weitergeht, dann sieht es nicht gut aus für Schwarz. Er kann das Ko spielen, aber außen verliert er jede Stärke.

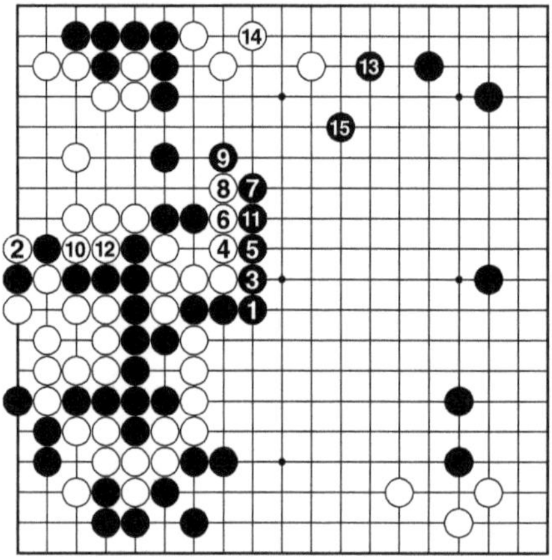

Dia. 38
Gu Li wollte jedoch statt 24 in Diagramm 36 wie hier weiterspielen. Alle Profis, die die Partie verfolgten, waren sich darüber einig, dass das Ergebnis nach 15 gut für Schwarz ist.

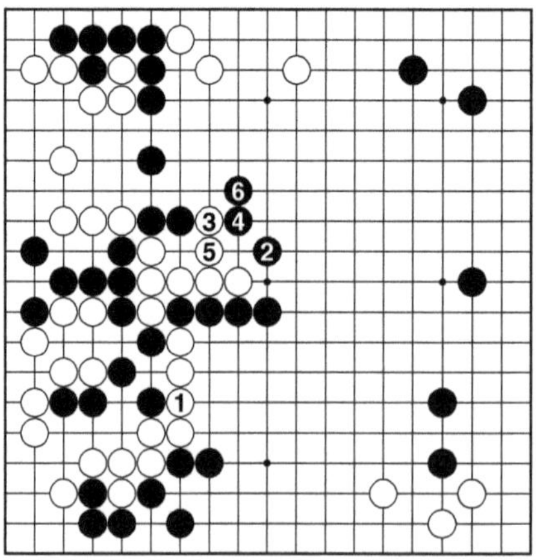

Dia. 39
Weiß kann mit 67 nicht sofort auf 1 verteidigen. Nach Schwarz 2 gibt es keine Rettung für die weißen Steine im Zentrum. Schwarz 4 tötet.

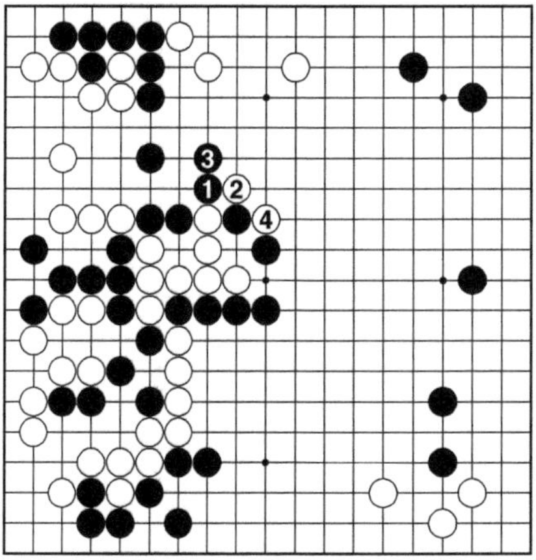

Dia. 40
Schwarz 1 ist ein Fehler, Weiß entkommt.

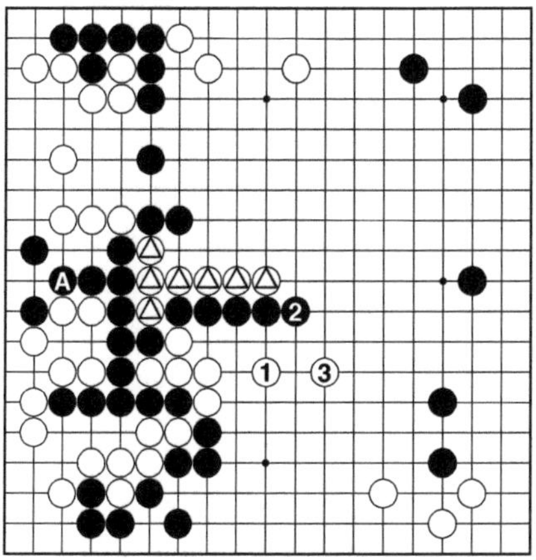

Dia. 41
Weiß 1 wäre einfacher als Weiß 84 in der Partie. Es gibt keinen Weg für Schwarz, die markierten Steine zu fangen.

Man kann sich nur fragen, was sich Gu Li für diesen Fall zurecht gelegt hatte? Es hat den Anschein, als wenn Gu Li genügend Selbstvertrauen gehabt hat, diesen Kampf zu provozieren.

Schwarz A sieht trotzdem ein wenig übertrieben aus.

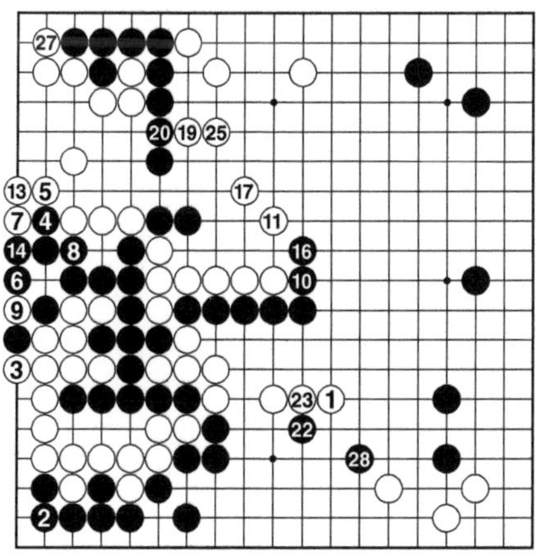

Dia. 42
Nach der Partie hieß es, Weiß müsse nach 93 nur mit 1 fliehen.

Am Ende gibt es links ein Seki. Weiß tötet die Gruppe oben. Das ist riesig. Aber in Gu Lis Plan sah vor, mit 28 herauszuspringen und die am Seki beteiligten weißen Steine zu fangen. Das wäre ein komplizierter Kampf und diesen auszulesen ist kaum möglich.

Man kann nur feststellen, dass Gu Lis Kampfgeist Furcht einflößend ist!

Figur 3 (101 - 145)

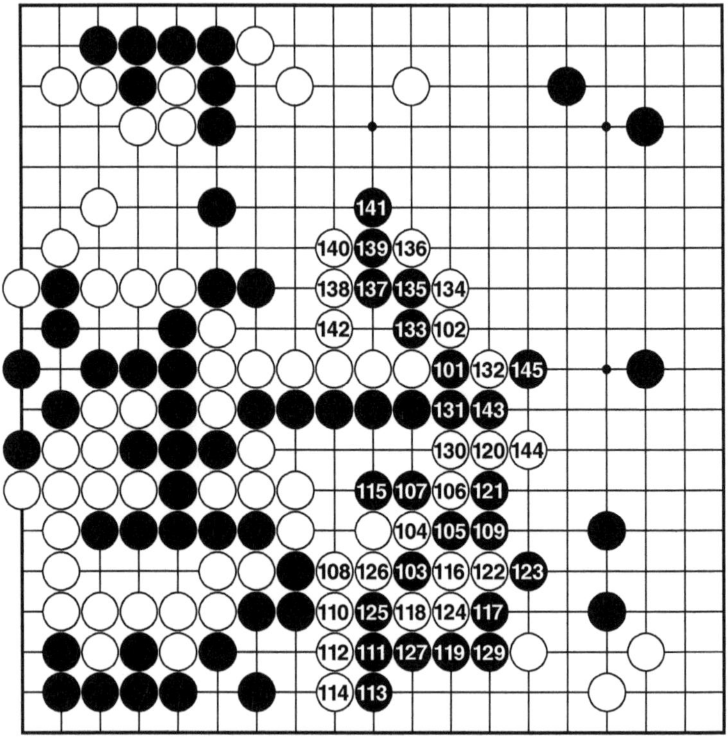

128 auf 103

Gu Li spielte 101 mit der Absicht, die Gruppe am linken Rand komplett für Profit und Stärke auf der Außenseite zu opfern. Aber es kam anders als erwartet, denn nach 105 kann die weiße Gruppe nicht mehr entkommen. Auch Zhou Ruiyang zeigte sich völlig überrascht, dass die Gruppe so schnell gefangen werden würde!

Weiß 114 muss strecken, denn Schwarz hat sieben Freiheiten. Nach Schwarz 145 ist die Partie vorbei. Weiß gibt auf.

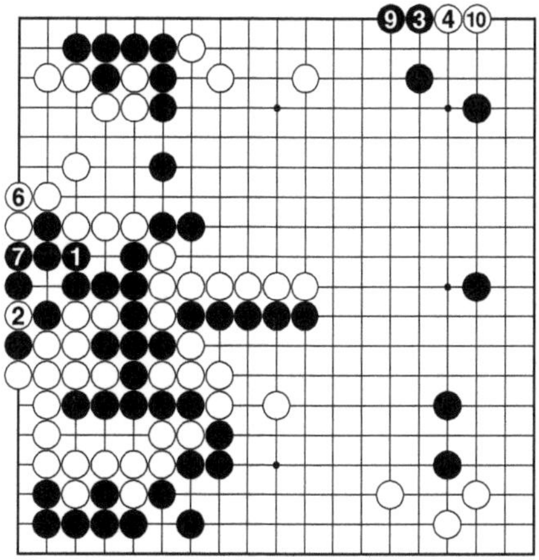

Dia. 43
Was passiert, wenn Schwarz innen spielt? Wenn er versucht, ein Ko zu kreieren, dann benötigt er allein hierfür zwei Drohungen.

Weiß muss nur eine Drohung ignorieren und unterhalb von Weiß 2 verbinden und Schwarz ist tot.

(Züge 3, 4, 9 und 10 = Tenuki)

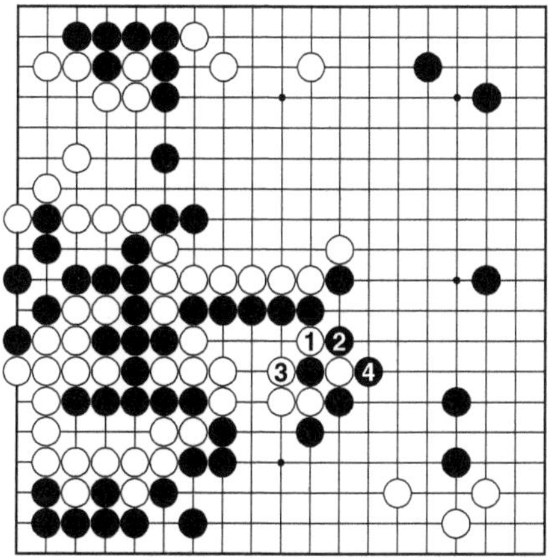

Dia. 44
Weiß 108 auf 1 ist keine Option, denn Weiß hat hier keine Möglichkeit zu entkommen.

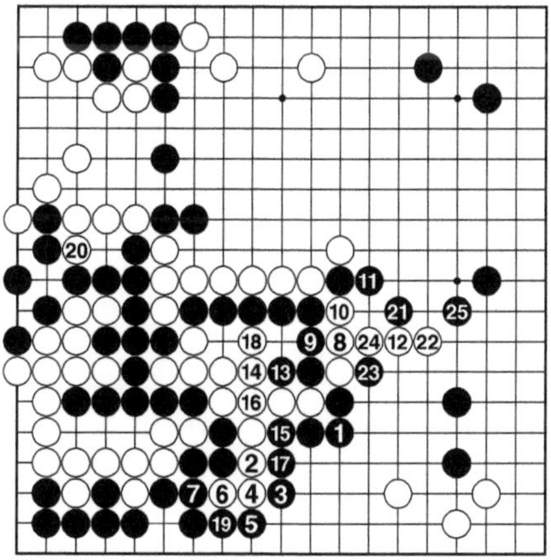

Dia. 45
Kann Schwarz mit 109 diesen Zug spielen? Nach 19 gibt es weiteres Seki.

Wenn Weiß versucht, die schwarze Gruppe zu töten, bleibt immer noch eine Gruppe außen in Gefahr. Es sieht folglich spielbar aus für Schwarz.

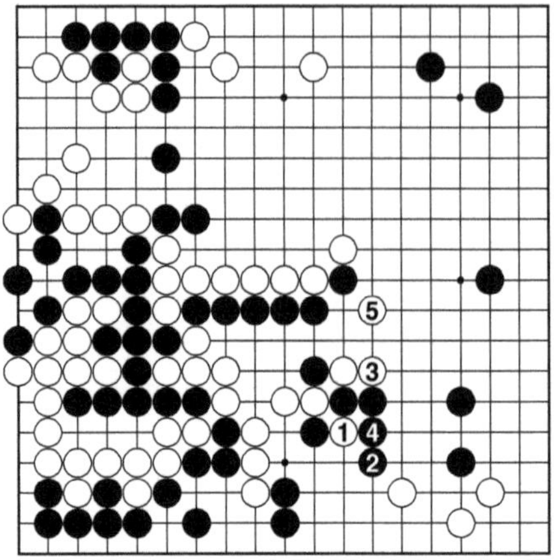

Dia. 46
Um mit Weiß 114 Freiheiten zu gewinnen, wäre dieser Zug geeignet. Da Schwarz nach 5 außen tot ist, kann er so nicht spielen.

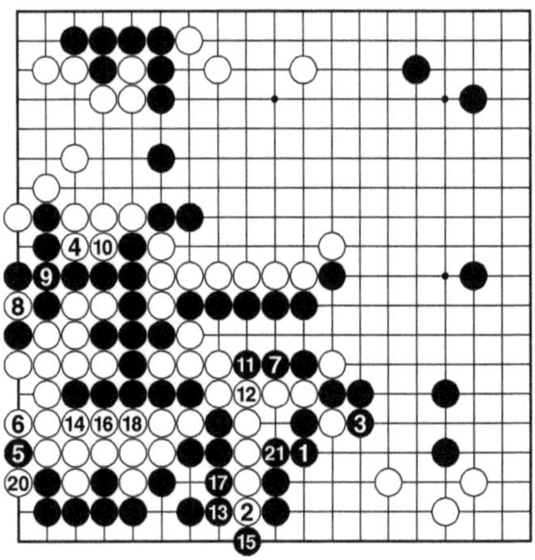

Dia. 47
Weicht Schwarz daher auf diese Variante aus, so hat er nach 22 auf 8 keine Drohung mehr.

(Schwarz 19 unter Weiß 8)

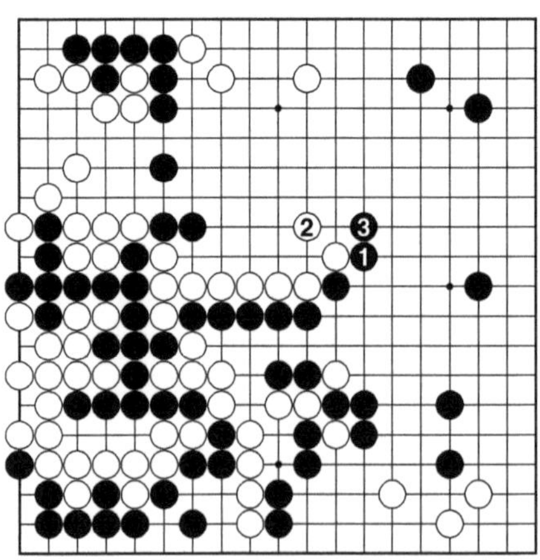

Dia. 48
Deshalb wird er statt 11 in Diagramm 47 das Moyo auf der rechten Seite ausbauen, indem er die Schwäche der weißen Steine ausnutzt.

Auf diese Weise steckt Weiß durch das Töten über 50 Punkte ein. Aber Schwarz baut ein enormes Territorium auf der rechten Seite. Es ist immer noch gut für Schwarz. Folglich kann Weiß nicht auf 1 in Diagramm 46 spielen.

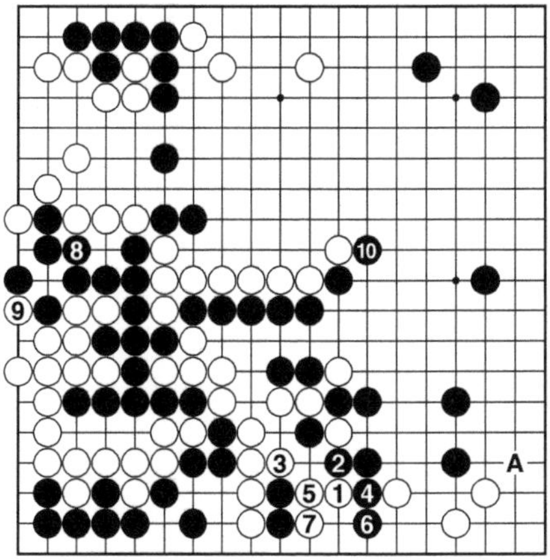

Dia. 49

Für 118 hat Weiß auch diesen Zug, aber wenn es mit 2 bis 7 weitergeht, wird Schwarz auf 8 das Ko beginnen.

Gelingt Schwarz das Seki rechts, dann ist Weiß unten tot. Dann ist sogar alles von Weiß tot. Selbst wenn Schwarz das Ko nicht gewinnt, macht er im Zentrum Profit und wird mit Vorhand die Ecke rechts unten auf A töten. Die Partie steht gut für ihn.

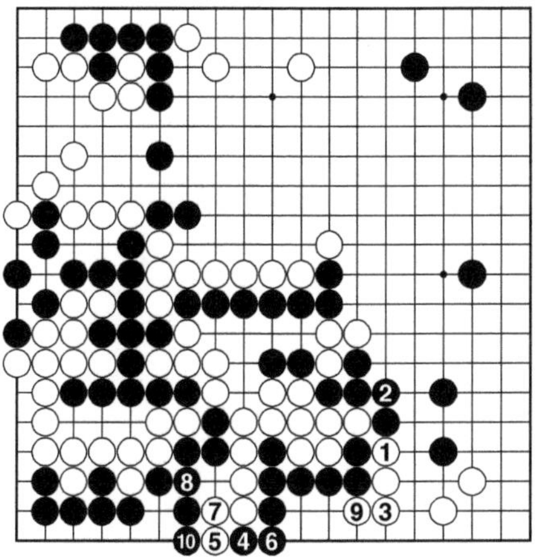

Dia. 50

Gibt es für 132 noch einen anderen Zug?

Zum Beispiel Weiß 1 hier? Nach Schwarz 2 bis 10 ist klar, dass Schwarz gewinnt.

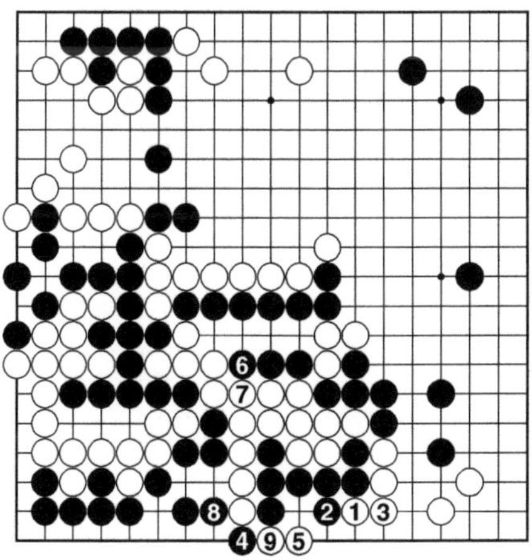

Dia. 51

Weiß 1 statt 3 im letzten Diagramm führt zu einem weißen Erfolg.

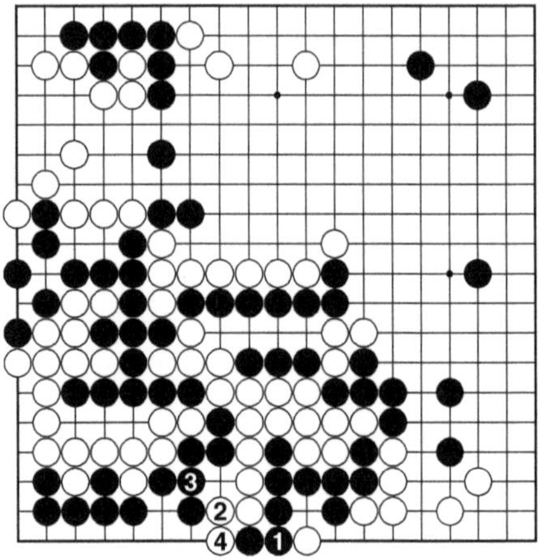

Dia. 52
Spielt Schwarz statt 8 in Diagramm 51 auf 1 hier, dann gewinnt immer noch Weiß.

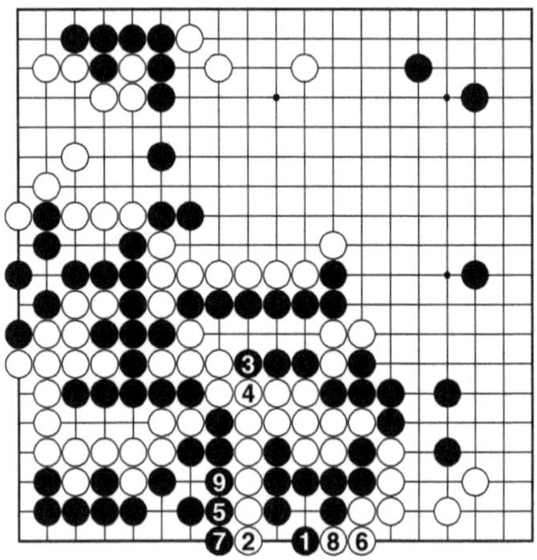

Dia. 53
Schwarz kann aber schon eher abweichen und anstatt 4 in Diagramm 51 ein Auge bauen, dann gewinnt er den Wettlauf.

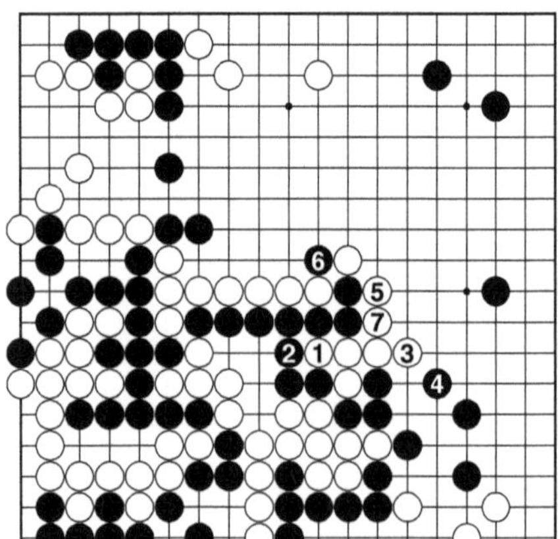

Dia. 54
Für Weiß 132 mit 1 zu drücken ist keine gute Idee. In dieser Variante bis 7 gewinnt Weiß....

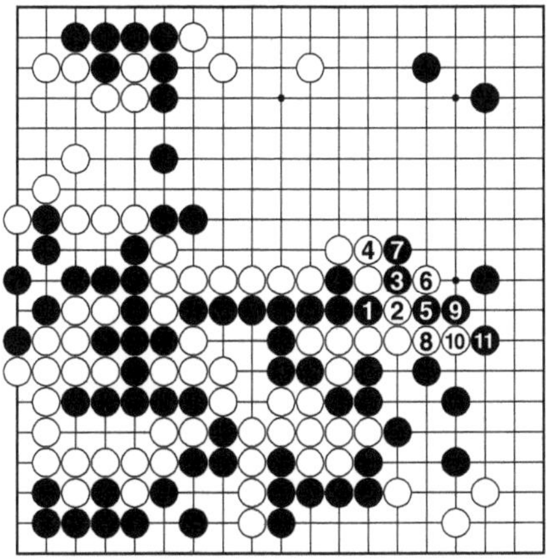

Dia. 55
...aber Schwarz wird nach 5 in Diagramm 54 mit 1 und 3 schneiden und das Semeai gewinnen.

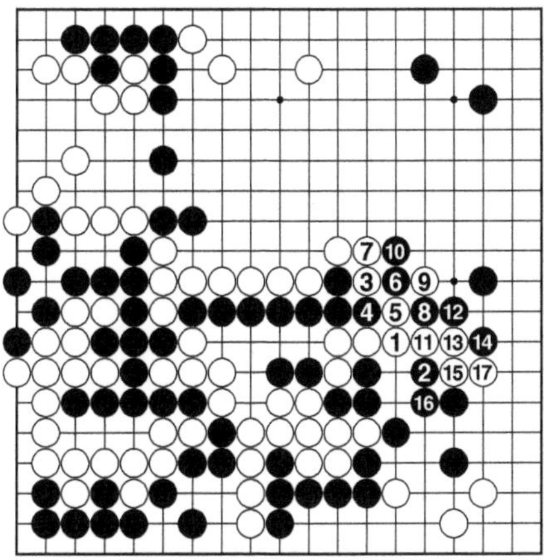

Dia. 56
Weiß 1 hier ist die dritte Option für Weiß 132 in der Partie. In der hier gezeigten Variante entkommt Weiß.

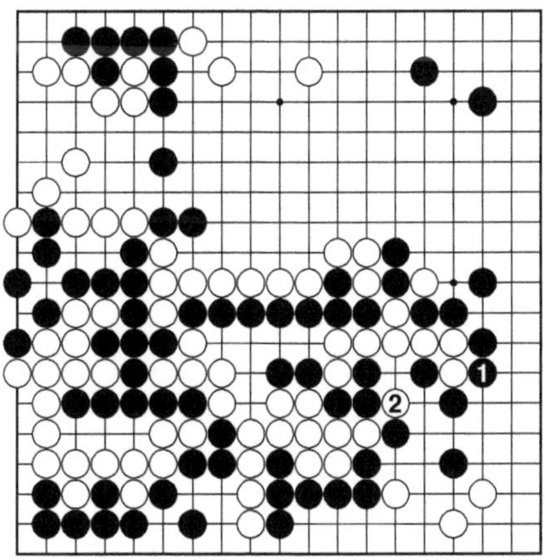

Dia. 57
Schwarz 1 statt 16 im letzten Diagramm rettet ihn auch nicht.

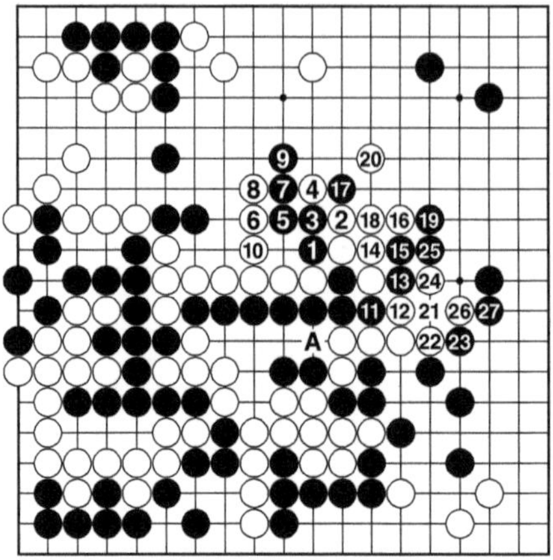

Dia. 58

Wenn Weiß jedoch nicht auf A drückt, dann kann Schwarz nach 3 in Diagramm 56 den Schnitt auf 1 spielen und Weiß stirbt.

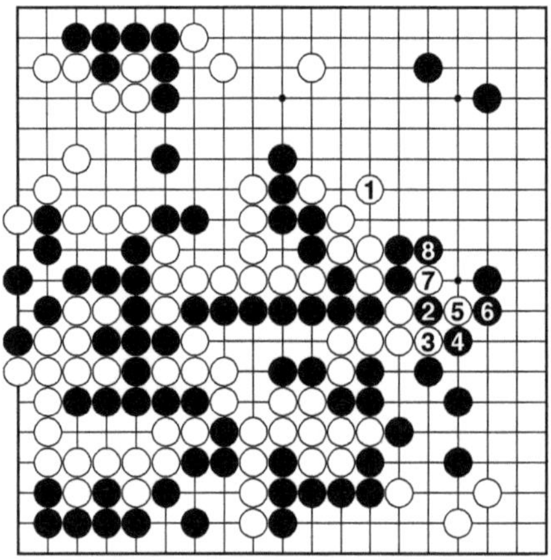

Dia. 59

Spielt Weiß statt 16 hier, dann bleibt das Ergebnis das gleiche. Weiß stirbt.

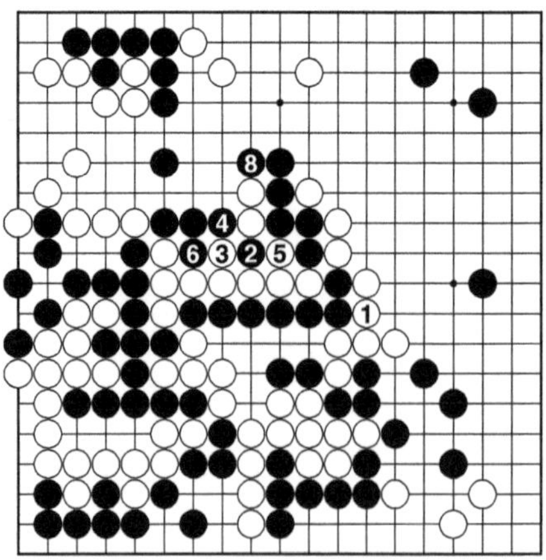

Dia. 60

Deckt Weiß sofort auf 1, dann stirbt er ebenso.

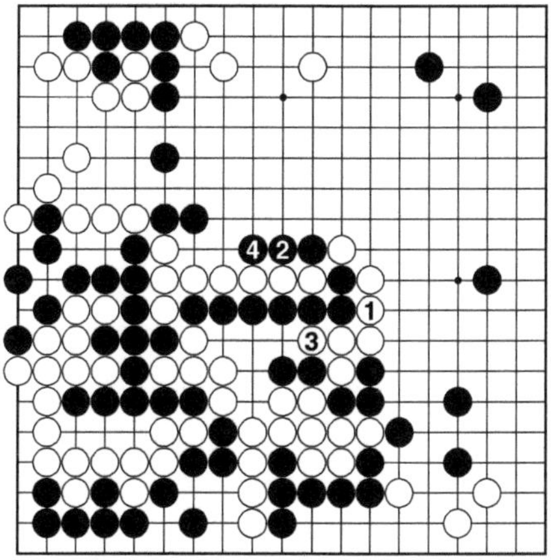

Dia. 61
Weiß 134 in dieser Variante funktioniert ebenfalls nicht. Weiß stirbt.

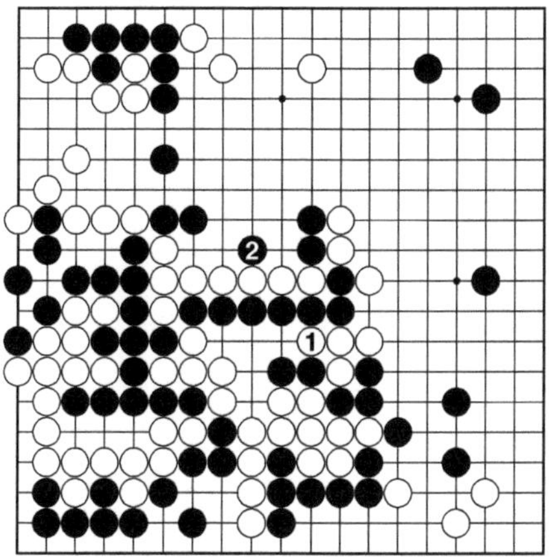

Dia. 62
Und auch hier hat Weiß keine Chance (1 statt 136 in der Partie).

Zhou Ruiyang hat in der zweiten Partie gezeigt, dass er keine komplizierten Kämpfe scheut und Gu Li Widerstand leisten kann. Doch auch diesmal hat es nicht zum Sieg gereicht. Wenn der Titelkampf nicht nach schon nach dritten Partie beendet sein soll, muss er in der nächsten Partie, die auf der Insel Henan stattfinden wird, unbedingt einen Sieg holen.

名人战

Der Mingren-Titelkampf

Partie III

Weiß:	Gu Li, Mingren
Schwarz:	Zhou Ruiyang, 4. Dan
Partie:	19. Mingren, Finale
Datum:	8. Januar 2007
Ort:	Yongchen, Henan
Komi:	7.5
Regeln:	Japanisch
Kommentar:	Guo Juan, 5. Dan

Figur 1 (1 - 50)

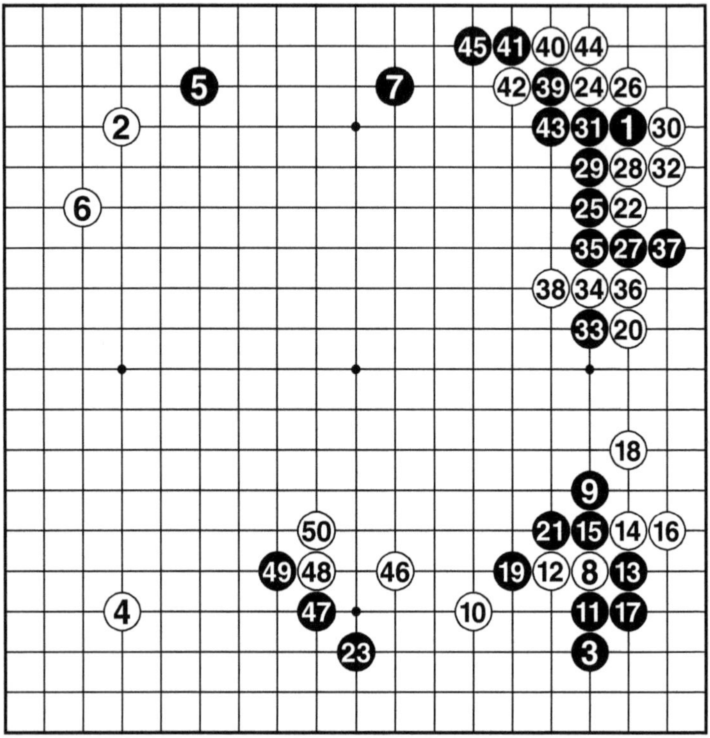

Nach dem schwarzen Klemmzug 9 in der rechten unteren Ecke springt Weiß heraus. Schwarz 11 ist eine übliche Antwort auf Weiß 10.

Der Abtausch von Weiß 20 für Schwarz 21 wird von Profis als ausgeglichen angesehen. Nach Weiß 22 sind Schwarz 23 und ein Zug in der rechten oberen Ecke Miai. Da Schwarz den unteren Rand nimmt, muss Weiß mit 24 oben invadieren. Weiß 24 ist ein typischer Zug für Gu Li, auch Weiß 26 zeigt Härte.

Weiß 34 ist ein sehr schöner Zug. Weiß mit 38 einfach herauslaufen zu lassen, ist nicht gut. Weiß sollte mit 37 blocken.

Nach Schwarz 45 hat der weiße Stein 42 noch Aji, daher ist die schwarze Stellung nicht wirklich stabil und stark. Das Ergebnis ist bis dahin gut für Weiß und so er wendet sich mit 46 dem unteren Rand zu.

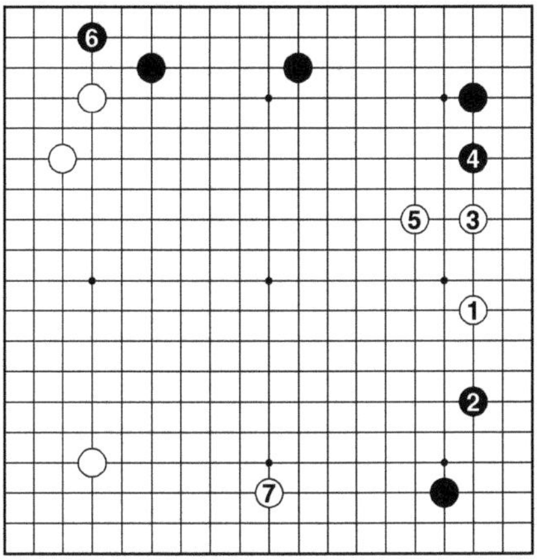

Dia. 1
Dieses Diagramm zeigt eine populäre Eröffnung, wie sie als Fortsetzung nach Schwarz 7 gespielt wird.

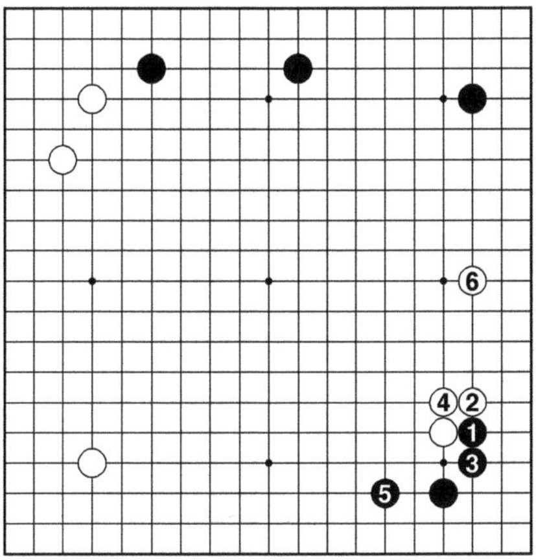

Dia. 2
Statt dem Klemmzug auf 9 sieht man in letzter Zeit häufiger diese Variante.

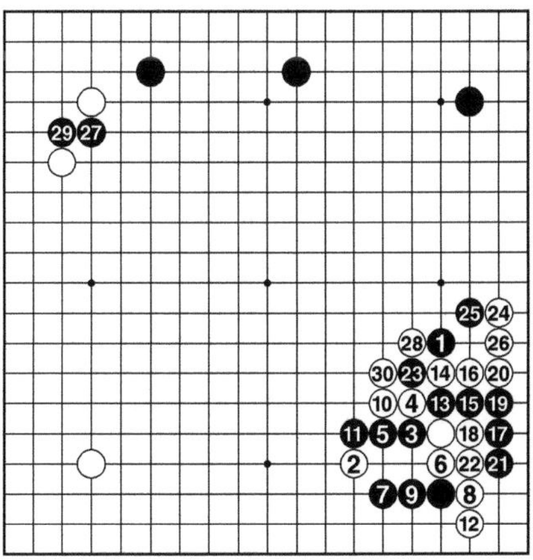

Dia. 3
Das Klemmen mit Schwarz 1, das zu einem bekannten Joseki führt, kann man ebenfalls in der Ecke rechts unten spielen.

Schwarz sollte Weiß den scharzen Stein 23 schlagen lassen, denn das gezeigte Ergebnis ist gut für Weiß, da es kein Aji zurücklässt.

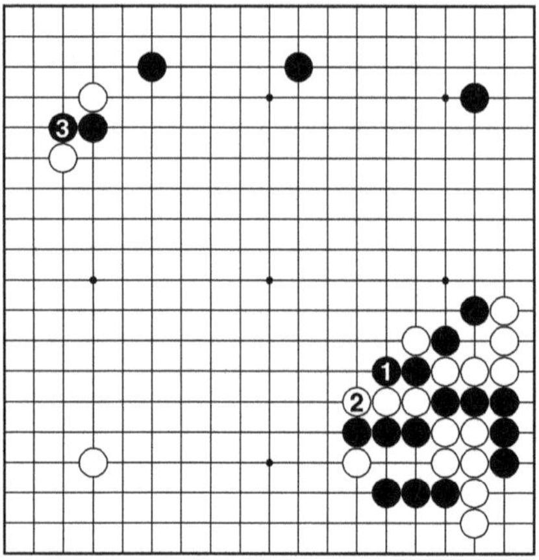

Dia. 4
Schwarz muss daher im Joseki im letzten Diagramm nach Weiß 28 zuerst mit 1 strecken, bevor er die Ecke links oben nimmt.

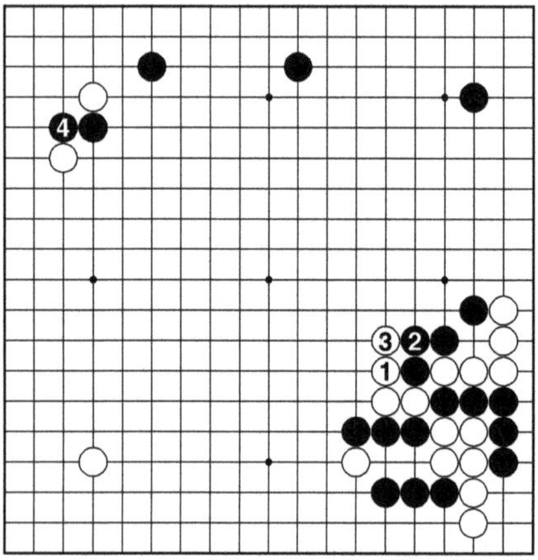

Dia. 5
Es gibt auch einige wenige Partien, in der diese Abfolge gespielt wurde. Schwarz muss hier erst auf 2 decken und kann sich dann der Ecke links oben zuwenden.

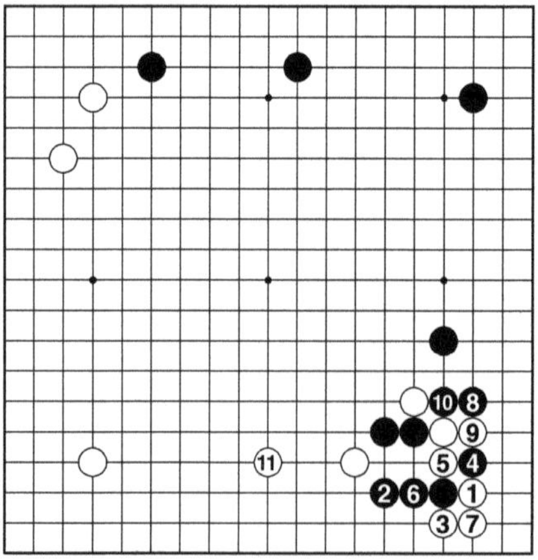

Dia. 6
Da Weiß in der Ecke links oben einen Treppenbrecher stehen hat, kann er auch die hier gezeigte Variante nach 5 in Diagramm 3 spielen. Sie ist ebenfalls recht populär.

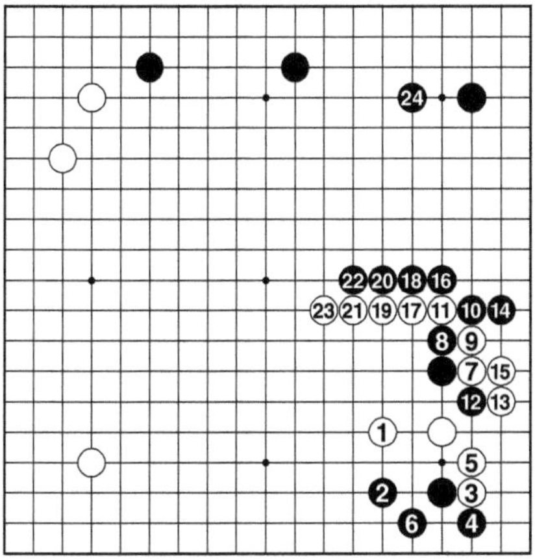

Dia. 7
Für eine Zeit lang galt Weiß 1 statt 10 in der Partie als Joseki. Lokal mag es ein Joseki sein, aber Schwarz macht am oberen Teil des Randes zuviel Gebiet. Daher ist das Ergebnis gut für Schwarz.

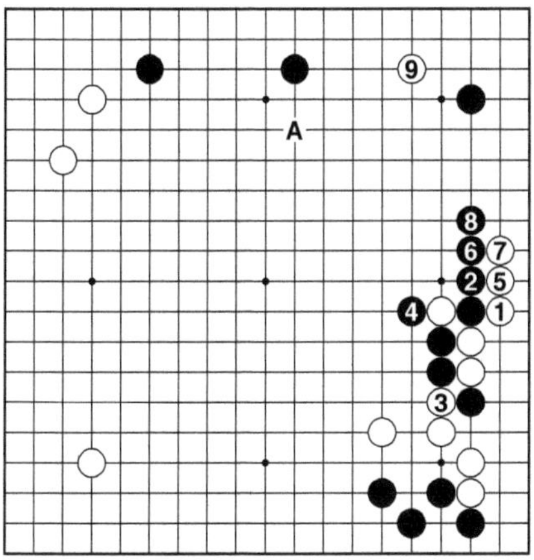

Dia. 8
Weiß kann nach 12 im letzten Diagramm auch auf diese Variante ausweichen.

Anschließend hat er die Wahl zwischen der Invasion mit 9 oder einer Reduktion des Moyos auf A.

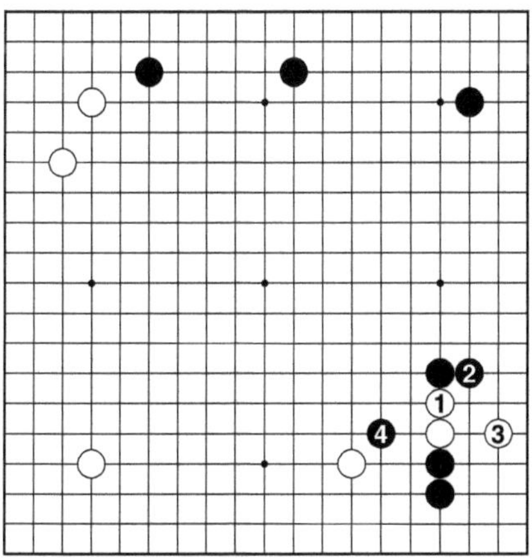

Dia. 9
Wie wäre es mit Weiß 1 nach Schwarz 11 in der Partie?

Das Diagramm zeigt eine mögliche Folge. Auf jeden Fall führt dies zu einer kämpferischen Partie.

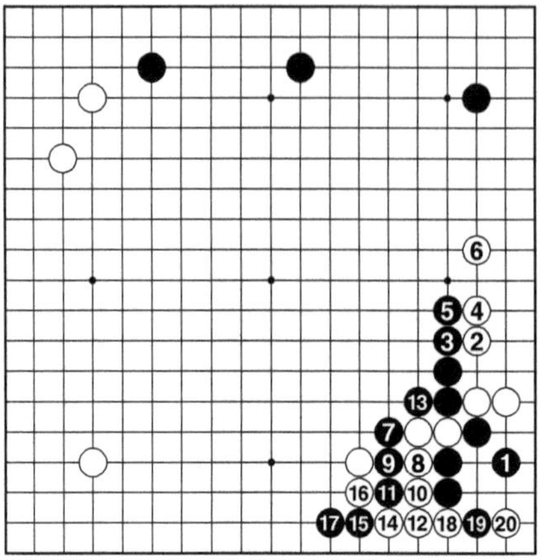

Dia. 10
Schwarz 1 für 17 in der Partie sieht wie gute Form aus, ist aber ein Fehler.

Weiß entkommt mit 8 und nach dem Tesuji von Weiß 20 ist das Ergebnis schlecht für Schwarz.

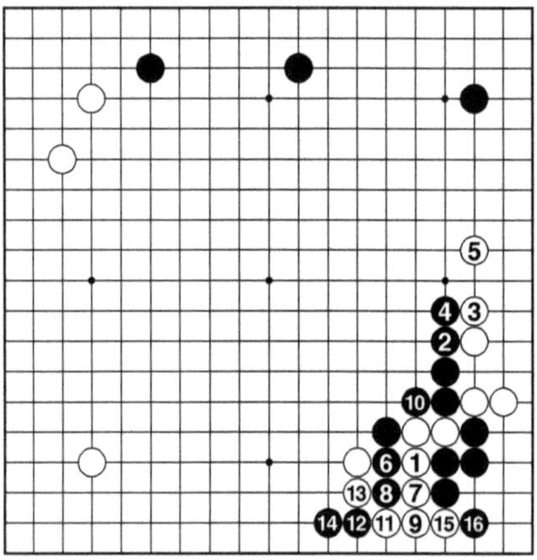

Dia. 11
Kann Weiß nach dem festen Decken von Schwarz ebenfalls mit 1 weglaufen? Nein, denn nach Schwarz 16 wird er einfach gefangen.

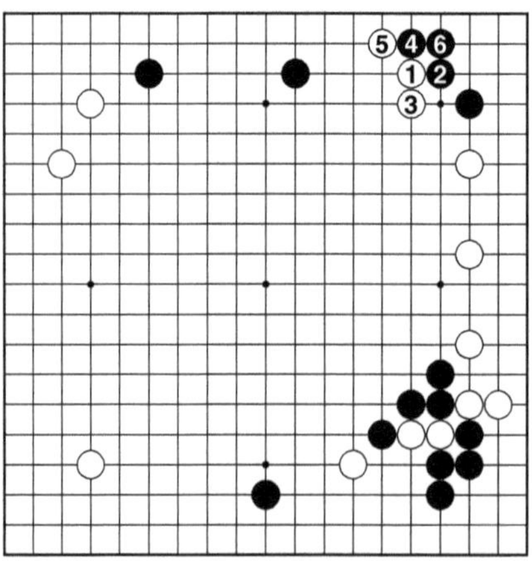

Dia. 12
In der Partie invadiert Weiß mit 24 den oberen Rand, denn die hier gezeigte Variante ist Gu Li nicht aggressiv genug. Schwarz lebt einfach in der Ecke.

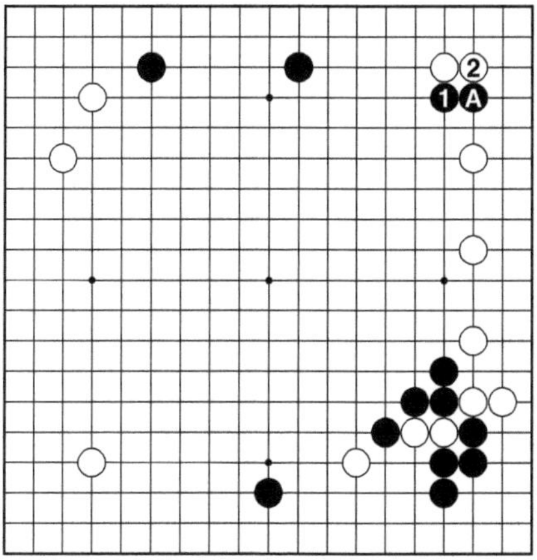

Dia. 13
Schwarz 1 als Antwort auf Weiß 24 ist nicht gut, denn Schwarz spielt in die falsche Richtung.

Hätte Schwarz einen Stein auf dem 4-4-Punkt stehen und Weiß invadiert darunter auf 3-3, dann blockt Schwarz nicht auf A, denn das ist die falsche Seite.

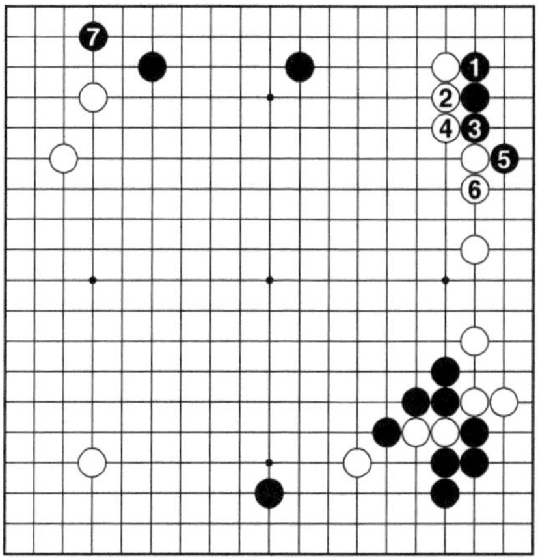

Dia. 14
Diese Variante sieht schmerzhaft für Schwarz aus, doch wahrscheinlich ist sie besser als die Partie.

Schwarz hat nun Vorhand und wird den großen Punkt auf 7 nehmen.

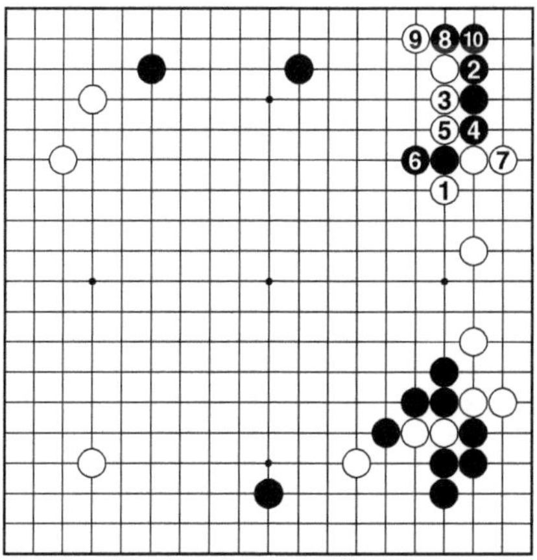

Dia. 15
Wenn Weiß auf den schwarzen Anleger 25 wie hier antwortet, entsteht ein Kampf, der gut für Schwarz ist.

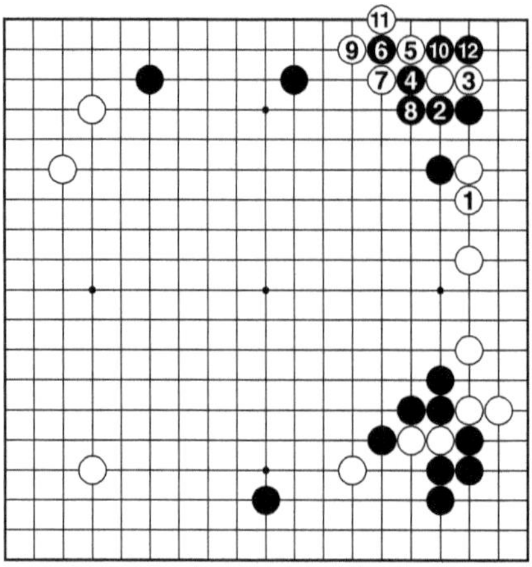

Dia. 16
Streckt Weiß nach dem Anleger mit 1, dann wendet sich Schwarz dem oberen Rand zu, was in diesem Fall die richtige Richtung ist.

Das Doppelhane 4 und 6 ist eine gute Idee und das Ergebnis auf keinen Fall schlecht für Schwarz.

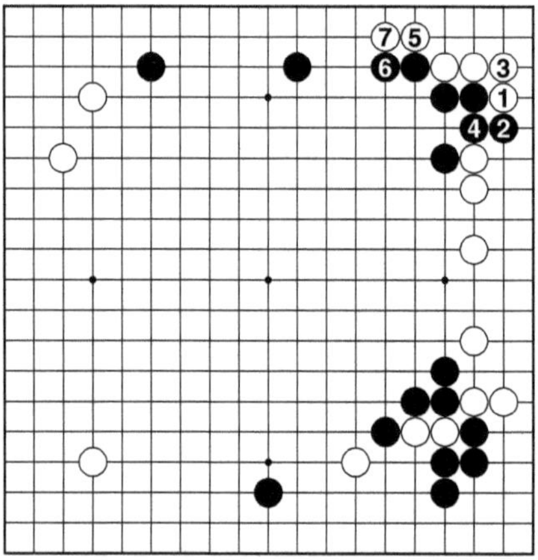

Dia. 17
Weiß sollte daher nach dem schwarzen Hane mit 1 umbiegen, denn dieses Ergebnis ist gut für ihn.

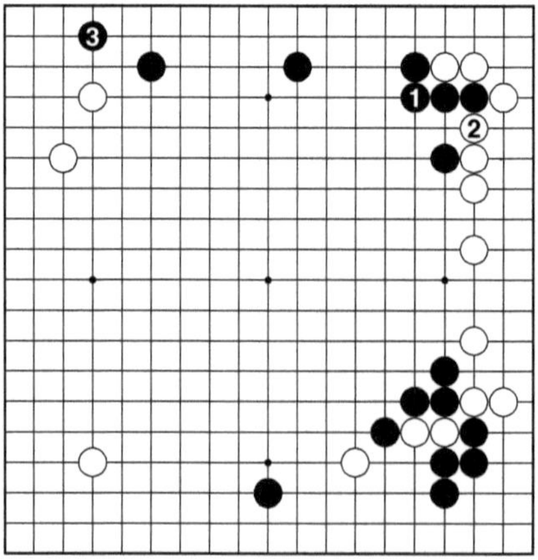

Dia. 18
Auf das Umbiegen wird Schwarz jedoch nicht blocken, sondern einfach mit 1 fest decken. Verbindet Weiß daraufhin am Rand, dann wird Schwarz 3 spielen und bekommt genau das, was er wollte.

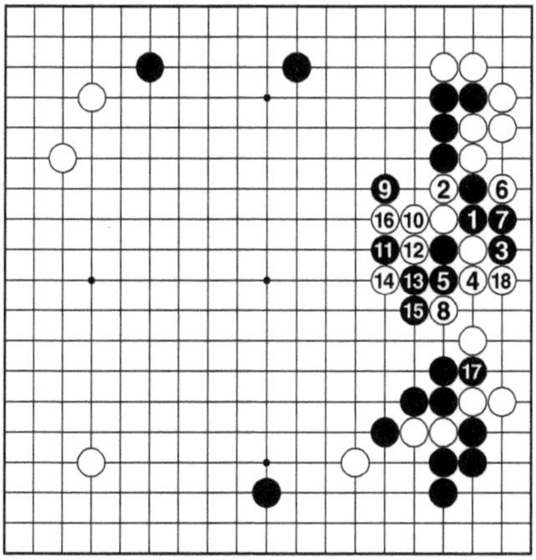

Dia. 19
Schwarz kann mit 35 in der Partie nicht schneiden.

Nach Schwarz 1 und Weiß 2 in diesem Diagramm gibt es für beide Seiten keine Treppe. Da Schwarz die weißen Steine nicht fangen kann, ist der Schnitt keine spielbare Variante.

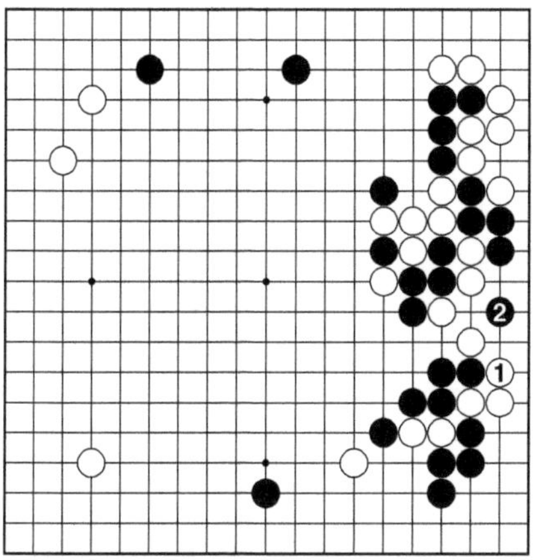

Dia. 20
Weiß 18 im letzten Diagramm ist richtig, denn Weiß 1 hier wäre ganz klar ein Fehler.

Figur 2 (51 - 100)

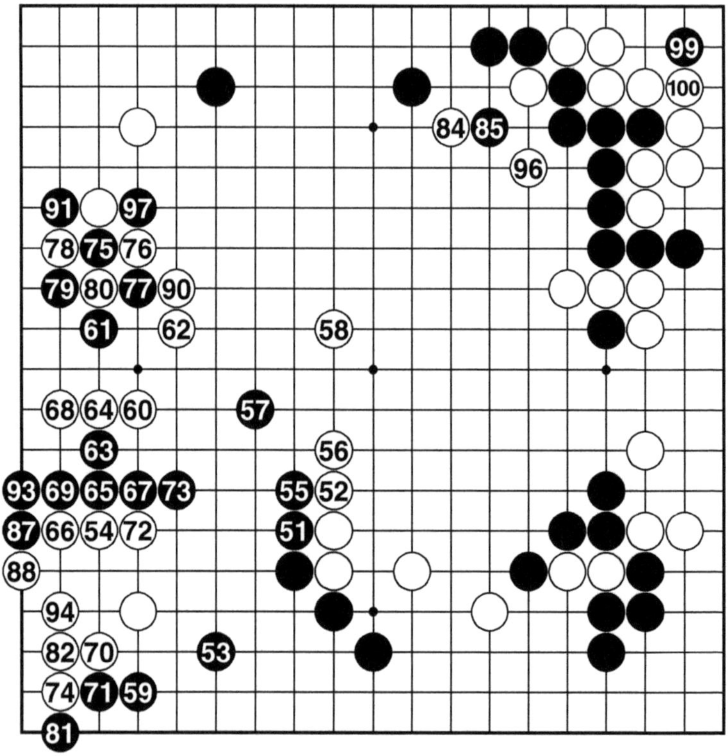

Ko: Schwarz 83, 89 und 95 auf 75, Weiß 86, 92 und 98 auf 80

Weiß 60 ist ein guter Punkt. Zhou Ruiyang hatte daraufhin das Gefühl, mit 61 invadieren zu müssen, sonst bliebe ihm zu wenig Gebiet, da Schwarz bereits sehr viel in der Ecke rechts oben verloren hat.

Weiß 62 ist kennzeichnend für Gu Lis Spielstil. Wenn Weiß die Partie verlieren würde, dann könnte man schon jetzt sagen, dass dies der Partie entscheidende Zug war. Er ist in jedem Fall übertrieben.

Schwarz 67 ist keine schöne Form, aber sie kann nicht vermieden werden, wenn Schwarz den Weißen nicht verbinden lassen möchte.

Schwarz 99 ist eine perfekte Ko-Drohung. Da Weiß 96 gespielt hat, muss er nun in der Ecke antworten, sonst war 96 völlig umsonst gespielt.

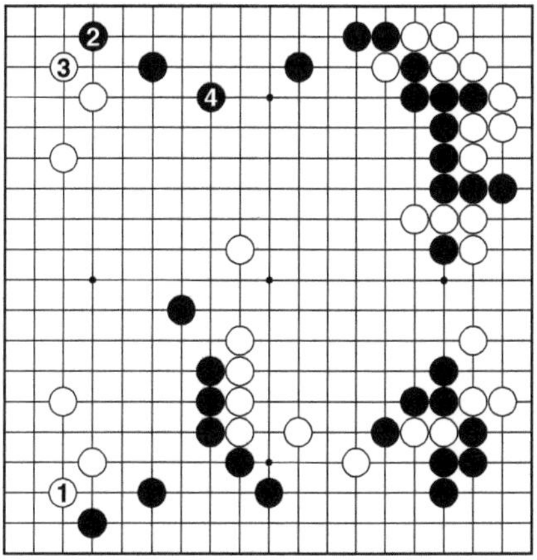

Dia. 21
Weiß 1 für 60 ist kein guter Zug, denn die Ecke ist relativ klein. Mit 2 und 4 baut Schwarz sein Gebiet weiter aus.

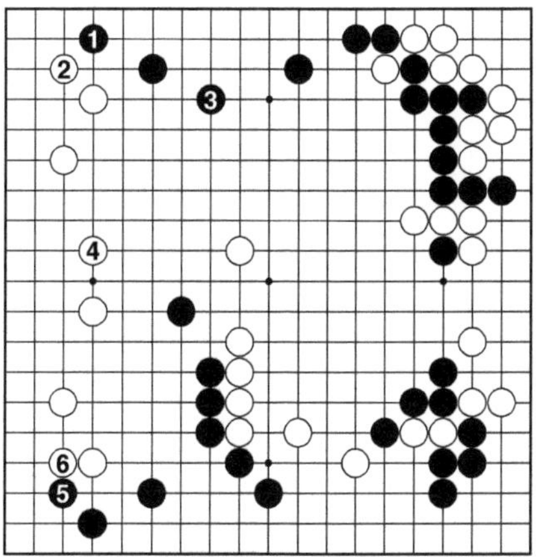

Dia. 22
Statt der Invasion mit Schwarz 61 friedlich Gebiet abzustecken, reicht nicht mehr aus, denn Weiß hat bereits einen guten Vorsprung.

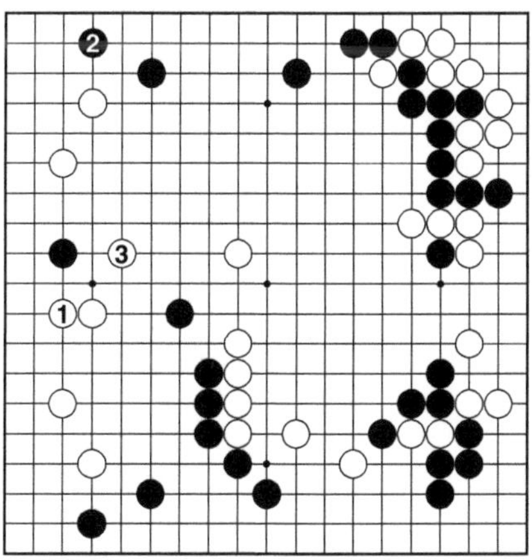

Dia. 23
Das Diagramm zeigt eine Variante für Weiß 62, die ebenfalls spielbar ist.

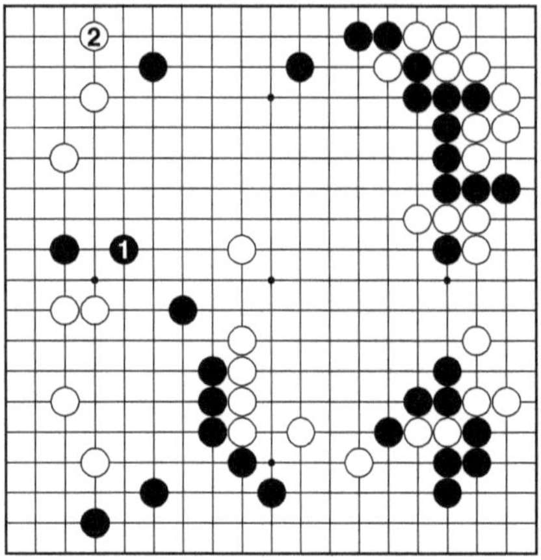

Dia. 24
Statt wie im letzten Diagramm die Ecke zu nehmen, kann Schwarz auch mit 1 herausspringen. Danach nimmt Weiß die letzte Ecke und kann mit dem Ergebnis zufrieden sein.

Aber beide gezeigten Varianten entsprechen nicht dem Stil von Gu Li.

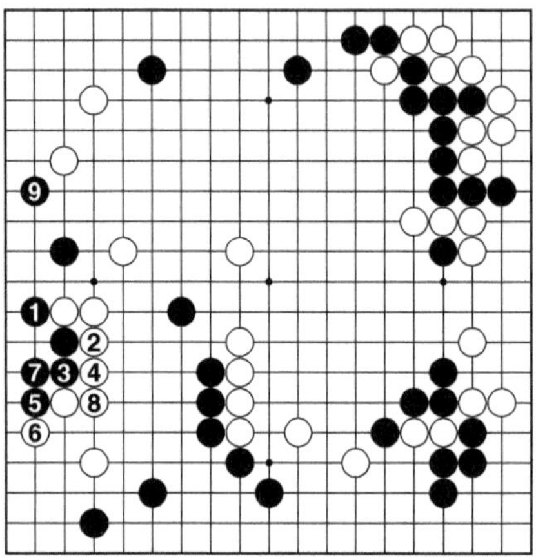

Dia. 25
Schwarz 65 in der Partie ist stark, aber nicht der beste Zug in dieser Situation. Er sollte besser das Hane in diesem Diagramm spielen. Nach Schwarz 9 lebt er.

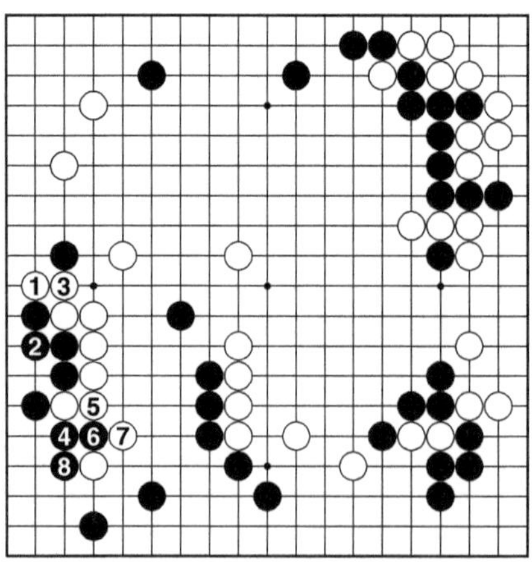

Dia. 26
Block Weiß nach Schwarz 5 das Hane, um den oberen Rand abzuschließen, dann gewinnt Schwarz viele Punkte in der Ecke.

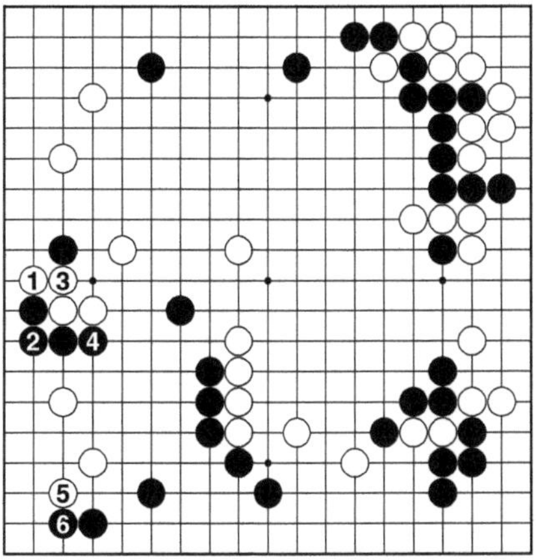

Dia. 27
Blockt Weiß das schwarze Hane in Diagramm 25 sofort, dann spielt Schwarz diese Fortsetzung und die weiße Ecke kommt in arge Bedrängnis.

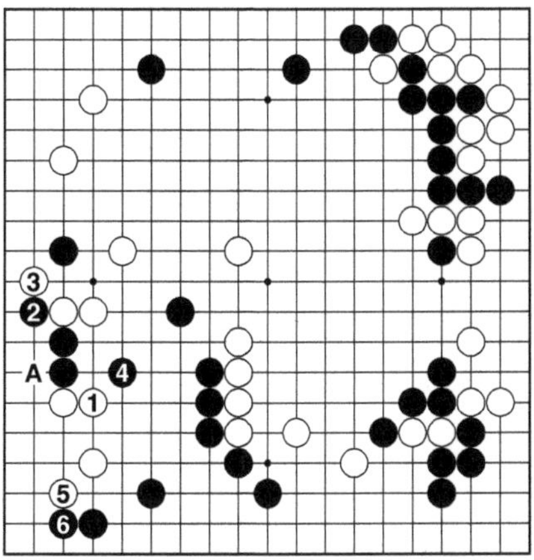

Dia. 28
Weiß 66 ist ein schöner Zug. Streckt Weiß wie in diesem Diagramm, dann hat Schwarz die Vorhand auf A und bringt so die weiße Ecke wieder in Gefahr.

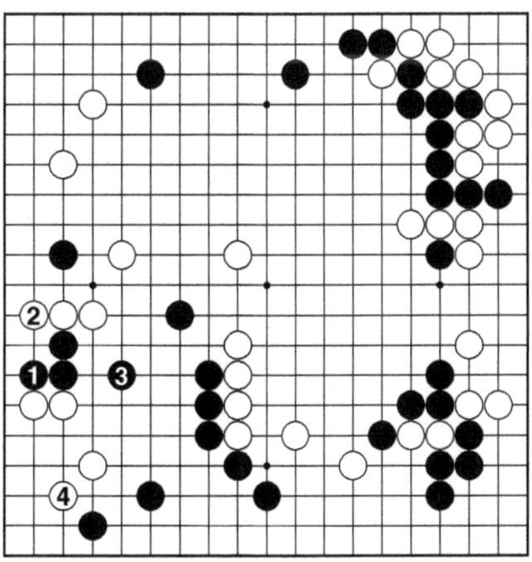

Dia. 29
Spielt Schwarz nach Weiß 66 die Variante 1 und 3 hier, dann wird Weiß wieder beide Seiten abschließen und ist zufrieden.

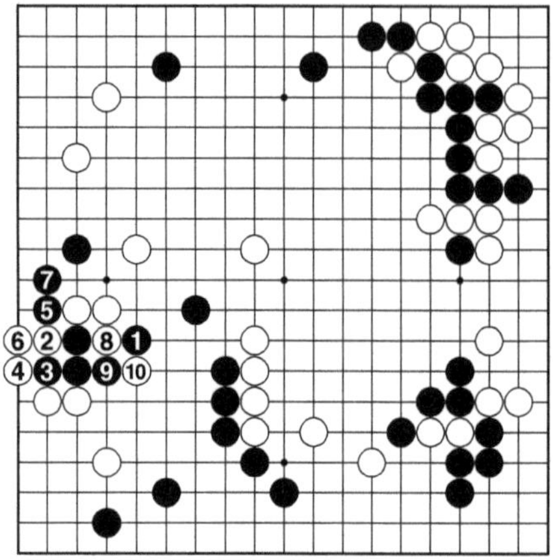

Dia. 30
Der schwarze Sprung auf 1 ist ebenfalls keine überzeugende Antwort auf Weiß 66, denn nach Weiß 10 ist Schwarz in einer Treppe gefangen.

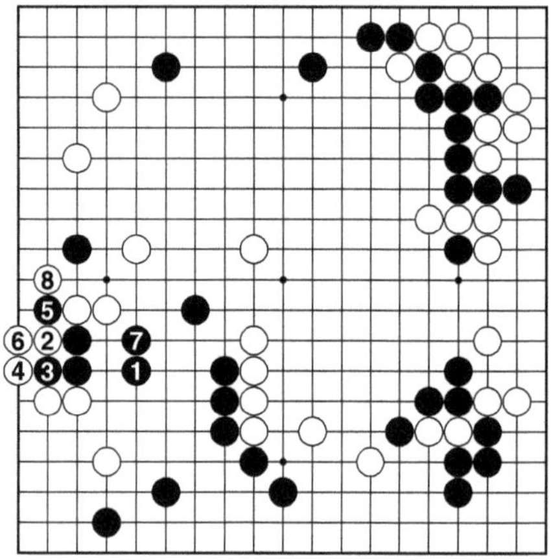

Dia. 31
Der Sprung auf 1 in dieser Variante ist schon besser, doch Weiß verbindet am Rand.

Schwarz hat im Vergleich zu den Diagrammen 25 bis 27 nicht viel gewonnen.

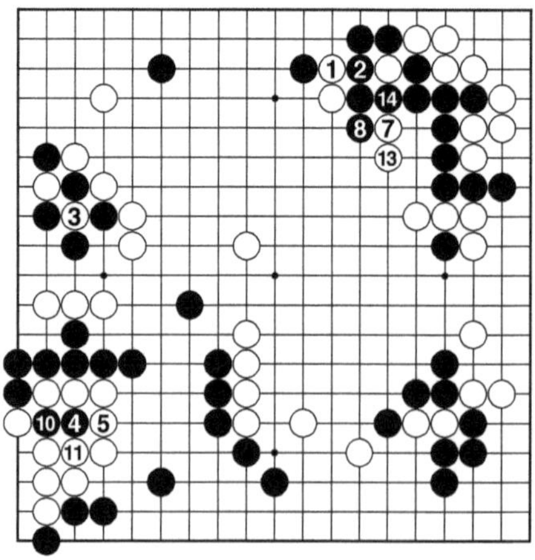

Dia. 32
Kann Weiß das Ko gewinnen, dass Schwarz mit 95 gestartet hat?

Schwarz hat zwei schöne Ko-Drohungen auf 4 und 10. Schwarz 16 spielt auf 10 eine weitere Drohung. Nach 18 sind die weißen Drohungen erschöpft.

(Ko: Weiß 9 und 15 auf 3, Schwarz 6, 12 und 18 über 3)

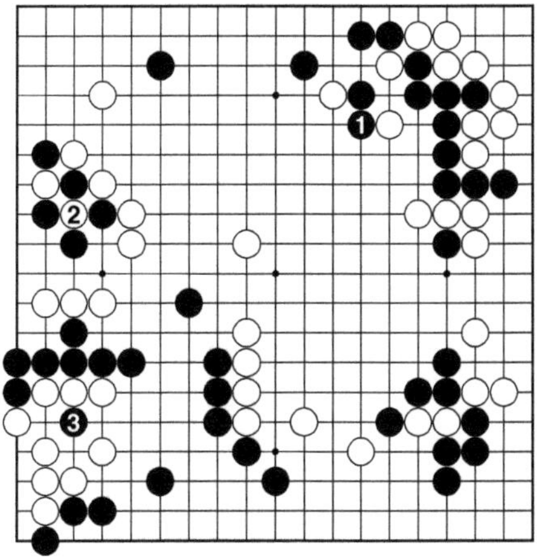

Dia. 33

Schwarz 1 ist noch besser als 97 in der Partie. Da Schwarz über vier Ko-Drohungen in der Ecke links unten verfügt, ist es sehr schwierig für Weiß, das Ko zu gewinnen.

Figur 3 (101 - 202)

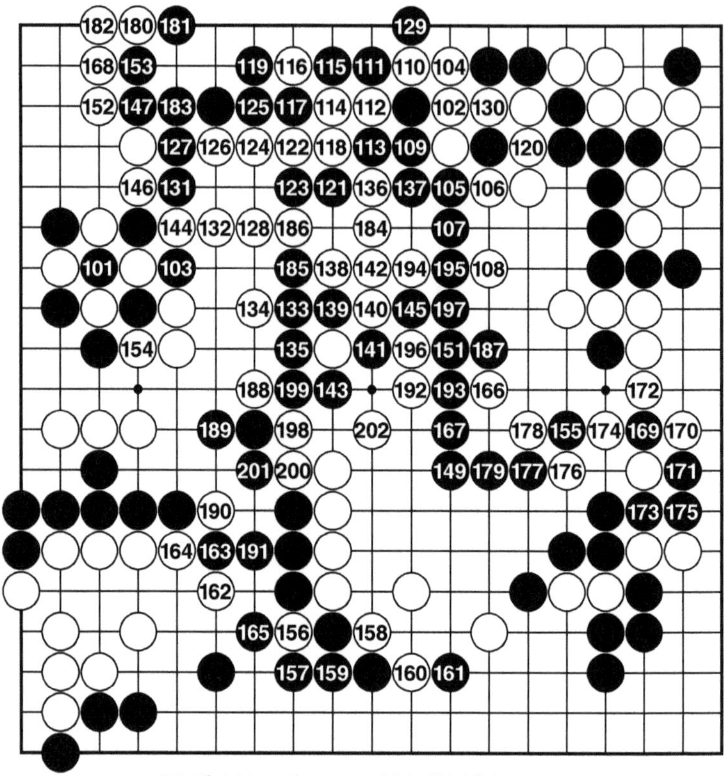

Weiß 148 rechts von 101, Weiß 150 unter 101

Der Austausch Schwarz 103 für Weiß 104 ist gut für Schwarz und in der Tat steht Schwarz jetzt nicht schlecht da. Aber Schwarz macht mit 105 sofort wieder einen Fehler. Es hat den Anschein, als wenn Schwarz mit 105 bis 109 Nutzen aus dem Verlust der schwarzen Gruppe ziehen kann, aber der Schnitt von Weiß 110 und 112 ist streng und trifft Schwarz unerwartet.

Mit Weiß 154 wurde wieder ein riesiger Austausch abgeschlossen! Gu Li dachte hier, dass Weiß wenige Punkte vorn liegt. Das ist erstaunlich! Obwohl das Brett nach diesem Austausch noch recht offen ist, weiß Gu Li bereits, dass er mit einem kleinen Vorsprung gewinnen wird. Und er sollte Recht behalten!

Die Punkte 201 und 202 sind Miai. Schwarz stirbt nach Weiß 202 und gibt auf.

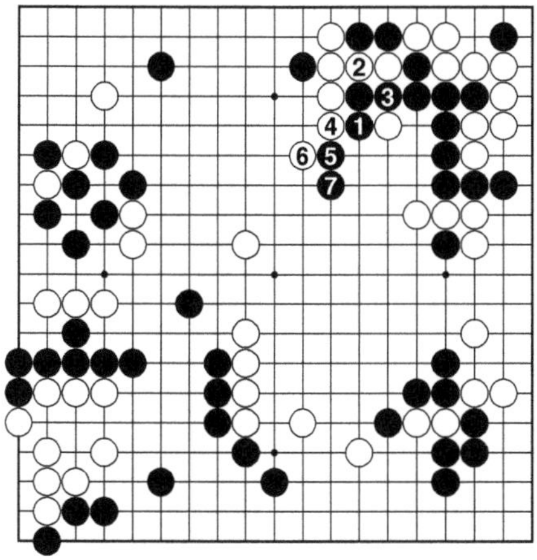

Dia. 34
Schwarz muss mit 105 einfach herauslaufen. Er kann nicht getötet werden. Wenn Schwarz auf diese Weise spielt, dann ist die Partie für Weiß vorbei.

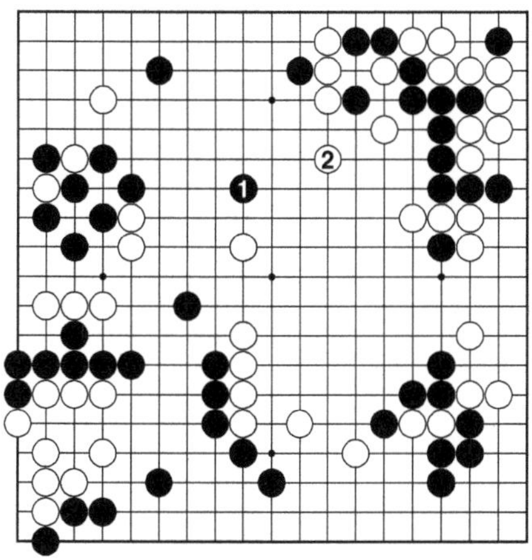

Dia. 35
Mit Schwarz 1 einfach nur auf eine Reduktion zu setzen, reicht nicht aus. Schwarz muss wie in Diagramm 34 spielen.

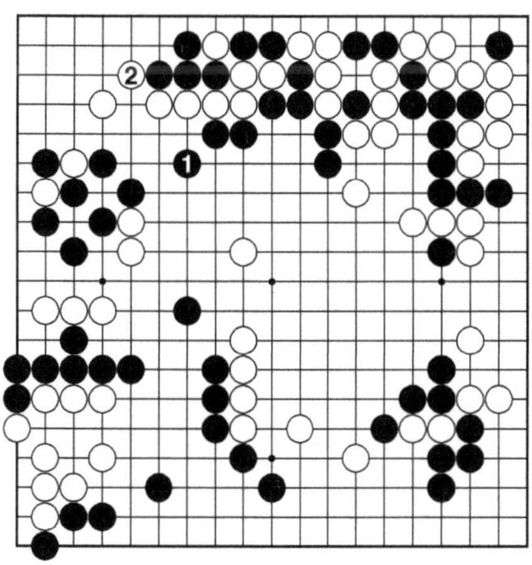

Dia. 36
Ist Schwarz 127 zwingend notwendig?

Schwarz 1 in diesem Diagramm ist keine Option, denn Weiß lebt nach 2 in der Ecke.

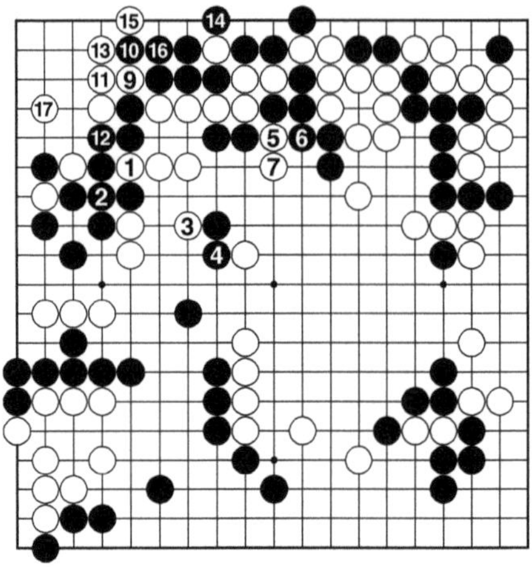

Dia. 37
Weiß kann den Abtausch 1 für 2 in Erwägung ziehen bevor er 3 spielt. Greift Schwarz mit 4 und 6 weiter an, dann hat Weiß nach einem schwarzen Tenuki mit 9 schneiden und in der Ecke leben.

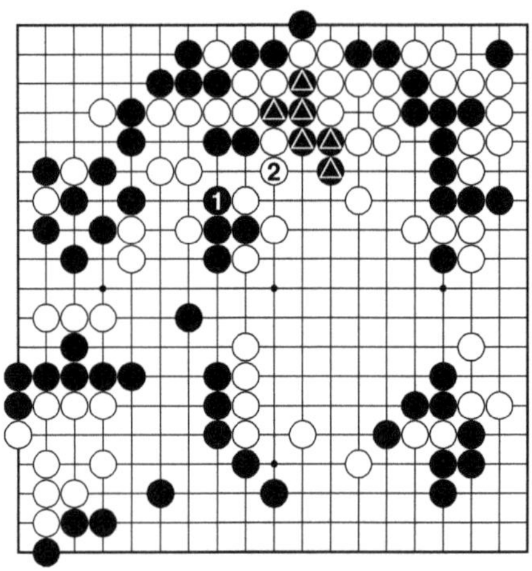

Dia. 38
Schwarz 1 für 141 in diesem Diagramm ist nicht möglich, denn Schwarz kann nicht noch einmal sechs Steine opfern.

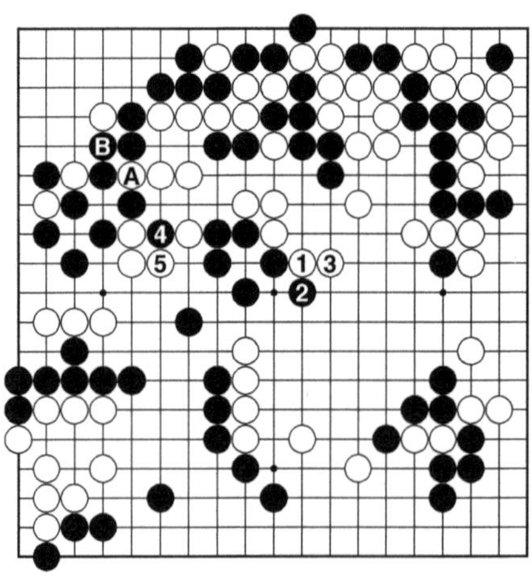

Dia. 39
Weiß 144 in der Partie ist ein Verteidigungszug, denn Schwarz hat den Schnitt auf 4.

Wenn Weiß jedoch zuvor A für B abtauscht, dann kann er nicht geschnitten werden.

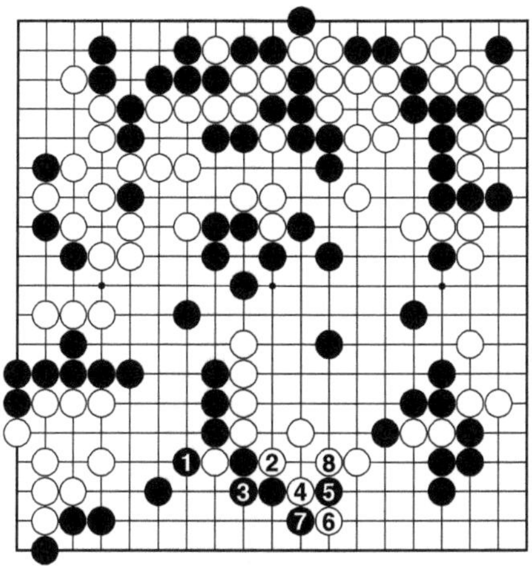

Dia. 40
Weiß 156 ist ein sehr schöner Zug, den Schwarz nicht von außen beantworten kann. In der Fortsetzung bis 8 entsteht ein Ko.

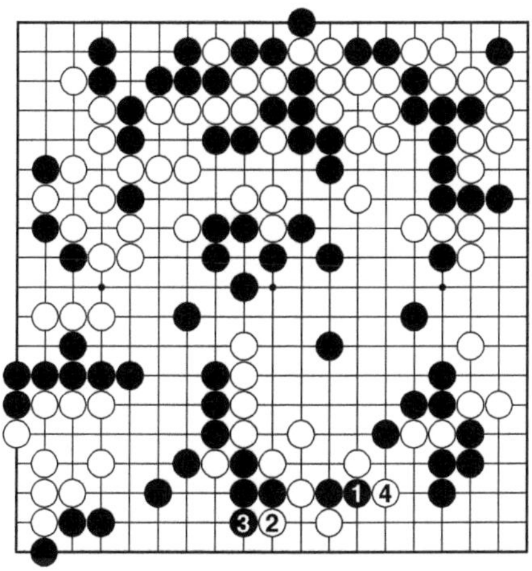

Dia. 41
Spielt Schwarz statt 7 im letzten Diagramm auf 1 hier, dann hat Weiß die Vorhand auf 2 und lebt nach 4.

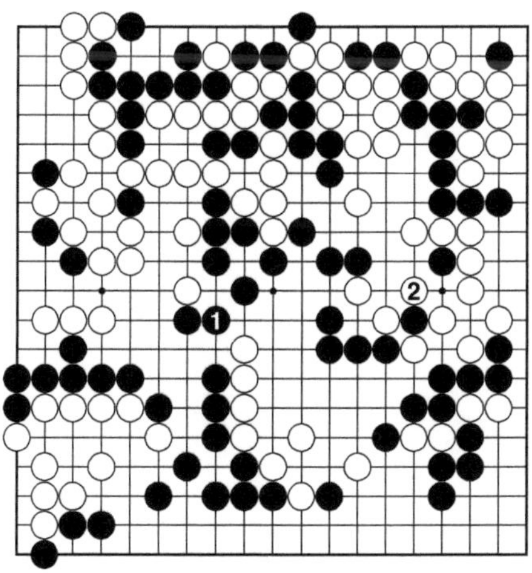

Dia. 42
Schwarz muss mit 189 in der Partie wie hier gezeigt verteidigen, aber nach Weiß 2 verliert er aufgrund der Komi-Punkte.

Zhou Ruiyang hat diese Partie leider mit dem Fehler von 105 verloren und so die Chance auf eine Fortsetzung des Titelkampfes vergeben.

天元战

21. Tianyuan – Gu Li vs. Liu Shizhen

Tianyuan bezeichnet den Mittelpunkt des Go-Bretts, den Ursprung des Himmels. Das Turnier wird vom Chinesischen Go-Verband mit Unterstützung der Zeitung Xinming Wanbao und des monatlich erscheinenden Magazins Xinming Weiqi organisiert. Die Vorrunden bestehen aus direkten K.o.-Runden, während das Finale in einer Serie von drei Partien ausgespielt wird.

Nachdem Gu Li im Januar 2007 den Mingren-Titel erfolgreich verteidigen konnte, stand kurz darauf im April der Titelkampf um den Tianyuan an. In den letzten Jahren hat er den Herausforderungen von namhaften Spielern wie Xie He und Zhou Heyang getrotzt und seine Dominanz in diesem Turnier – wie im chinesischen Go überhaupt – bewiesen. Nun galt es bereits die dritte Verteidigung des Tianyuan zu bestreiten.

In der Vorrunde hatte sich in diesem Jahr Liu Shizhen 6. Dan nach einem knappen Sieg über Tao Xin 3. Dan gegen die Konkurrenz durchgesetzt und das Recht gegen Gu Li anzutreten erkämpft. Liu Shizhen ist kein Spieler, mit dem man gerechnet hatte und erst recht niemand, von dem man erwartet hätte, dass gerade er den Thron des großen Gu Li tatsächlich ins Wanken bringen würde.

Liu Shizhen 6. Dan wurde 1977 geboren und im Jahr 1992 Profi. Liu hatte bisher nur den Titel „Xinren Wang“ im Jahr 2000 errungen und anschließend das Duell gegen den Sieger des koreanischen Pendants zum Tianyuan, dem Chunwon, gewonnen. Dieser Sieg führte zu seiner Hochstufung zum 6. Dan.

Doch seither hat er sich in keinem großen Turnier mehr behaupten können. In den letzten Jahren hatte er Höhen und Tiefen und noch im Vorjahr lag es maßgeblich in seiner Verantwortung, dass die Shanghaier Mannschaft in der chinesischen Liga so schlecht abgeschnitten hatte. In der zum Jahreswechsel veröffentlichten Rating-Liste chinesischer Profi-Spieler brachte er es nur auf Rang 31.

Nun war also seine Gelegenheit gekommen. Es war seine Chance, sich zu beweisen und zu zeigen, dass er noch nicht aufgegeben hat. Ein Sieg über Gu Li in diesem Titelkampf und somit der Gewinn des Tianyuan würde den Höhepunkt seiner bisherigen Karriere bedeuten.

Beide, Liu Shizhen und Gu Li, gehören zur Klasse der besonders leidenschaftlichen und kampflustigen Spieler und ließen daher einen spannenden Titelkampf um den 21. Tianyuan erwarten.

Die Partien dieses Titelkampfes werden auf den nächsten Seiten dieses Buches präsentiert.

天元战

Der Tianyuan-Titelkampf

Partie I

Weiß:	Gu Li, Tianyuan
Schwarz:	Liu Shizhen, 6. Dan
Partie:	21. Tianyuan, Finale
Datum:	18. April 2007
Ort:	Tongli, Provinz Jiangsu, China
Komi:	7.5
Regeln:	Japanisch
Kommentar:	Wang Jiankun 7. Dan
	Guo Juan 5. Dan

Figur 1 (1 - 35)

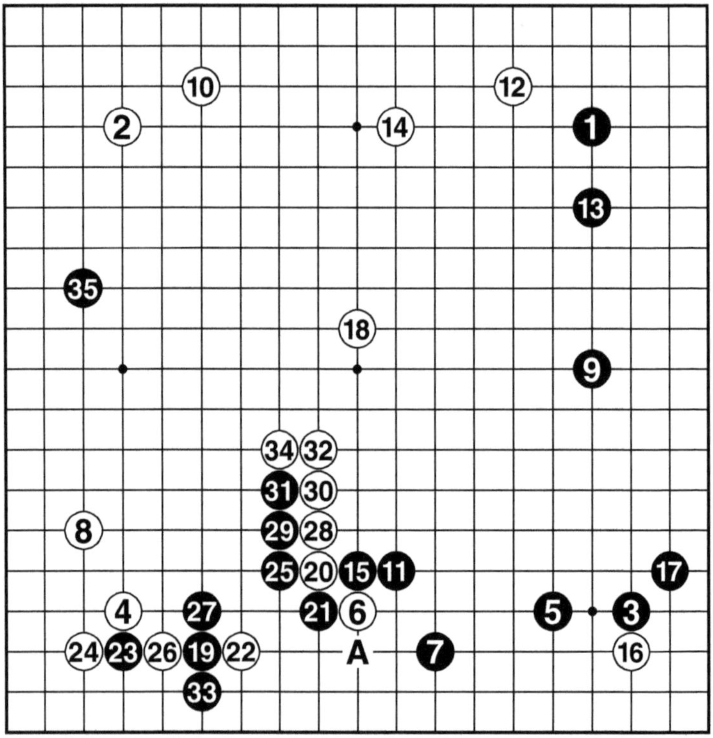

Schwarz 1 bis 5 sind eine populäre Eröffnung, die auch Lee Changho gelegentlich spielt. Gu Li wählt hier Weiß 6, um ihr zu begegnen. Alternativ kann Weiß auch auf A oder 22 spielen.

Bis Schwarz 15 spielt jeder auf seiner Seite und man kommt sich nicht in die Quere. Weiß möchte sehen, wie Schwarz reagiert und spielt den Testzug 16, bevor er den großen Punkt 18 nimmt. Weiß 20 scheint übertrieben, denn es gibt auch andere Möglichkeiten.

In dieser Partie war Liu Shizhen sehr, vielleicht zu sehr, um Gebiet besorgt. Dies setzt sich durch die ganze Partie hindurch fort. Mit 21 und 23 beginnend ist Schwarz nur darauf bedacht, Punkte zu machen, und vernachlässigt so die globale Sicht auf das Brett.

Weiß 22 ist charakteristisch für Gu Li - eine sehr angriffslustige Form und Spielweise. Weiß 34 ist unangenehm für Schwarz, gerade im so frühen Stadium der Partie. Er muss vorher noch einmal schieben. Nun bleibt ihm keine andere Wahl mehr, als mit 35 zu invadieren.

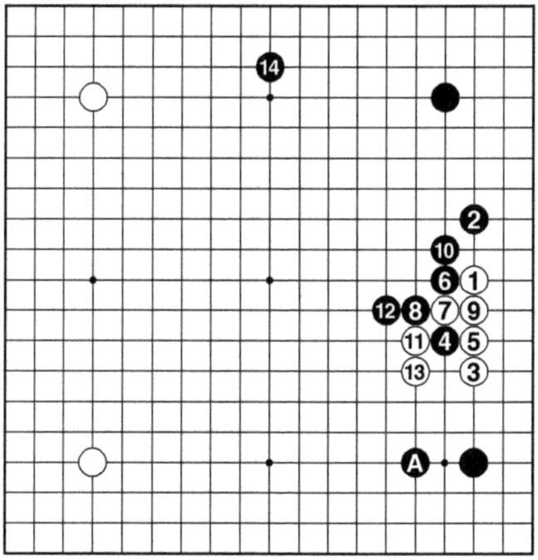

Dia. 1
Diese Variante findet sich in vielen Profipartien.

Schwarz 4 ist die Fortsetzung von A. Das Ergebnis bis 14 entspricht dem, was Schwarz sich erwünscht.

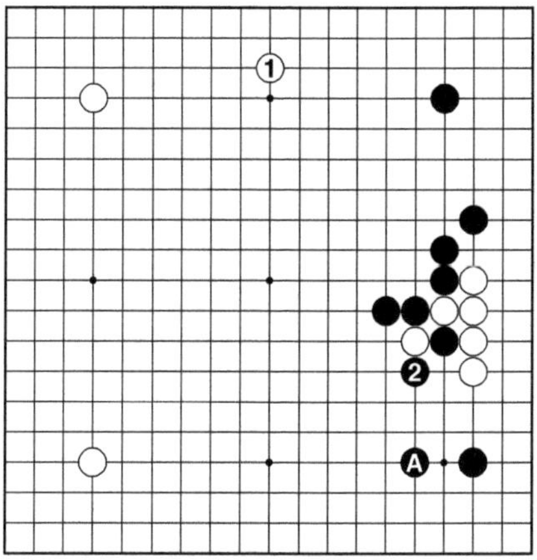

Dia. 2
Nimmt Weiß den großen Punkt 1, dann hat Schwarz den kräftigen Angriff auf 2. Wieder ist A der entscheidende Stein, der den Angriff so gefährlich macht.

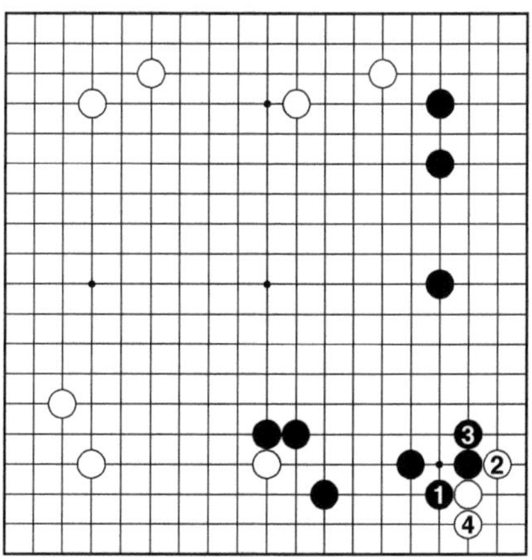

Dia. 3
Da Schwarz am unteren Rand stark ist, möchte er nach dem weißen Testzug die Ecke nicht verteidigen.

Weiß wird später 2 spielen und nach 4 ist Schwarz überkonzentriert.

Statt 2 kann Weiß auch gleich auf 3 spielen. Das ist ebenfalls ein gute Fortsetzung.

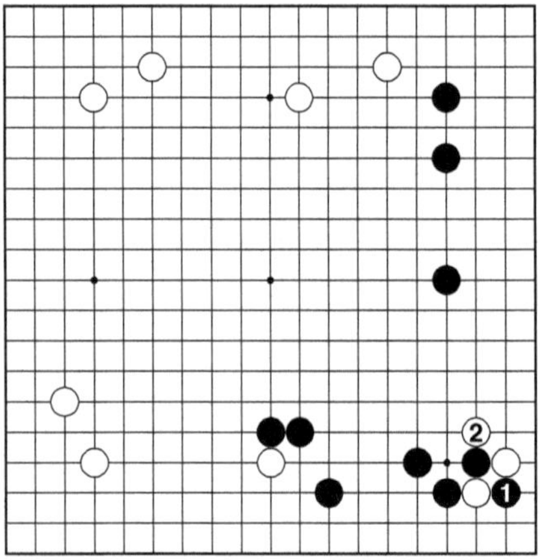

Dia. 4
Reagiert Schwarz auf Weiß 2 im letzten Diagramm mit 1, dann entflieht Weiß mit 2.

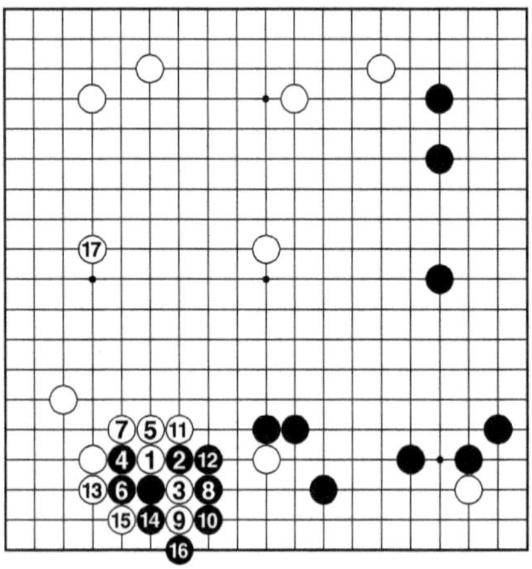

Dia. 5
Weiß 20 scheint übertrieben, denn es gibt hier andere Möglichkeiten.

Weiß 1 und 3 sind zum Beispiel eine gute Kombination, denn sie bewirken, dass Schwarz überkonzentriert wird. Mit 17 nimmt Weiß einen großen Punkt und kann sich über eine schnelle Entwicklung freuen.

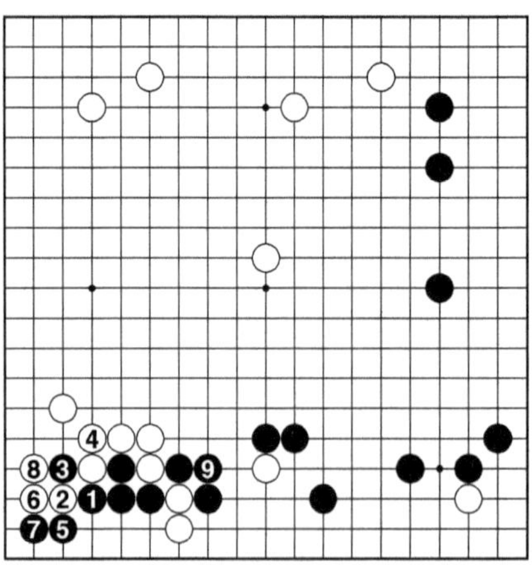

Dia. 6
Wenn Schwarz die Ecke haben möchte, dann kann er nach 9 in Diagramm 6 mit 1 bis 9 in diesem Diagramm fortsetzen. Das Ergebnis ist nicht schlecht für Schwarz.

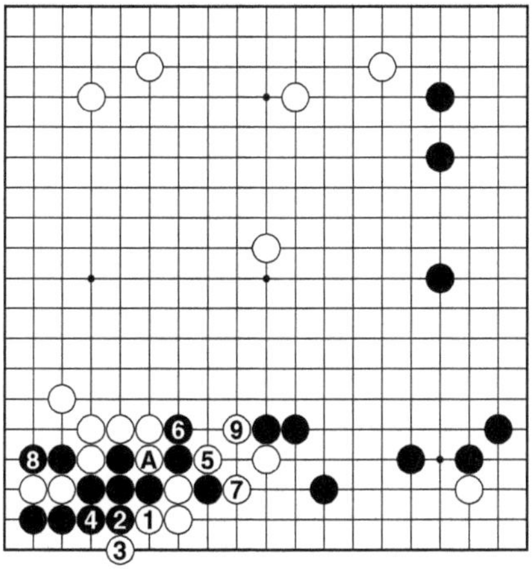

Dia. 7
Doch Weiß wird nach 7 im vorherigen Diagramm auf die Abfolge 1 bis 9 ausweichen.

Dieser Kampf ist leicht für Weiß und das Ergebnis gut. Daher wäre in der Partie an Stelle des Hanes auf 9 Weiß A die bessere Wahl gewesen.

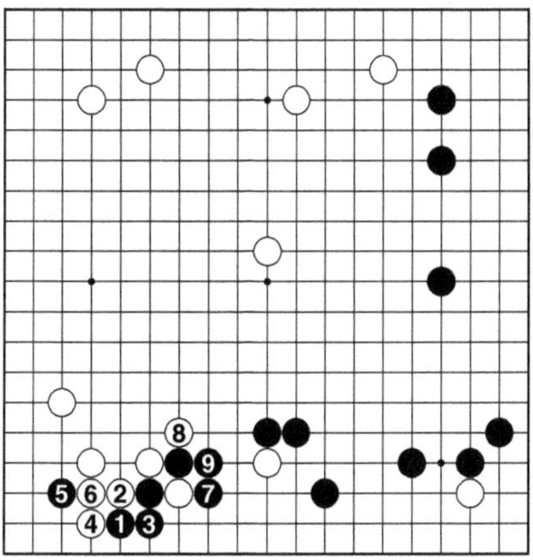

Dia. 8
Dies ist noch eine weitere Joseki-Variante. Weiß erhält wieder Vorhand und kann als Erster am linken Rand spielen. Somit ist dieses Ergebnis ebenfalls gut für Weiß.

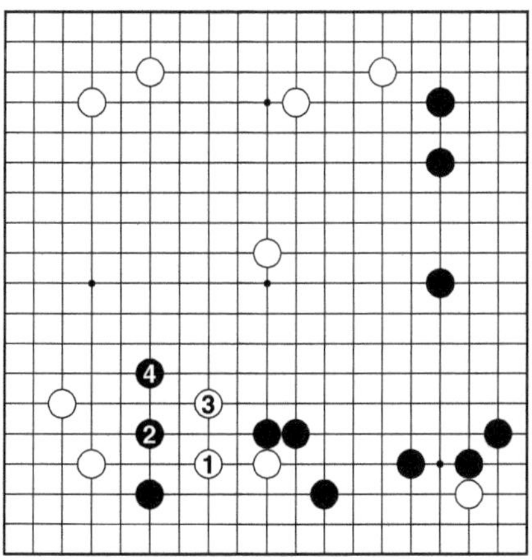

Dia. 9
Weiß 1 in diesem Diagramm ist schwerfällig und das Ergebnis nach Schwarz 4 nicht gut. So sollte Weiß hier nicht spielen.

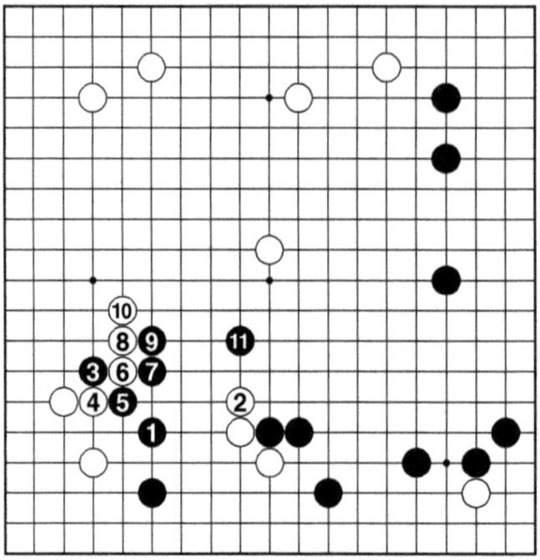

Dia. 10
Dies wäre eine gute Alternative für Schwarz 21 in der Partie. Schwarz läuft heraus und reduziert gleichzeitig das weiße Moyo. Nach 11 sieht es gefährlich aus für Weiß.

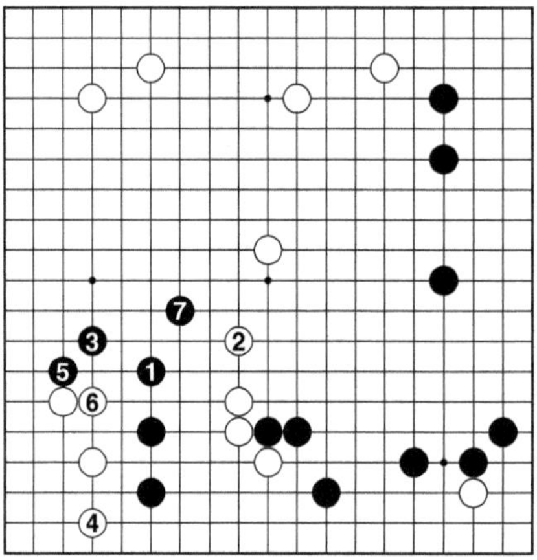

Dia. 11
Statt 3 im letzten Diagramm einfach nur mit einem Sprung auf 2 herauslaufen, bringt ebenfalls ein gutes Ergebnis für Schwarz.

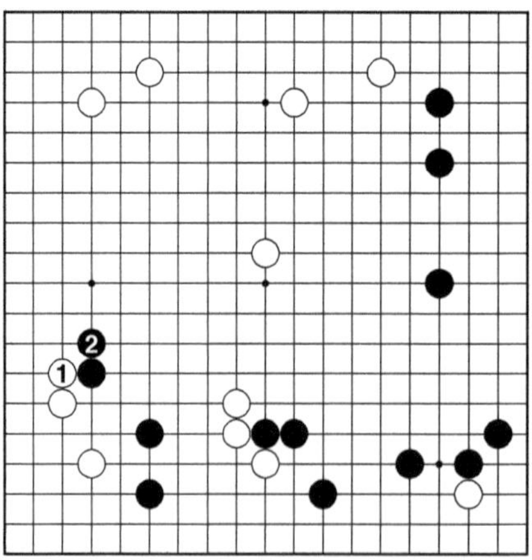

Dia. 12
Auch diese Variante, Weiß 1 statt 4 in Diagramm 10, sieht nicht schlecht aus für Schwarz.

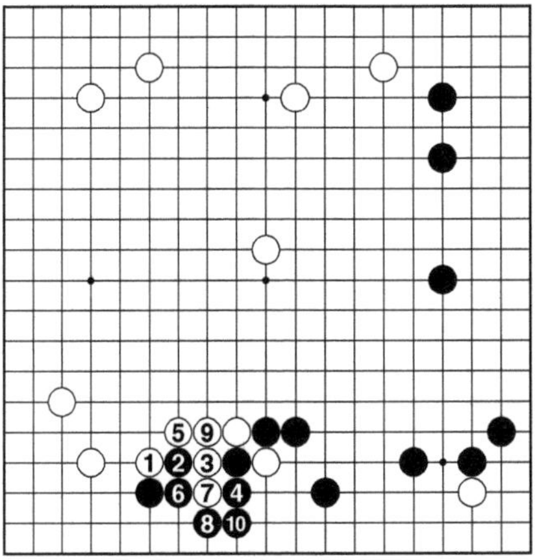

Dia. 13
Weiß 22 ist typisch für Gu Li, aber ist das auch der beste Zug?

Weiß kann die Variante hier in Erwägung ziehen, aber sie ist nicht wirklich überzeugend.

Während Schwarz sichere Punkte macht, bleibt die weiße Wand löchrig.

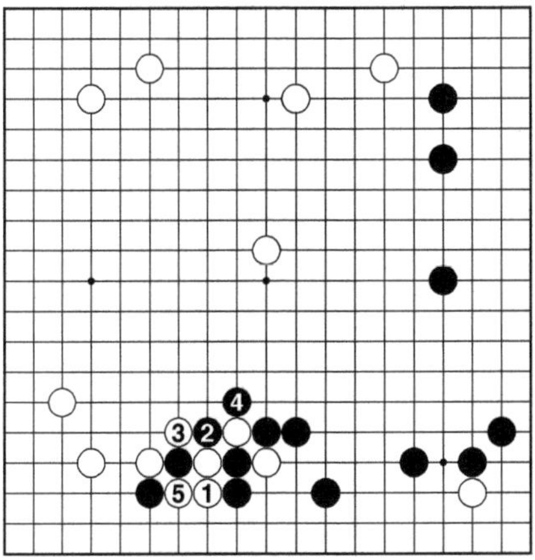

Dia. 14
Weiß sollte daher nach 4 lieber mit 1 in diesem Diagramm fortsetzen.

Weiß 1 hat Tesuji-Qualität und das Ergebnis führt zu einer spielbaren Partie.

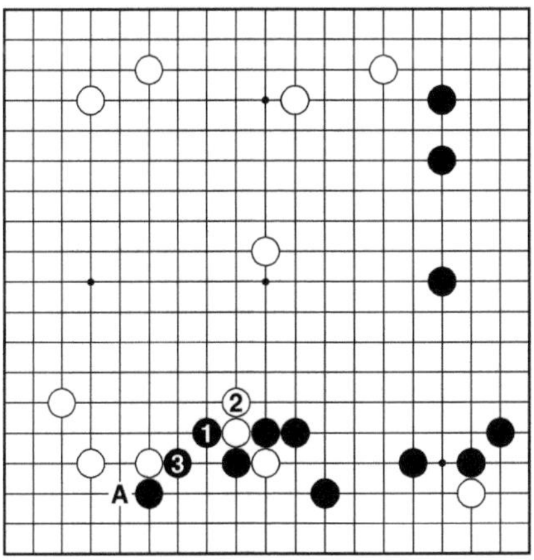

Dia. 15
Beantwortet Schwarz den weißen Aufleger in Diagramm 13 mit 1 hier und streckt Weiß auf 2, dann bekommt Schwarz ein solides Stück Rand.

Statt mit 2 zu strecken, kann Weiß auch auf A die Ecke schützen. Schwarz wird daraufhin mit 2 schlagen.

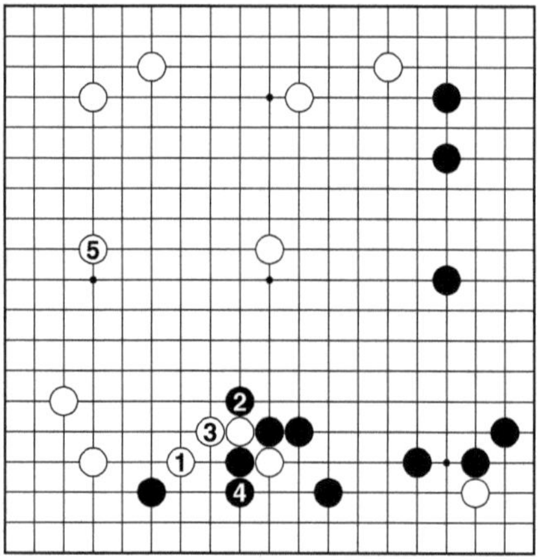

Dia. 16
Weiß 1 für 22 ist angesichts der Stellung der beste Zug. Weiß entwickelt sich schnell und baut eine gute Gesamtposition auf.

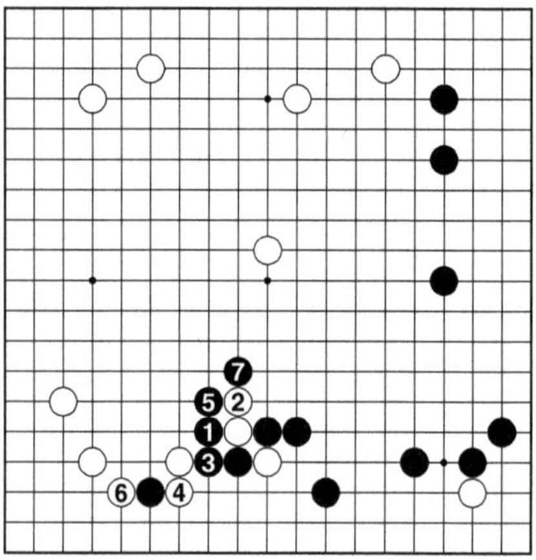

Dia. 17
Wenn Schwarz nach 1 im letzten Diagramm wie hier verteidigt, dann bekommt Weiß Vorhand um am linken Rand zu spielen. Verteidigt Schwarz nicht, dann kann Weiß später seine Steine in Bewegung setzen.

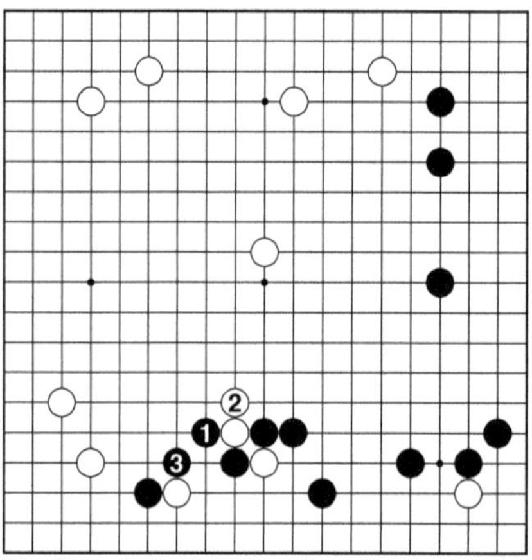

Dia. 18
Diese Abfolge hält die Situation nach Weiß 22 in der Partie einfach für Schwarz.

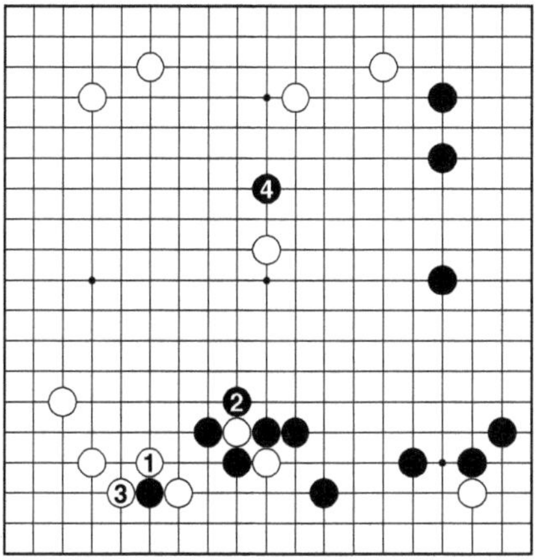

Dia. 19
In dieser Variante gewinnt Weiß viel in der Ecke links unten, lässt Schwarz aber Vorhand, um erst ein Ponuki zu bauen und dann das weiße Moyo zu zerstören.

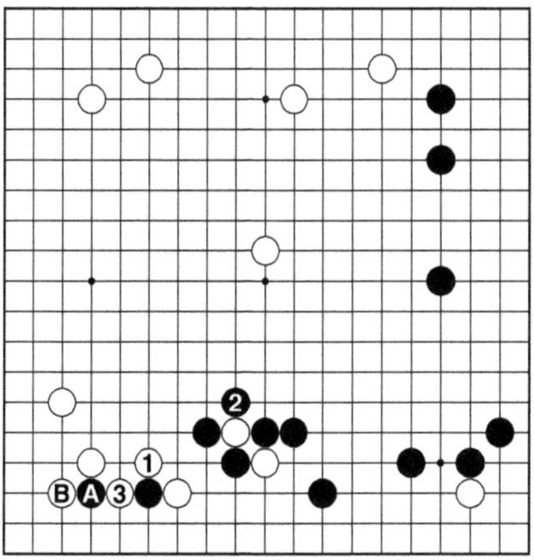

Dia. 20
Warum spielt Weiß nach Schwarz 25 in der Partie nicht das Hane?

Schlägt Schwarz auf 2, dann sieht man, dass der Austausch A für B nicht gut für Schwarz war.

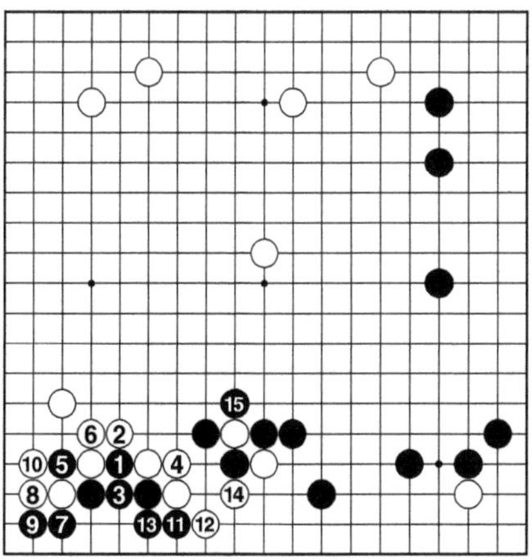

Dia. 21
Da das letzte Diagramm nicht gut für Schwarz ist, wird er auf das Hane in Diagramm 20 mit 1 antworten, um Gebietspunkte zu holen.

Nach Schwarz 15 steht er sowohl auf der Innen- als auch auf der Außenseite. Ein gutes Ergebnis.

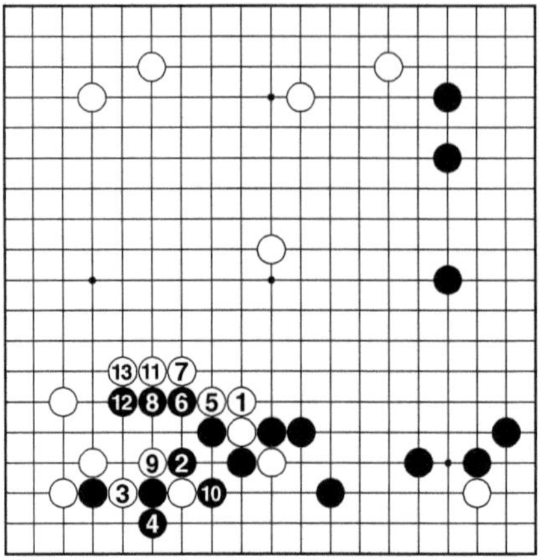

Dia. 22
Statt Weiß 26 kann Weiß auch diese Variante spielen, denn Schwarz steckt in einem Freiheitenproblem und bekommt sehr unschöne Form.

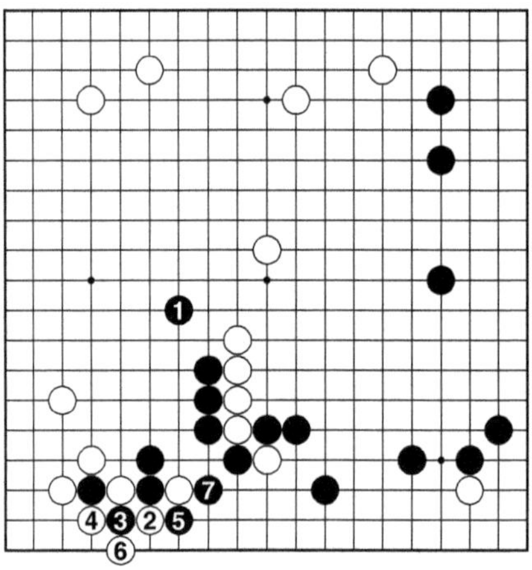

Dia. 23
Schwarz 33 in der Partie denkt wieder einmal nur an Gebiet.

Das Keima 1 sieht hier jedoch sehr attraktiv aus. Versucht Weiß am Rand zu verbinden, dann bekommt er dort nicht viele Punkte.

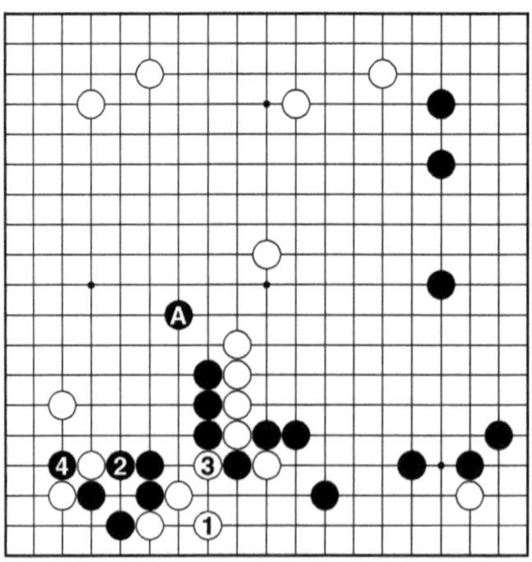

Dia. 24
Setzt Weiß nach Schwarz 3 im letzten Diagramm wie hier gezeigt fort, dann verliert er zu viel in der Ecke und Schwarz A steht ideal für die weitere Entwicklung.

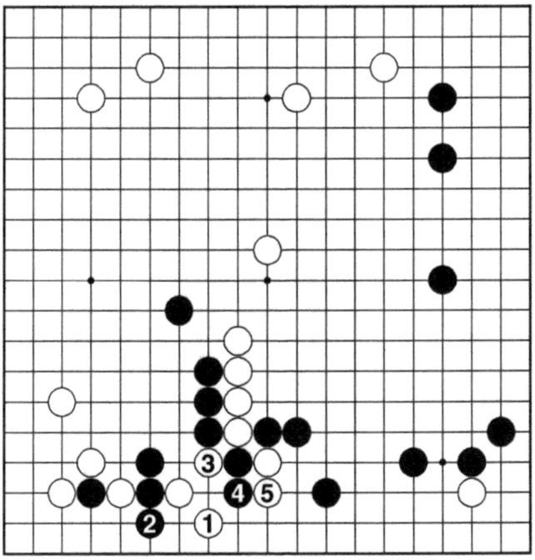

Dia. 25
Weiß 1 ist das Tesuji hier. Nach 5 hat Weiß seine Steine verbunden und Schwarz konnte die weiße Ecke nicht wirklich beschädigen.

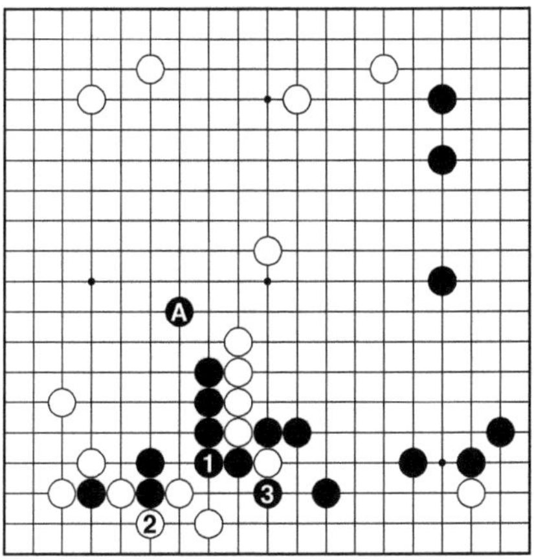

Dia. 26
Schwarz muss daher als Antwort auf das Tesuji verbinden. Weiß gewinnt in der Tat viel, aber Schwarz A ist wichtiger als der Rand.

Man sieht hier, dass Schwarz in der Partie zu sehr auf Gebiet bedacht ist und zu wenig die gesamte Brettstellung berücksichtigt.

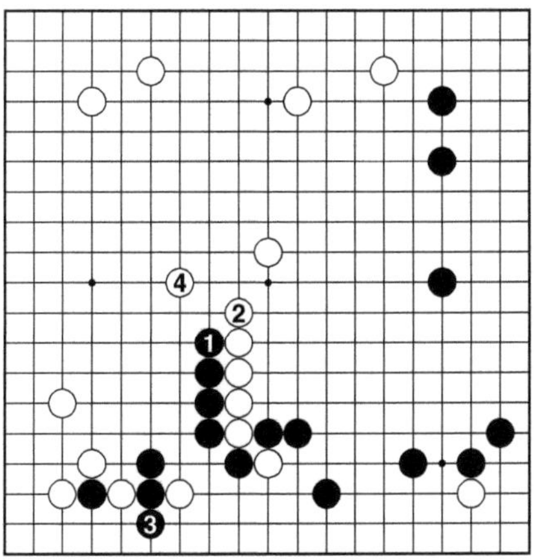

Dia. 27
Um Schwarz 34 in der Partie zu verhindern, muss Weiß noch einmal schieben.

Figur 2 (35 - 77)

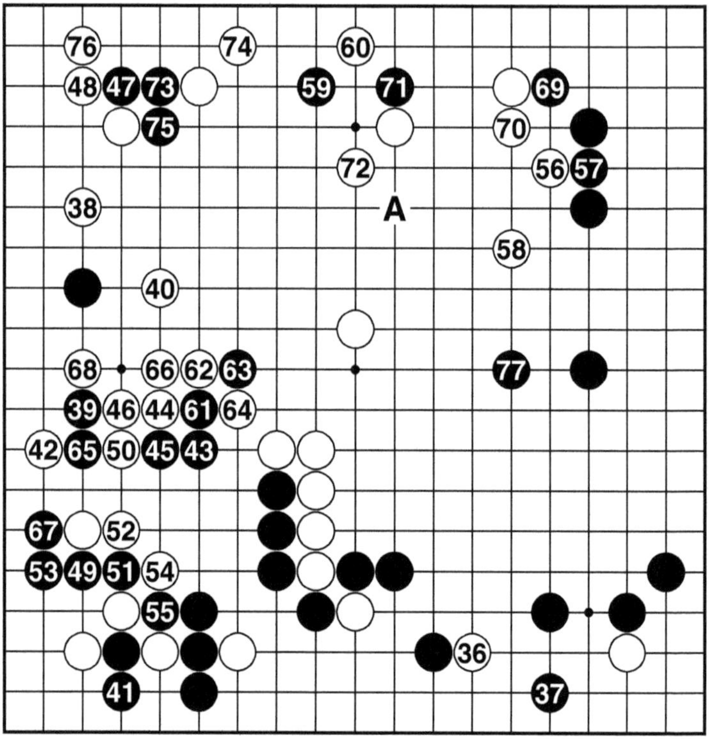

Weiß 36 zeigt wieder einmal Gu Lis Stärke und Verständnis für Formen, denn der Zug zielt auf die Schwäche in der schwarzen Stellung ab. Nach 37 wendet sich Gu Li dem linken Rand zu, der vorerst wichtiger ist und wartet ab, was am unteren Rand passieren wird.

Mit 41 nimmt Schwarz wieder Punkte mit, aber der Zug ist nicht dringend. Weiß 50 ist die korrekte Antwort auf Schwarz 49. Nach 55 scheint es, als wenn Schwarz eine große Ecke hätte. Doch für das Ergebnis hat er zu viele Steine auf der zweiten Linie gespielt.

Weiß 56 auf A wäre ausreichend, aber Gu Li reizt wieder alles aus. Schwarz bleibt bei so viel Aggressivität nur die Invasion mit 59.

Schwarz 65 ist zu nachgiebig und 67 bringt kaum Punkte. Weiß sichert dagegen das riesige Moyo und verwandelt es in Gebiet. Bei 69 muss man annehmen, dass Liu sich sicher ist, ausreichend Gebiet zu haben. Weiß 72, 74 und 76 sind sehr schöne Züge!

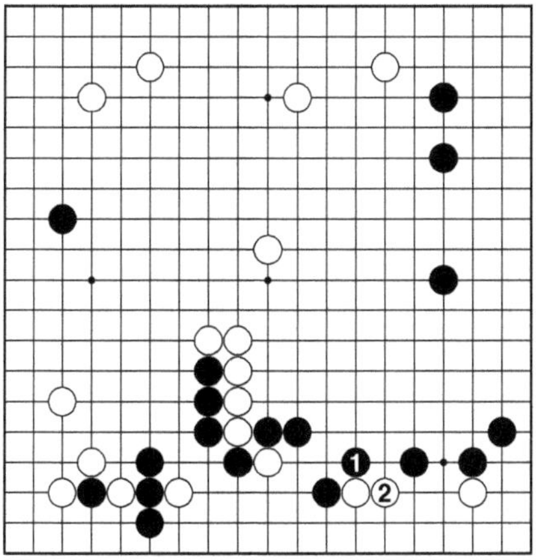

Dia. 28
Wie sollte Schwarz auf Weiß 36 reagieren?

Schwarz 1 macht es Weiß zu einfach hier, denn mit 2 kann Weiß ganz leicht große Probleme heraufbeschwören.

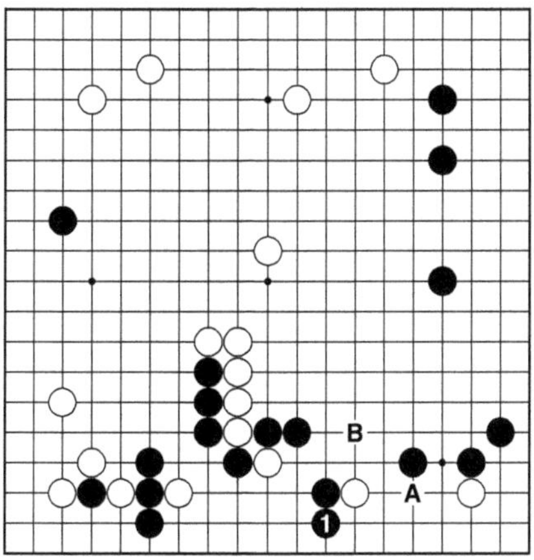

Dia. 29
Schwarz 1 stärkt die Form auf der linken Seite, doch Weiß kann später mit A leben oder mit B weglaufen.

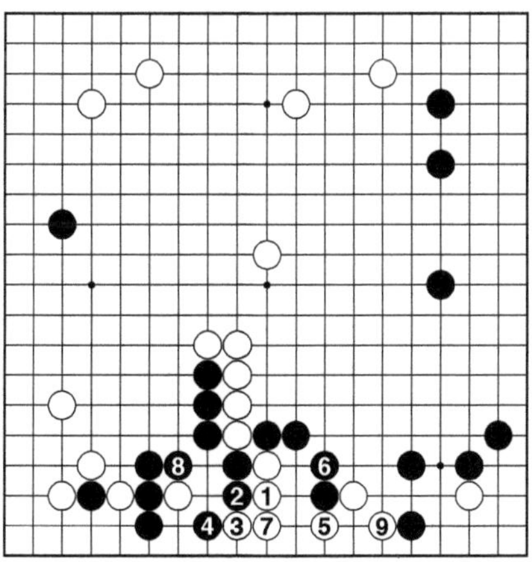

Dia. 30
Schwarz 37 in der Partie scheint daher die beste Antwort zu sein.

Weiß kann nun mit der Abfolge 1 bis 9 die Schwäche in der schwarzen Form auszunutzen.

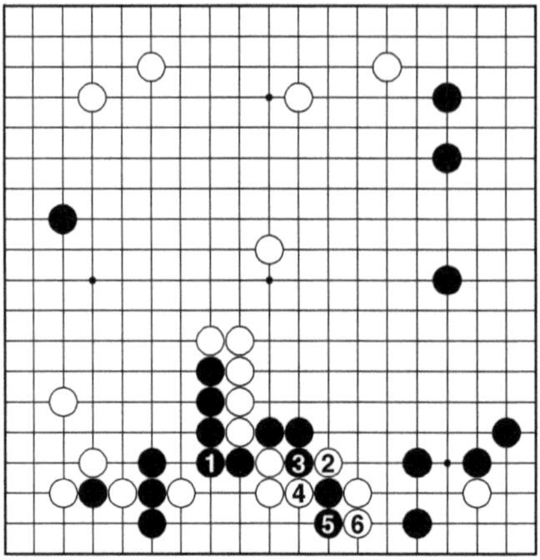

Dia. 31
Verbindet Schwarz nach Weiß 1 im letzten Diagramm, dann fängt Weiß mit 2 bis 6 zwei schwarze Steine.

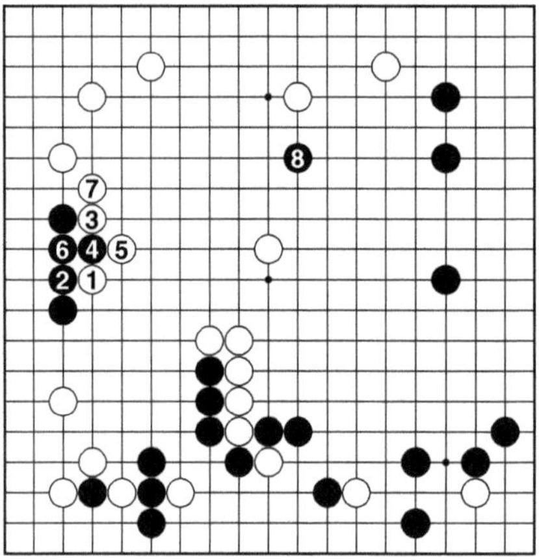

Dia. 32
Im Nachhinein hielt Gu Li Weiß 40 in der Partie für zu sanft. Weiß 1 hier wäre der bessere, druckvollere Zug gewesen.

Doch das übliche Joseki funktioniert hier nicht, denn Schwarz 8 erodiert das weiße Moyo und die schwarze Gruppe am linken Rand ist nicht zu töten.

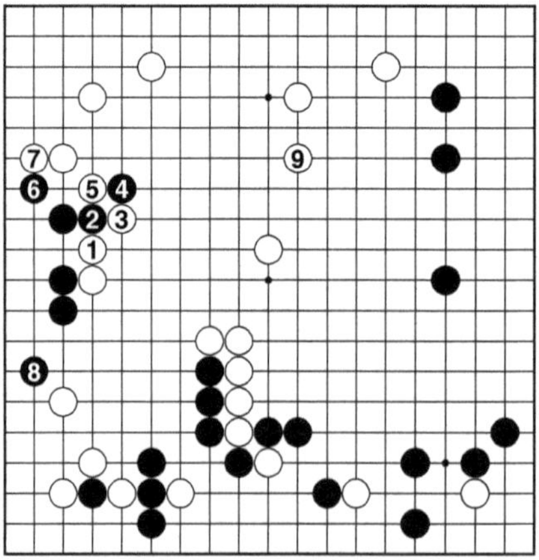

Dia. 33
Weiß muss daher mit 1 in diesem Diagramm fortsetzen.

Gu Li meinte nach der Partie, dass dies für Weiß viel besser gewesen wäre, als die tatsächliche Partie.

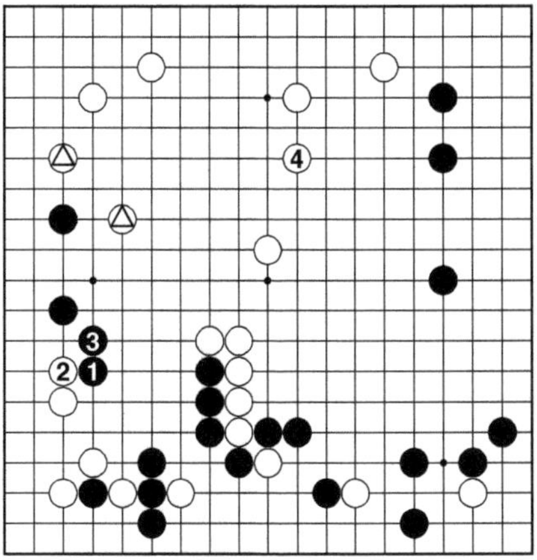

Dia. 34
Statt 41 sollte Schwarz 1 und 3 spielen. Selbst wenn Weiß den Punkt auf 4 bekommt, so bleibt eine Schwäche in der weißen Stellung (markierte Steine) und die Partie ist spielbar für Schwarz.

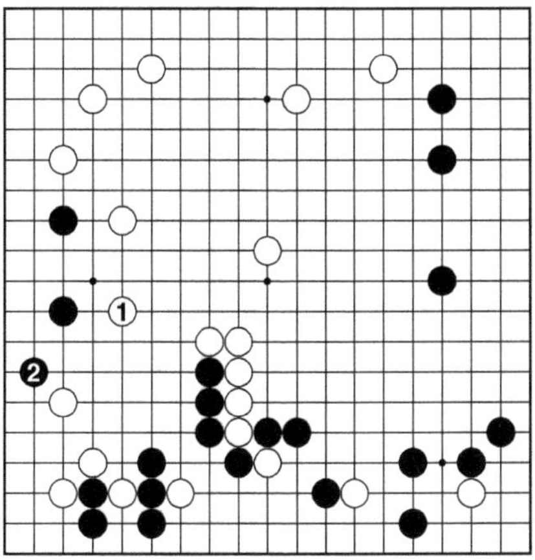

Dia. 35
Weiß 42 in der Partie ist ein guter Zug.

Weiß 1 sieht gefährlich aus für Schwarz, doch er bekommt den wichtigen Punkt auf 2. Nun lebt Schwarz, aber die weiße Ecke noch nicht. Weiß muss folglich verteidigen und Schwarz nimmt Vorhand, um das weiße Moyo zu reduzieren.

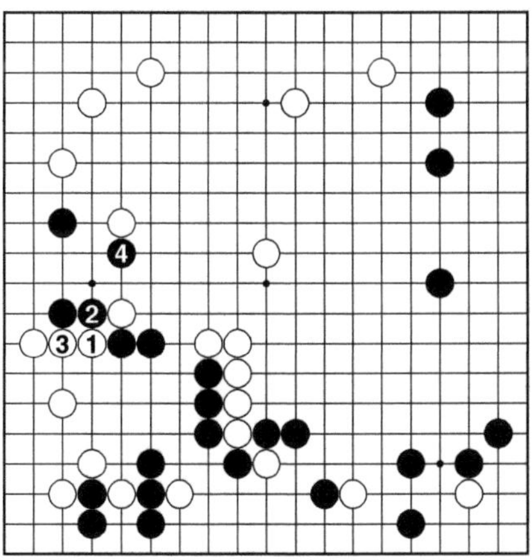

Dia. 36
Der weiße Schnitt hier, statt 46 in der Partie, ist übertrieben. Nach dem Tesuji Schwarz 4 gibt es keine gute Möglichkeit, Schwarz anzugreifen.

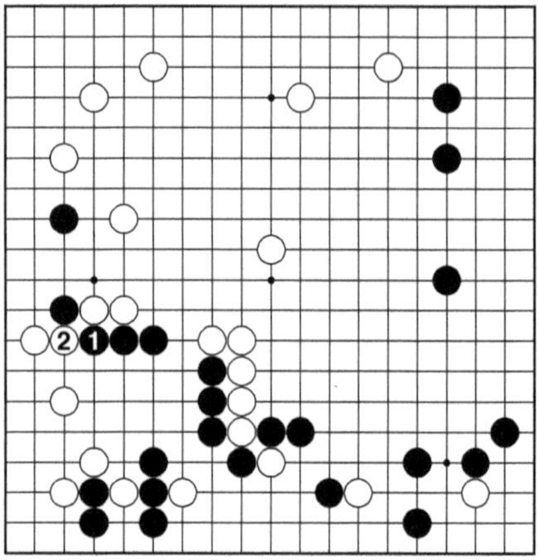

Dia. 37
Schwarz 47 wie hier zu spielen ist aussichtslos.

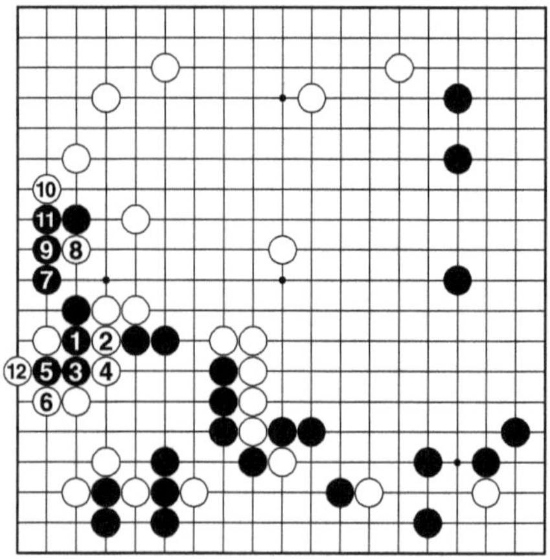

Dia. 38
Auch Schwarz 47 in dieser Variante ist nicht gut, denn lokal ist Schwarz tot. Wenn Weiß außen einen Stein spielen kann, um die Flucht zu verhindern, dann stirbt Schwarz. Somit hat Weiß eine sehr stabile Position.

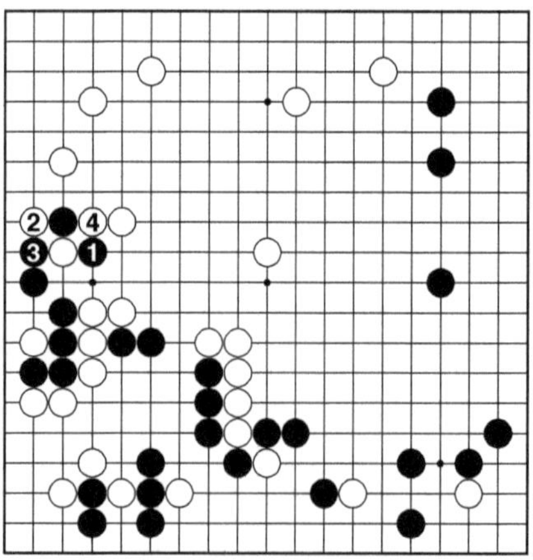

Dia. 39
Schwarz 9 auf 1 in diesem Diagramm rettet Schwarz ebensowenig.

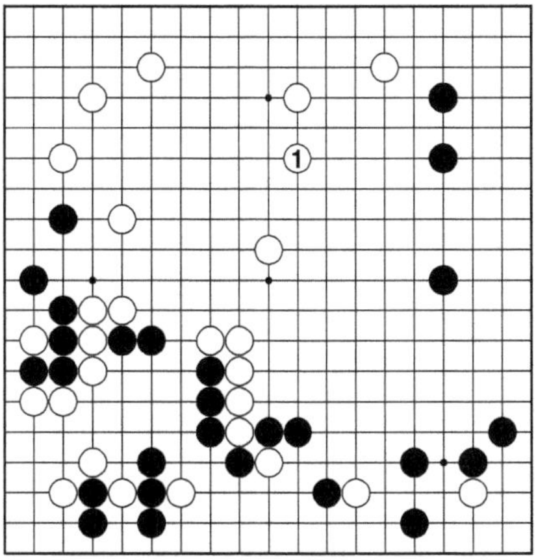

Dia. 40
Da Schwarz sich mit seiner Randgruppe nur sehr vorsichtig bewegen kann, ist es für Weiß möglich, nach 1 bis 7 in Diagramm 38, mit 1 einen großen Punkt zu nehmen und ein riesiges Moyo aufzubauen.

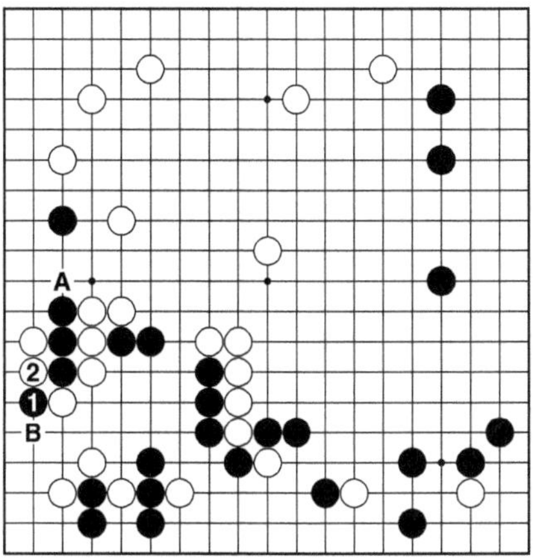

Dia. 41
Schwarz 1 nach Weiß 4 im Diagramm 38 funktioniert schließlich auch nicht.

Nach dem Schnitt durch Weiß 2 sind A und B Miai. Beides ist nicht gut für Schwarz.

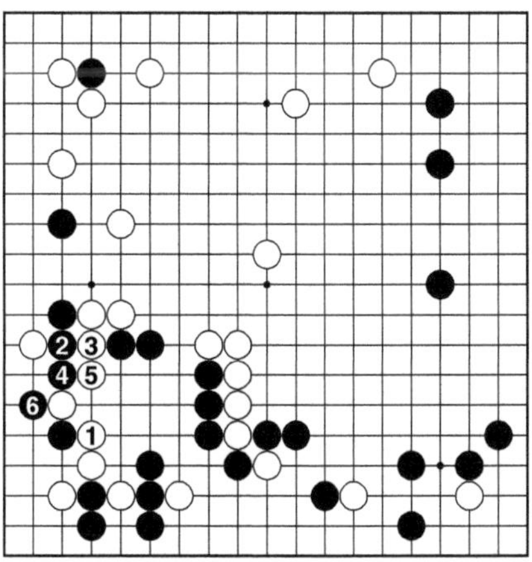

Dia. 42
Schwarz 49 in der Partie ist ein sehr guter Punkt. Antwortet Weiß mit dieser Variante, dann folgt er genau dem, was Schwarz sich erhofft.

Nach 6 ist Schwarz mehr als zufrieden.

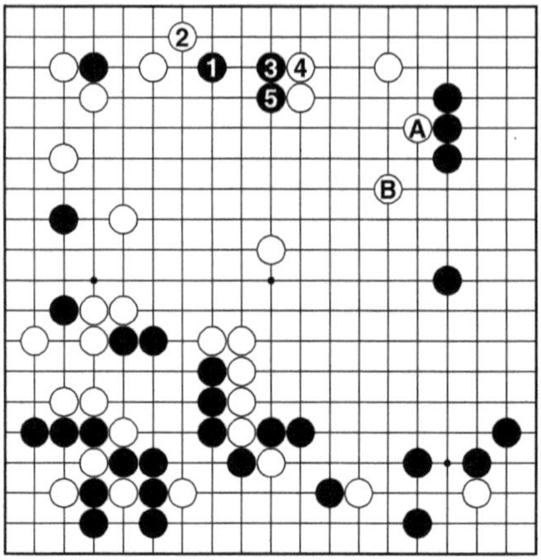

Dia. 43
Die Invasion mit 59 kann Schwarz auch wie hier gezeigt spielen. In der Tat ist es alles andere als einfach für Weiß. Daher sind die Züge A und B übertrieben.

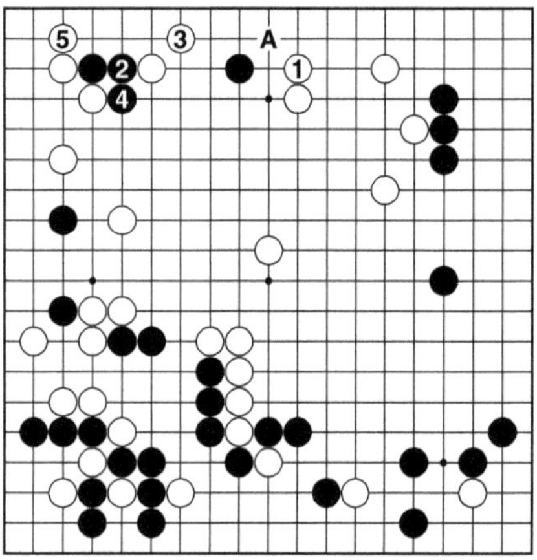

Dia. 44
Als Reaktion auf die Invasion ist auch der stabilere Zug auf 1 möglich, doch auch Weiß A in der Partie hat seine Berechtigung.

Gu Li wollte Schwarz töten, daher ist 1 auf A besser, denn so können die weißen Steine leichter am Rand verbinden.

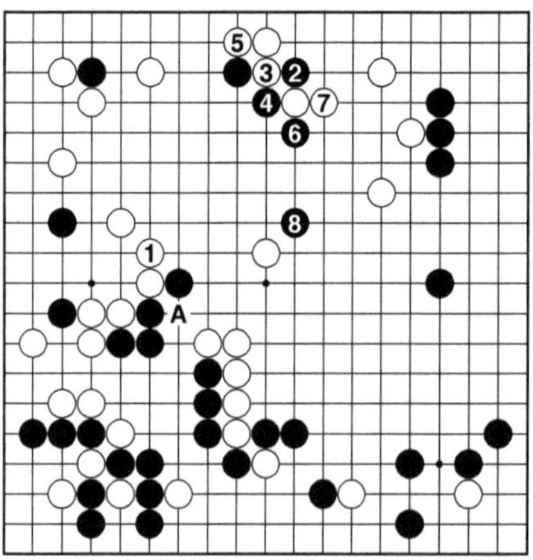

Dia. 45
Ist Weiß 64 in der Partie überzogen?

Wenn Weiß friedlich mit 1 streckt, ist er am linken Rand sicher. Gu Li legte nach der Partie die hier gezeigte Variante auf das Brett. Ihm gefiel jedoch das Ergebnis nach 8 nicht, daher hat er sich für den Schnitt auf A entschieden.

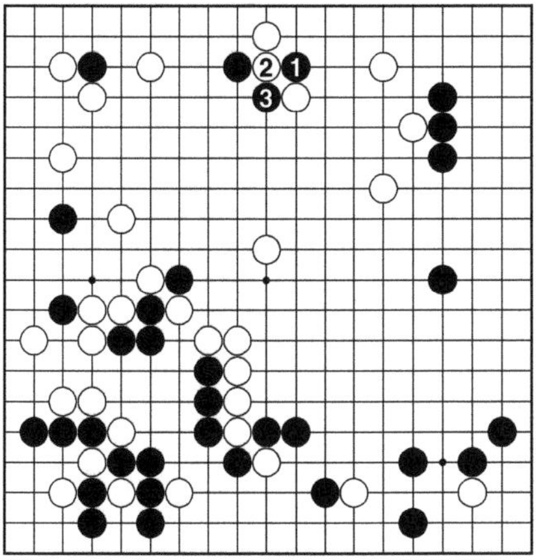

Dia. 46
Schwarz lässt sich mit 65 in keinen Kampf ein und nimmt wieder Punkte.

Wenn er statt dessen mit 1 die Initiative ergreift, wird Weiß nicht mit 2 antworten und Schwarz 3 zulassen.

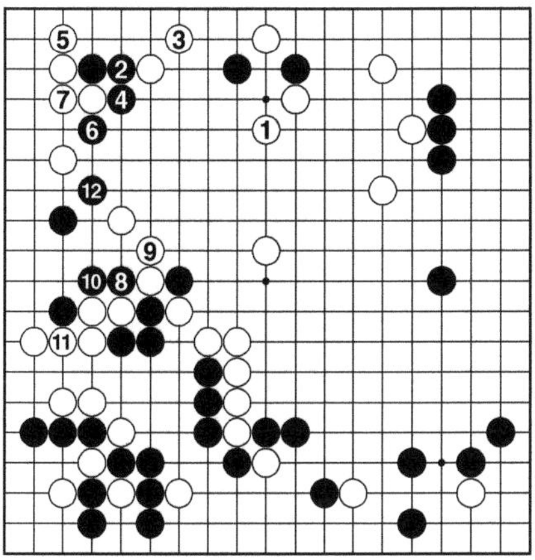

Dia. 47
Gu Li hatte diese Variante als Antwort auf 1 im letzten Diagramm vorbereitet. Der Plan sah vor, jeden einzelnen schwarzen Stein zu töten.

Doch dies ist ein sehr komplizierter Kampf. Derjenige, der ihn gewinnt, wird auch die Partie für sich entscheiden.

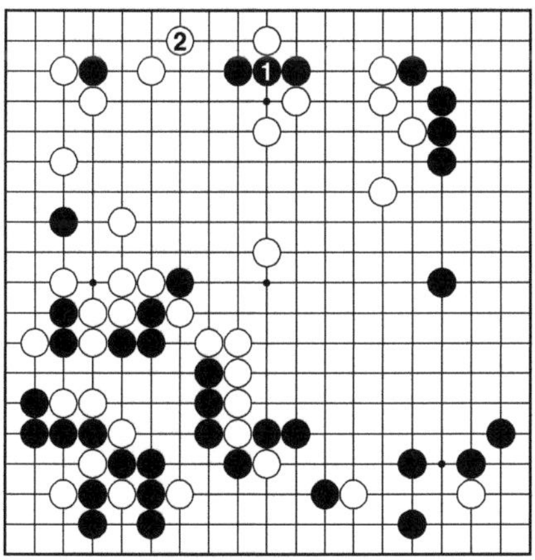

Dia. 48
Weiß 72 war ein sehr schöner Zug. Verbindet Schwarz daraufhin mit 1, braucht Weiß nur 2 spielen und Schwarz kommt nicht zum Leben.

Figur 3 (78 - 136)

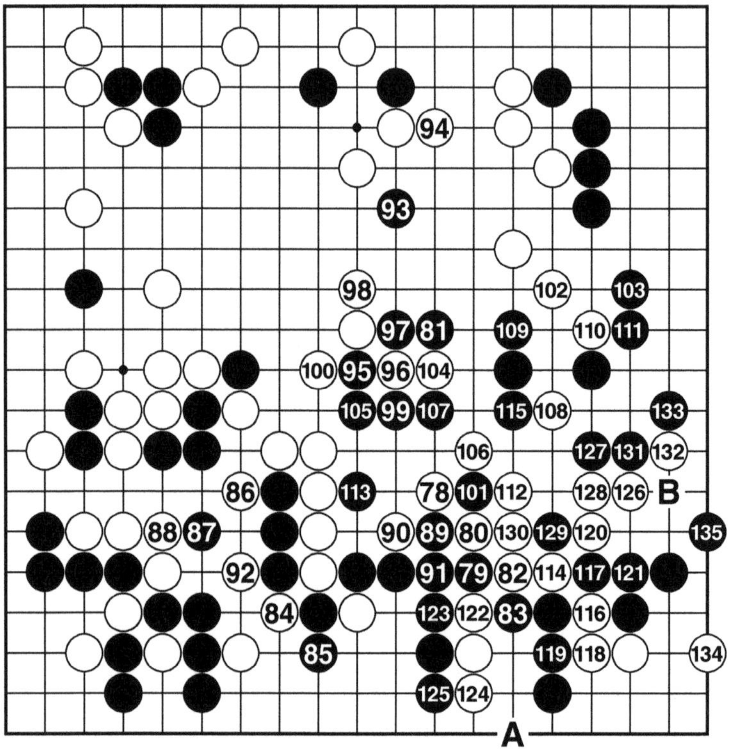

Die Partie lief bis hierhin gut für Weiß.

Schwarz 89 zeigt Entschlossenheit, er will seine Chance nutzen.

Weiß 104 ist wieder ein sehr schöner Zug. Schwarz 105 ist die stärkste Antwort, auf die Weiß nur 106 spielen kann.

Weiß 112 ist übertrieben. Wenn Weiß die Partie verliert, dann ist dies der Zug, der das Ende einleitet. Gu Li spielt niemals sanfte Züge, doch hier überzieht er und kommt dadurch in arge Bedrängnis. Schwarz 113 ist ein Standardtesuji zum Schneiden. Es kann schwerlich von Gu Li übersehen worden sein. Daher ist anzunehmen, dass er ihn einkalkulierte und plante, mit der weißen Gruppe innerhalb des schwarzen Gebietes zu leben. Dieses Risiko einzugehen war nicht zwingend notwendig. Schwarz vergibt jedoch seine Chance mit 115! Nach Weiß 116 ist die weiße Gruppe nicht mehr zu töten. Die Partie endet mit Weiß 136, denn A und B sind Miai.

Schwarz gibt auf.

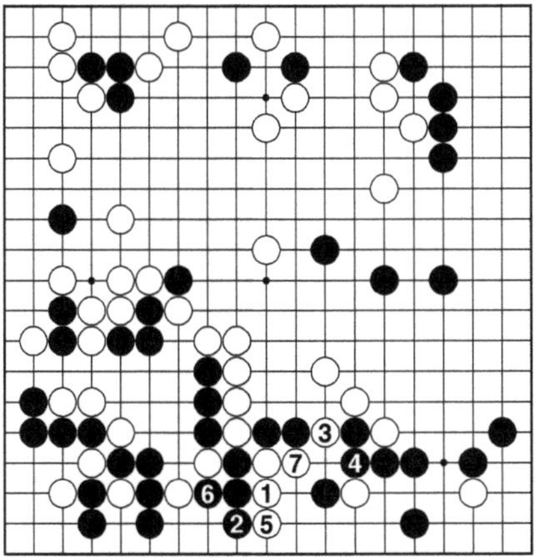

Dia. 49
Das Strecken mit 1 für Weiß 86 in der Partie sieht wie eine gute Möglichkeit aus. In der Abfolge bis 7 bricht Weiß bis zum Rand durch.

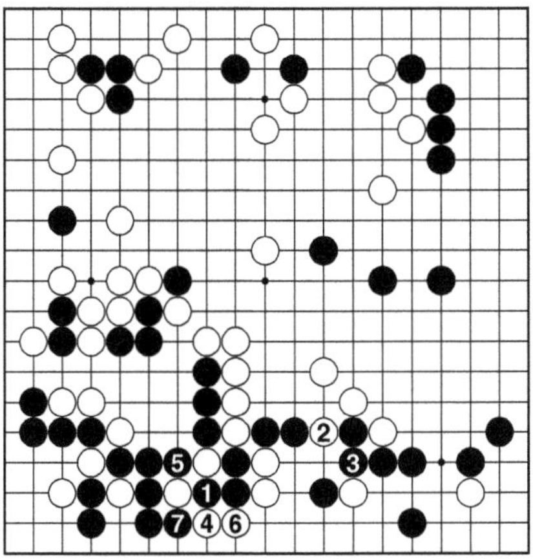

Dia. 50
Schwarz 1 ist die richtige Antwort auf Weiß 1 im letzten Diagramm. Weiß 4 ist nett, aber nach Schwarz 7 zeigt sich, dass Weiß so nicht spielen kann.

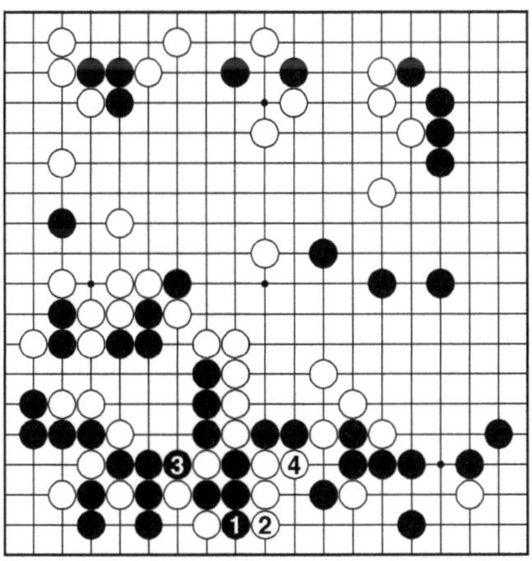

Dia. 51
Schwarz darf nicht den Fehler machen, nach Weiß 4 im letzten Diagramm mit 1 zu strecken. Nun wird Weiß wieder mit 4 zwei schwarze Steine verhaften.

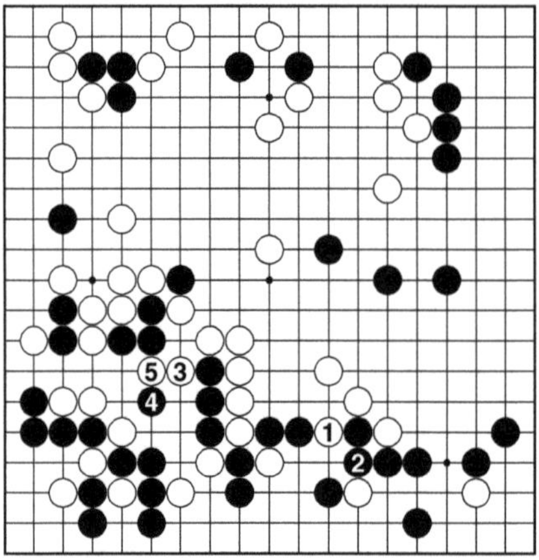

Dia. 52
Weiß sollte zuerst das Atari auf 1 spielen, denn dies verhindert Schwarz 89 in der Partie. Zudem wird es zunehmend schwieriger für Schwarz. Anschließend kann Weiß 3 und 5 spielen.

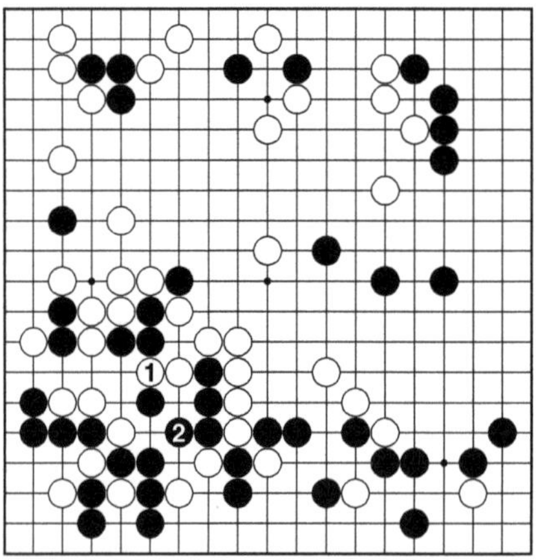

Dia. 53
Weiß 1 hier ist besser als 87. Wenn Schwarz nicht auf 2 verteidigt, kann Weiß später selbst hier spielen.

Sichert Schwarz mit 2, dann hat Weiß Vorhand.

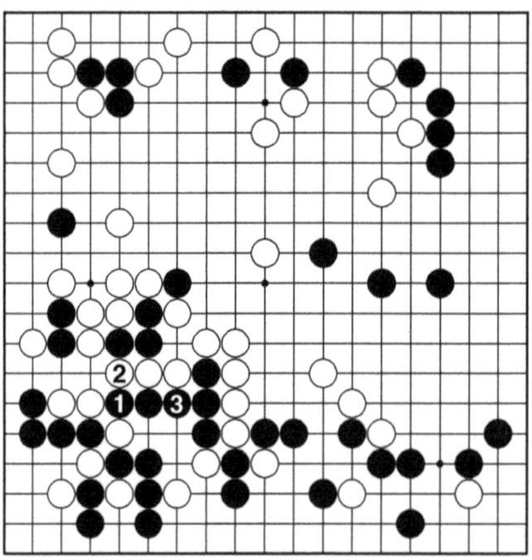

Dia. 54
Verteidigt Schwarz mit 1 und 3, wird Weiß wieder Vorhand nehmen.

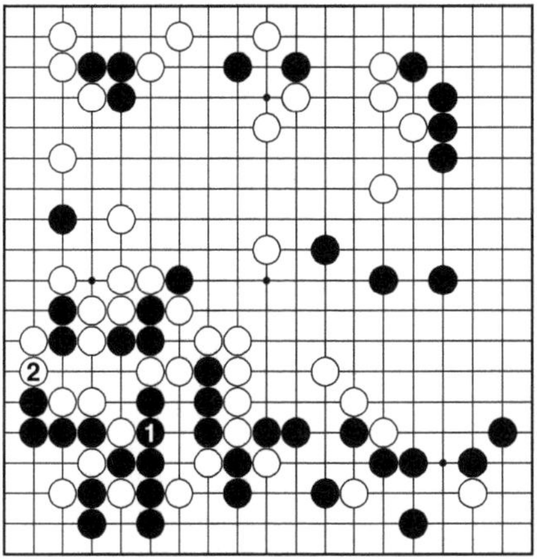

Dia. 55
Deckt Schwarz mit 1 hier, dann nimmt Weiß Vorhand für den großen Zug auf 2.

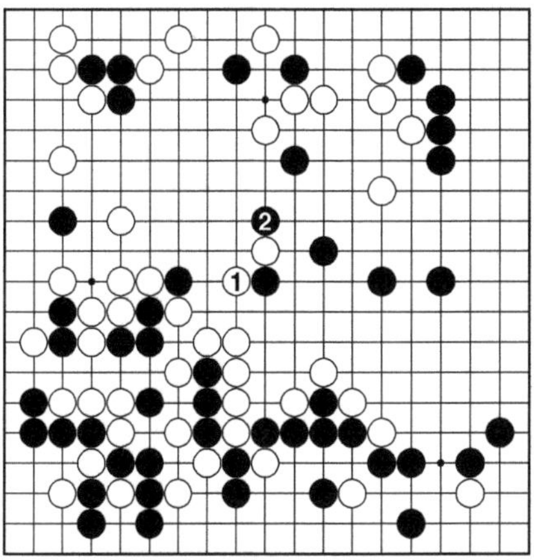

Dia. 56
Weiß 96 ist ein Standardzug gegen Versuche, Gebiete zu reduzieren. Antwortet Weiß nachgiebig auf 1, dann wird Schwarz auf 2 anlegen.

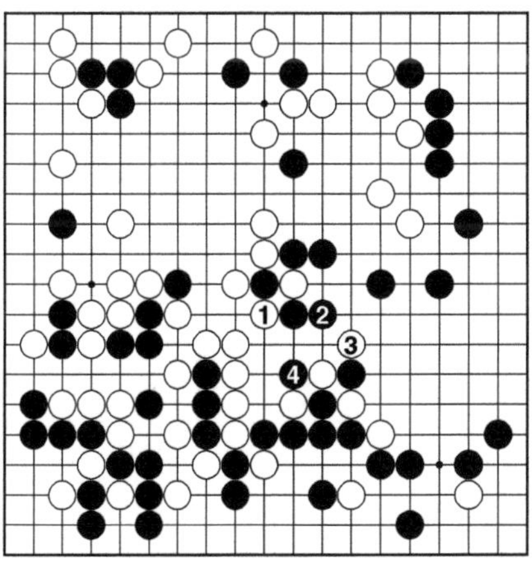

Dia. 57
Wenn Weiß statt 104 in der Partie diese Sequenz hier spielen würde, wäre dies nicht nur langweilig, sondern würde Schwarz auch die Möglichkeit geben, die Partie zu gewinnen.

Nach Schwarz 4 ist kein Eindringen in das schwarze Gebiet mehr möglich.

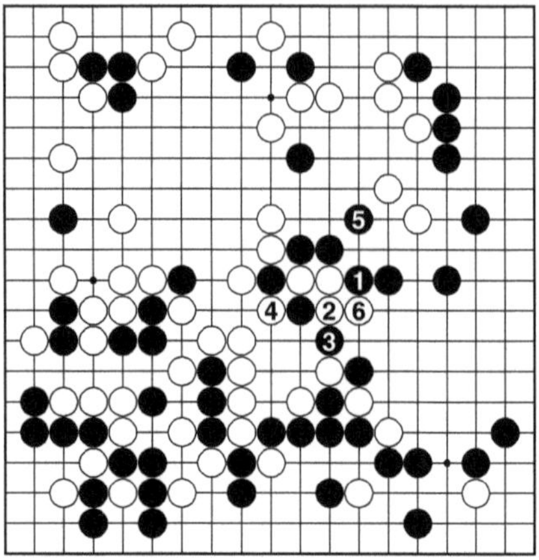

Dia. 58

Schwarz 105 war die stärkste Antwort auf Weiß 104. Hätte Schwarz andere Möglichkeiten gehabt?

Spielt Schwarz diese Variante, dann dringt Weiß weiter in das schwarze Gebiet ein.

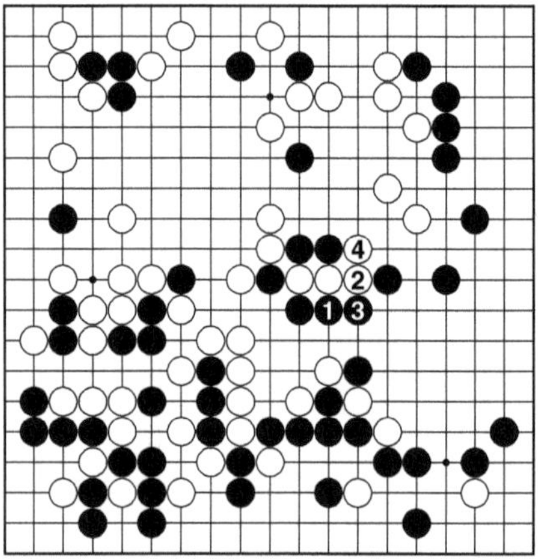

Dia. 59

Antwortet Schwarz mit 1 und 3 hier, wird Weiß zwei schwarze Steine abschneiden und so einen schönen Zugewinn einstreichen.

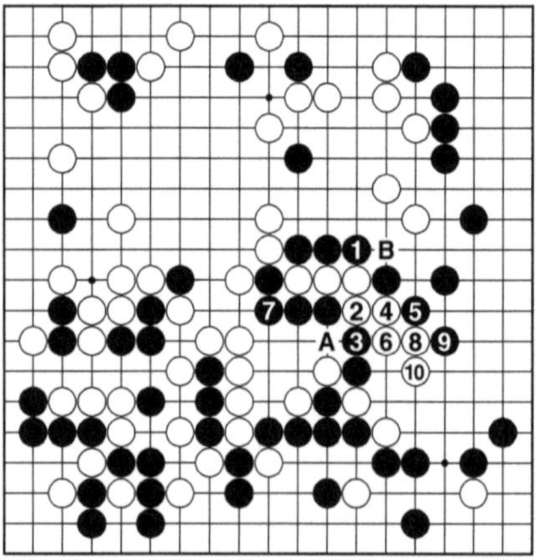

Dia. 60

Auch diese Variante nach 1 und 2 im vorherigen Diagramm kann Weiß nicht stoppen, denn Schwarz hat Schwächen auf A und B.

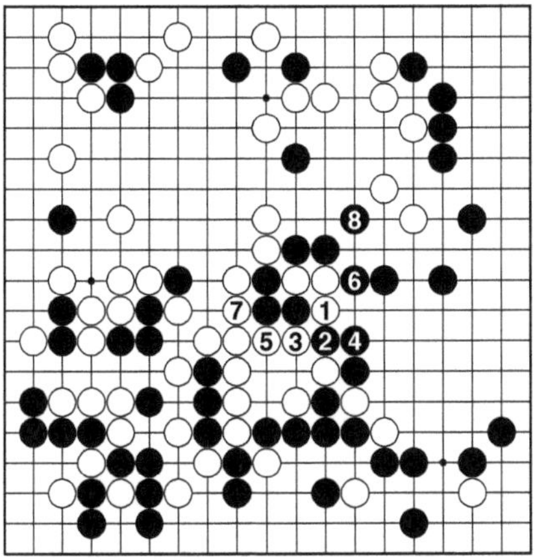

Dia. 61
Das ist die Sequenz, die Schwarz sich mit 105 erhofft hat.

Da das Ergebnis hier für Weiß unbefriedigend ist, war 106 in der Partie der beste Zug für Weiß.

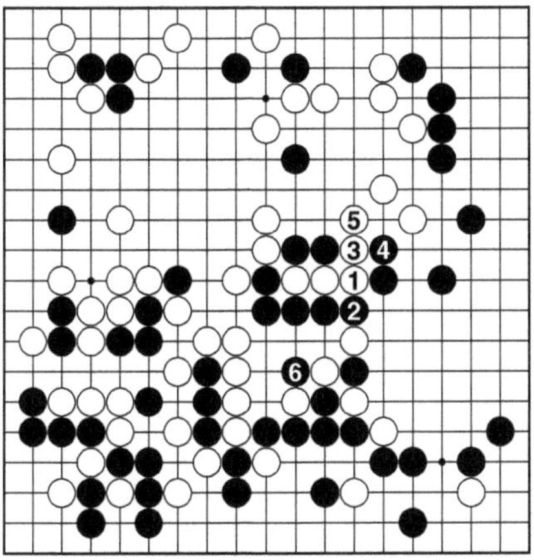

Dia. 62
Nach Schwarz 107 könnte Weiß mit 1 strecken, doch das Rauslaufen mit 3 und 5 ist nicht die beste Fortsetzung.

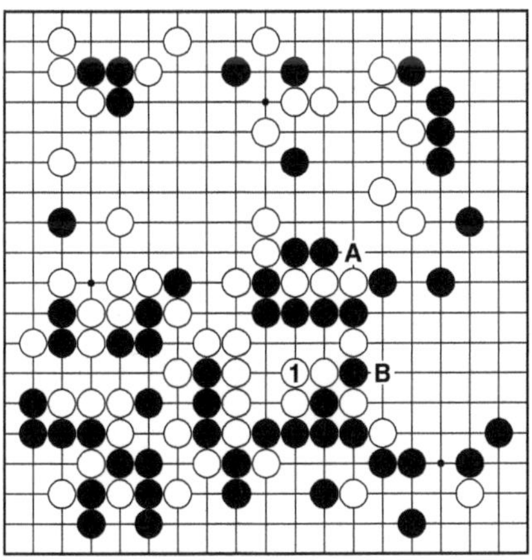

Dia. 63
Stattdessen sollte Weiß auf 1 verbinden. Danach sind die Punkte A und B Miai.

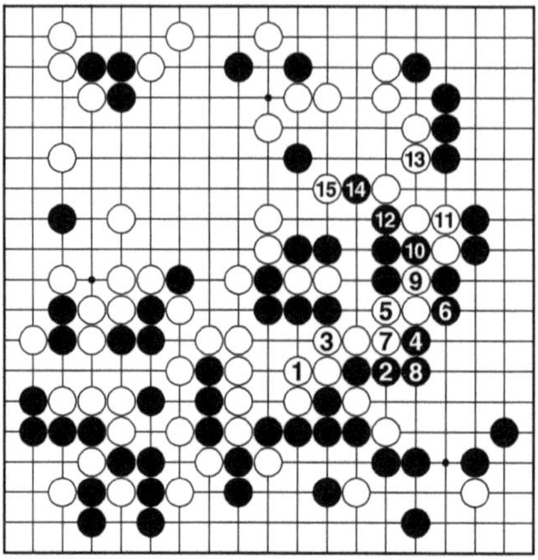

Dia. 64
Weiß 112 war überzogen. Weiß 1 hier ist viel einfacher für ihn. Nach Weiß 11 ist Schwarz tot. Weiß 15 ist Tesuji.

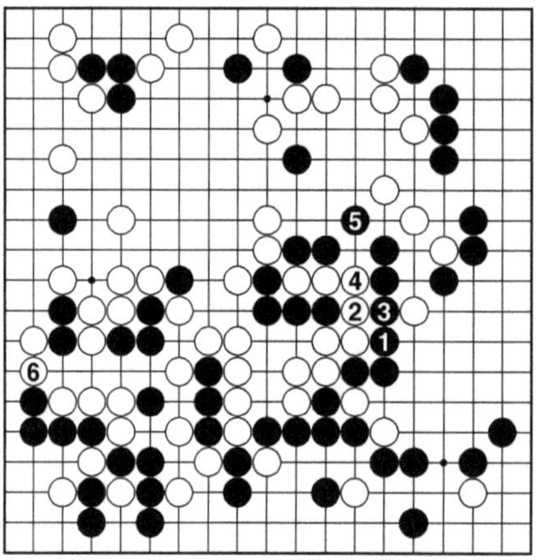

Dia. 65
Spielt Schwarz statt 4 im letzten Diagramm die Fortsetzung in diesem, dann reichen am Ende die Punkte nicht für einen Sieg.

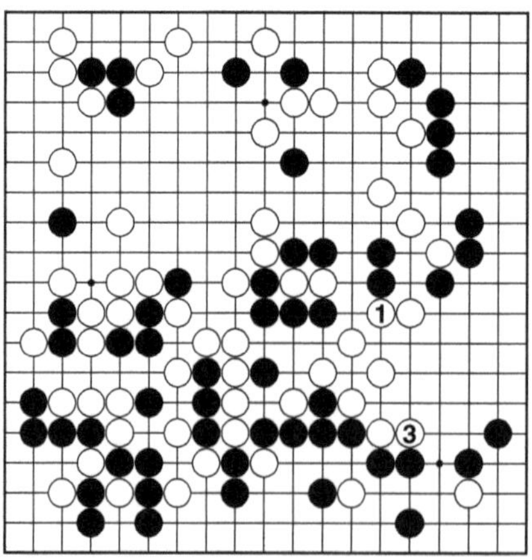

Dia. 66
Nach dem Schnitt von Schwarz 113 braucht Weiß die Züge 1 und 3, um mit der eingeschlossenen Gruppe zu leben.

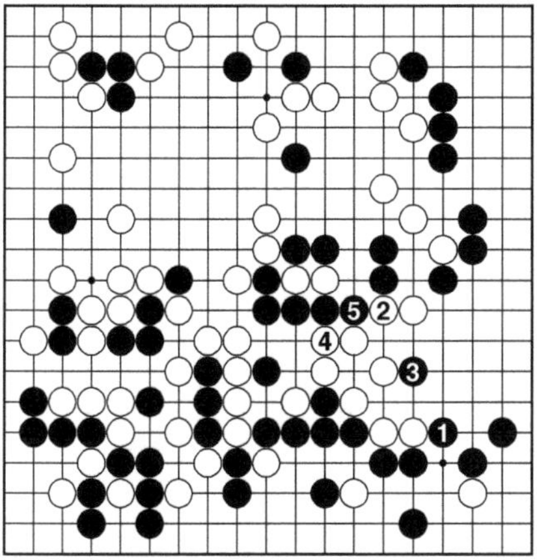

Dia. 67
Schwarz 115 war ein Fehler. Schwarz muss 1 in diesem Diagramm spielen. Schwarz 3 ist Tesuji und nach 5 ist Weiß tot.

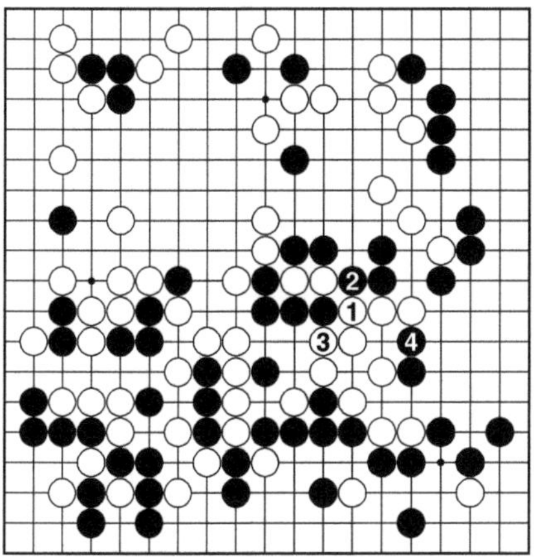

Dia. 68
Auch so stirbt Weiß (Fortsetzung nach Schwarz 3 im vorherigen Diagramm).

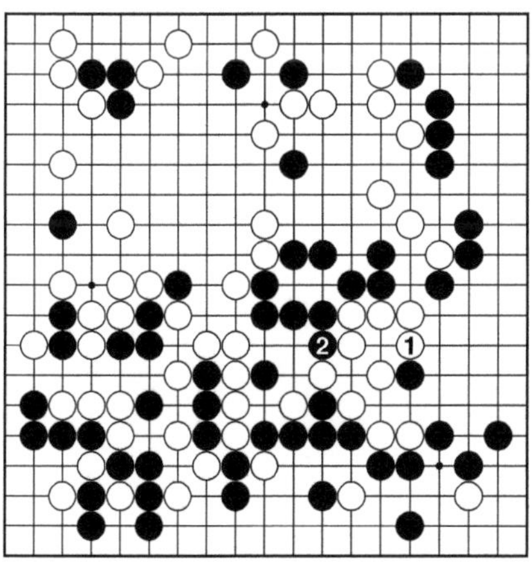

Dia. 69
Die Punkte 3 und 4 im letzten Diagramm sind Miai, wie hier gezeigt wird. Weiß stirbt.

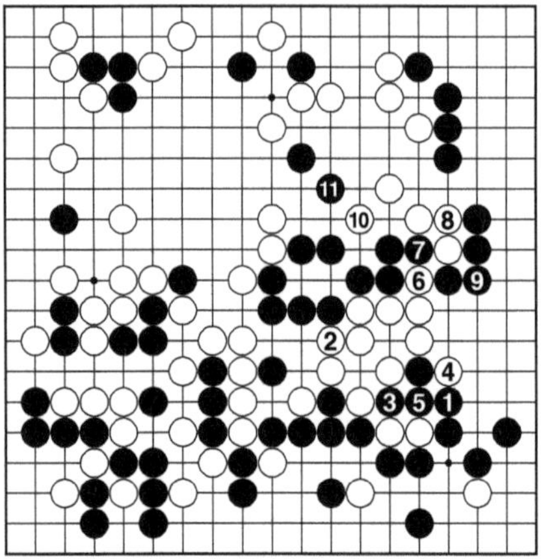

Dia. 70
Auf Weiß 1 im letzten Diagramm reicht auch Schwarz 1 hier, denn nach 11 hat Weiß nicht genügend Freiheiten.

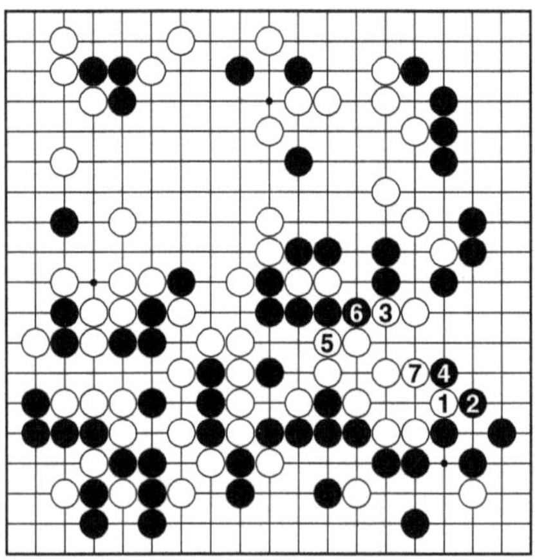

Dia. 71
Auf das schwarze Hane in Diagramm 67 kann Weiß auch 1 hier probieren. In der Folge bis 7 lebt er.

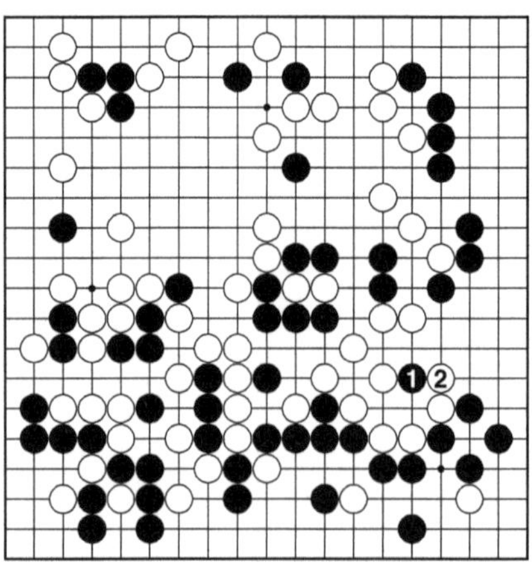

Dia. 72
Statt Schwarz 4 im letzten Diagramm: auch so lebt Weiß.

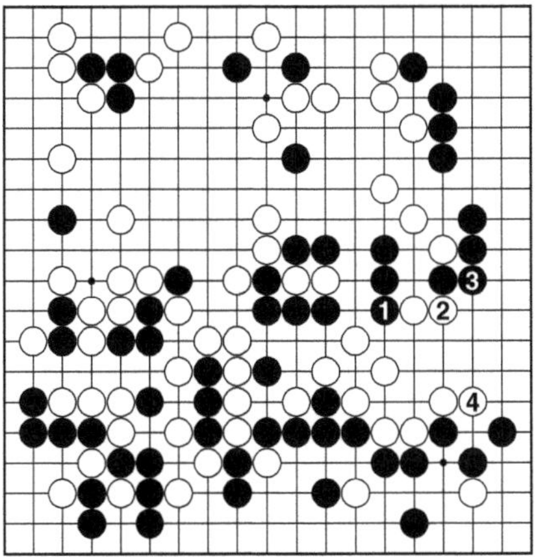

Dia. 73
Nach Weiß 1 im Diagramm 71 muss Schwarz jetzt 1 (115 in der Partie) spielen. Es folgen Weiß 2 bis 4. Aber was dann?

Gu Li und Qiu Jun 8. Dan haben sich dieses Problem über zwei Stunden angesehen, ohne eine Lösung zu finden – es ist also nicht einfach. Wir überlassen es gern dem Leser, sich hier selbst zu versuchen...

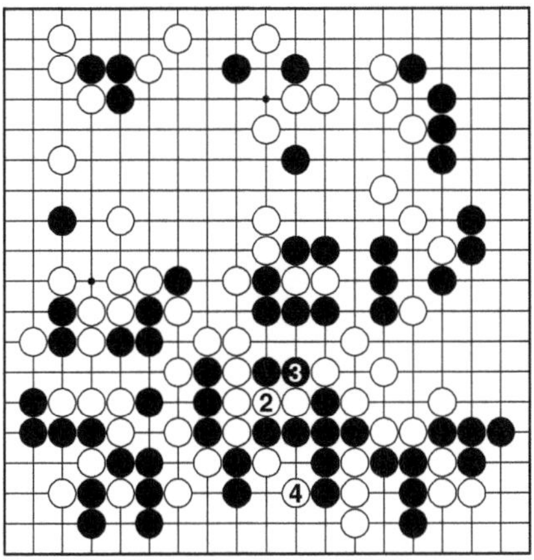

Dia. 74
Wenn Schwarz nicht auf 125 verteidigt, droht Weiß mit 2 und 4 sieben Steine in einer Mausefalle zu fangen.

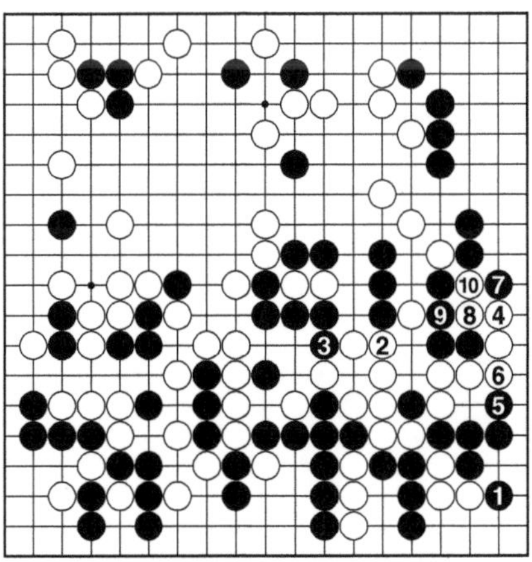

Dia. 75
Verteidigt Schwarz mit 133 die Ecke (Schwarz 1 hier), dann lebt Weiß mit dieser Sequenz.

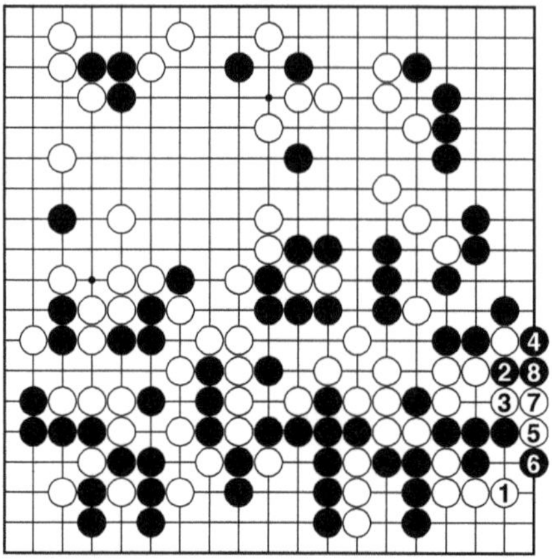

Dia. 76
Weiß 1 für 134 in der Partie funktioniert nicht, denn Weiß hat nach 8 einen Mangel an Freiheiten.

Daher ist Weiß 134 in der Partie Tesuji.

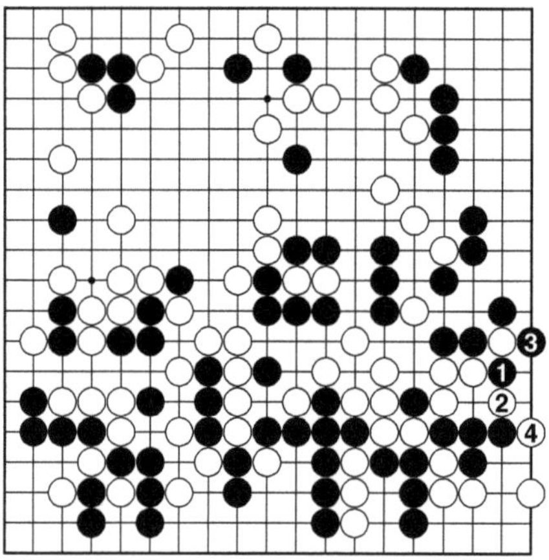

Dia. 77
Nachdem Tesuji von Weiß 134 bleibt Schwarz nur noch, mit 1 und 3 ein Ko zu beginnen, aber das kann er nicht gewinnen.

Liu Shizhen hat in der ersten Partie etwas zu zaghaft und defensiv gespielt. Will er den Titel gewinnen, so muss er in der zweiten Partie aggressiver spielen.

天元战

Der Tianyuan-Titelkampf

Partie II

Weiß:	Liu Shizhen, 6. Dan
Schwarz:	Gu Li, Tianyuan
Partie:	21. Tianyuan, Finale
Datum:	20. April 2007
Ort:	Tongli, Provinz Jiangsu, China
Komi:	7.5
Regeln:	Japanisch
Kommentar:	Wang Jiankun 7. Dan
	Guo Juan 5. Dan

Figur 1 (1 - 57)

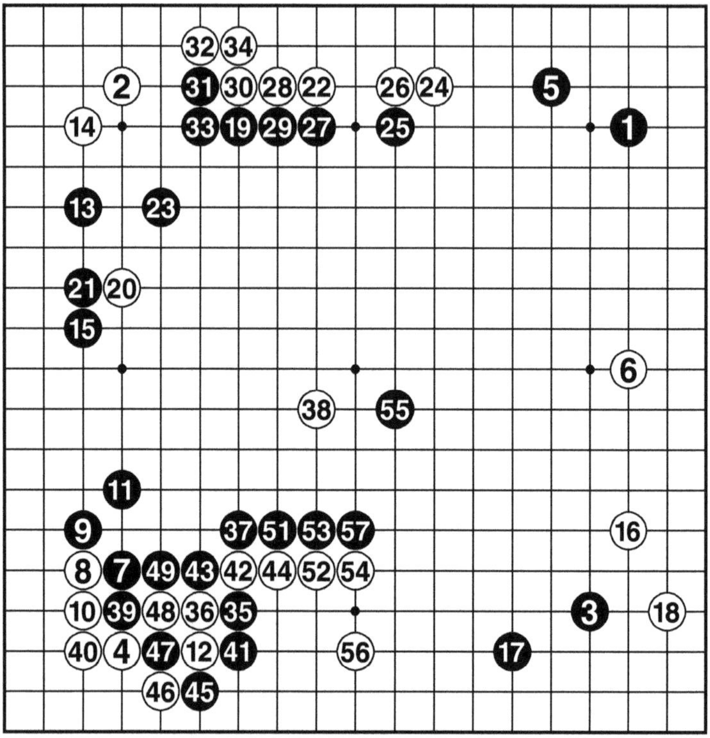

Weiß 50 auf 47

Eine ruhige Eröffnung. Schwarz 19 ist ein interessanter Zug. Das Ergebnis bis Schwarz 33 ist sehr gut für Schwarz, denn der Außeneinfluß ist wirklich beeindruckend. Dennoch ist es auch für Profis nicht leicht, mit einem derartig großen Moyo richtig umzugehen. Das Moyo zu reduzieren ist ebenfalls nicht leicht. Stets lautet die Frage, wie tief kann man hineingehen?

Schwarz 43 ist typisch Gu Li - nur keine sanftmütigen Züge!

Weiß 56 ist ein guter Zug, der den unteren Rand absolut sicher macht. Schwarz steht nun vor dem Problem, wie er den einzelnen weißen Stein im Zentrum fangen kann. Lässt er ihn entkommen, dann hat er zu wenig Punkte.

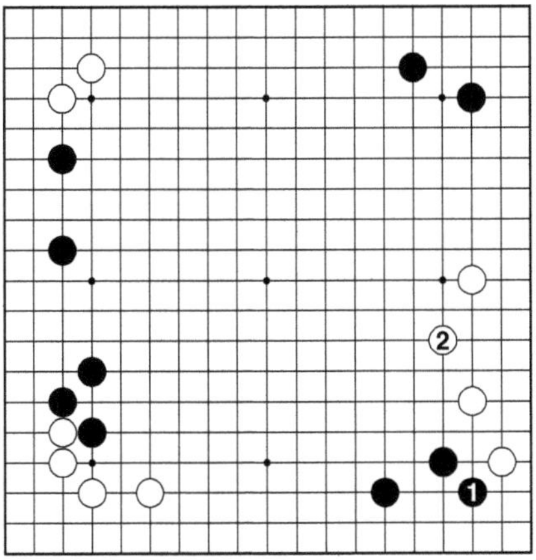

Dia. 1
Was kann Schwarz für 19 in der Partie noch spielen?

Profis spielen ungern die hier gezeigte Variante für Schwarz, weil sie überzeugt sind, dass die weiße Form sehr effizient ist.

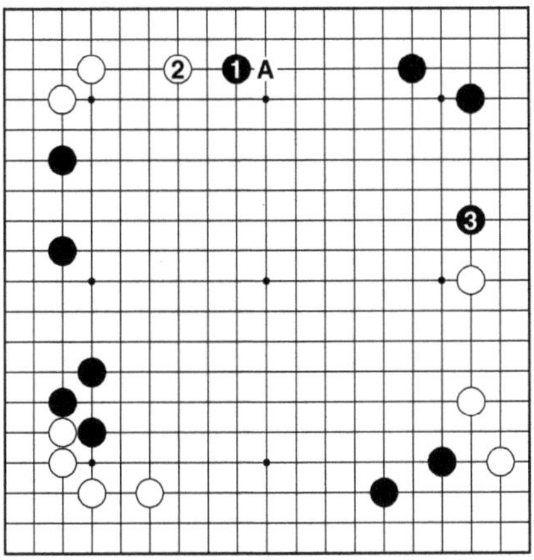

Dia. 2
Am oberen Rand gibt es Schwarz 1 und 3 als normale Fortsetzung.

Statt Schwarz 1 ist auch ein Zug auf A möglich.

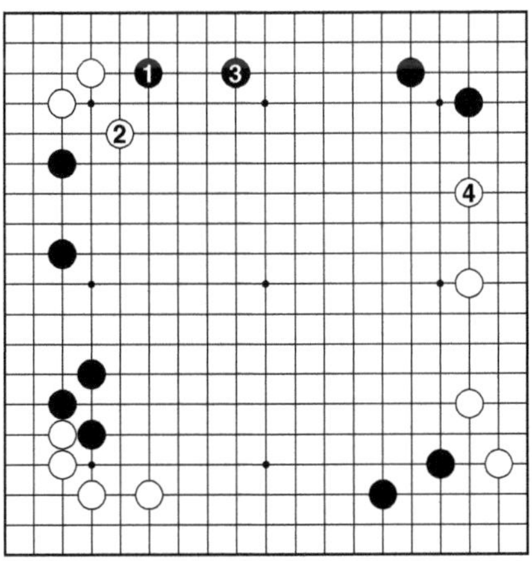

Dia. 3
Schwarz kann sich mit 1 auch ganz nah an die weiße Ecke annähern. Aber dann verliert er Vorhand und Weiß nimmt den großen Punkt auf 4.

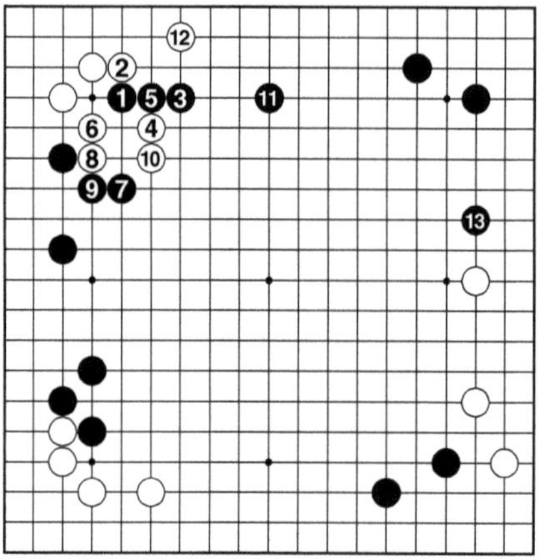

Dia. 4
Eine weitere Möglichkeit für Schwarz 19 ist 1 in diesem Diagramm. Die Abfolge bis 6 ist Joseki und die Züge bis 13 sind eine spielbare Fortsetzung.

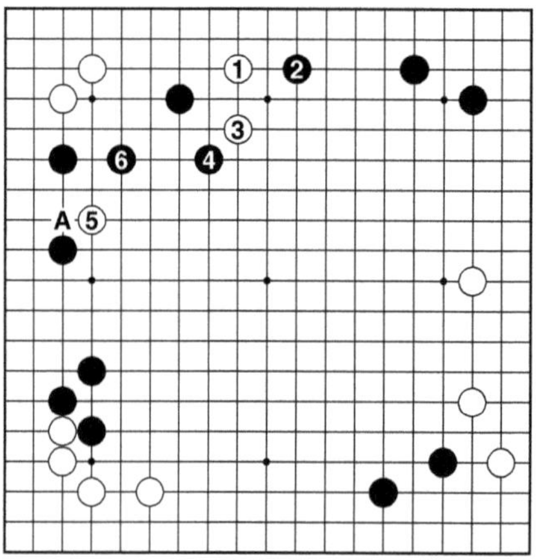

Dia. 5
Weiß 20 in der Partie ist ein wichtiges Kikashi. Spielt Weiß zuerst auf 1, dann wird er keine Zeit für 5 haben, bzw. wenn er Weiß 5 spielt, antwortet Schwarz nicht auf A sondern springt mit 6 heraus.

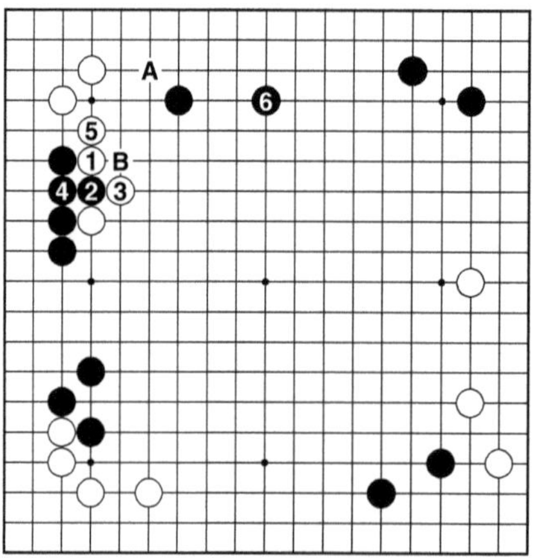

Dia. 6
Weiß möchte Schwarz gern mit 22 einschließen, aber er hat hierfür keine Zeit. Das Ergebnis bis 5 ist uninteressant, denn Schwarz nimmt den schönen Punkt 6.

Später hat Schwarz noch den großen Punkt auf A, der gleichzeitig auf den Schnitt B abzielt.

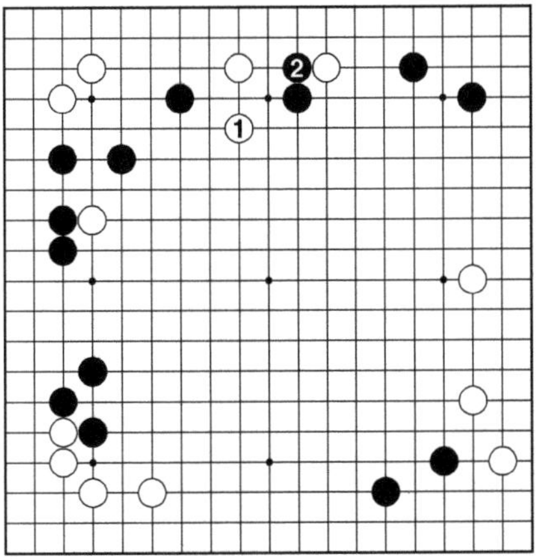

Dia. 7
Das Decken von Weiß 26 in der Partie ist der einzige Zug.

Sicher, jeder möchte gern mit 1 herausspringen, aber dies ist in dieser Situation nicht möglich. Schwarz gewinnt mit 2 sehr viel, während Weiß nichts bekommt.

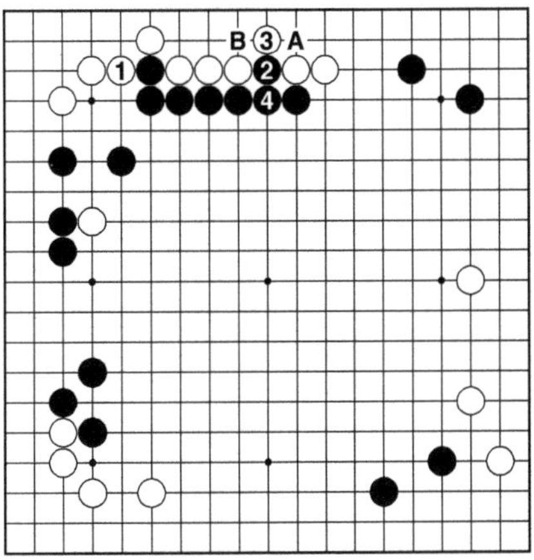

Dia. 8
Weiß 34 in der Partie ist der richtige Deckungszug. Weiß 1 macht auf den ersten Blick ein paar Punkte mehr, doch Schwarz kann 2 und 4 spielen, um seine Wand zu stärken. Gleichzeitig lässt er die Schnitte auf A und B zurück.

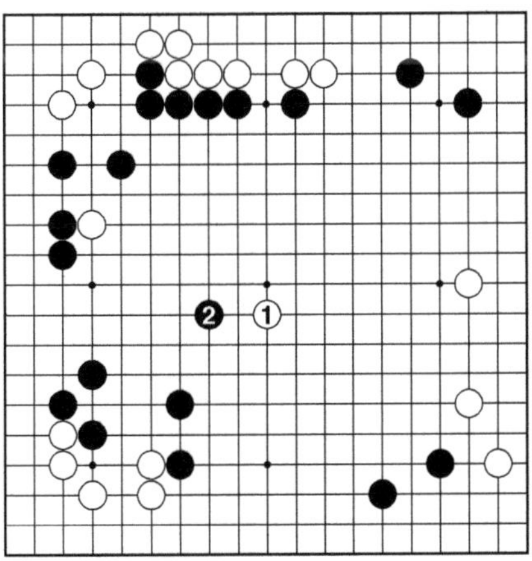

Dia. 9
Nach Schwarz 37 steht die Frage, wie das schwarze Moyo reduziert werden kann. Weiß 1 in diesem Diagramm reicht nicht aus.

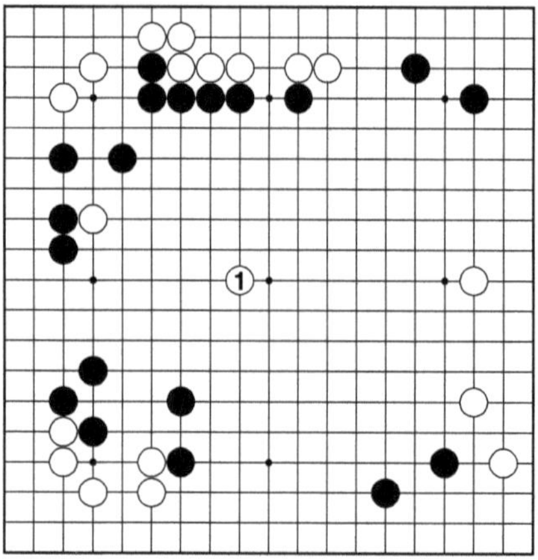

Dia. 10
Der Unterschied zwischen Weiß 1 hier und Weiß 38 in der Partie beträgt nur eine Linie. Weiß steht hier eine Linie höher und ist damit näher an der schwarzen Wand oben. Gewöhnlich soll man sich jedoch von Stärke fernhalten. Daher spielte Weiß eine Linie tiefer.

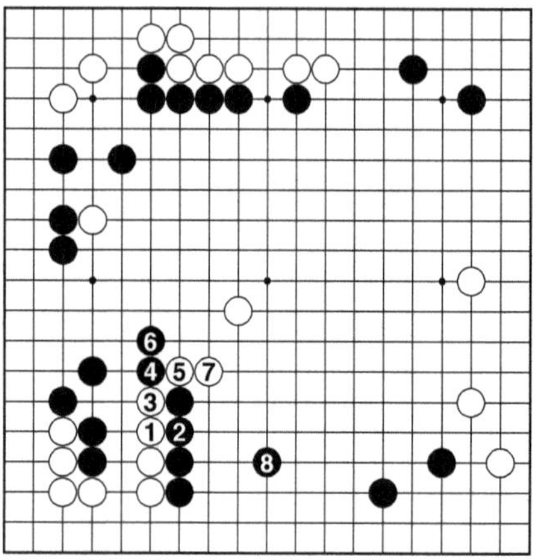

Dia. 11
Wenn Weiß mit 42 in der Ecke links unten fortsetzen möchte, dann ist der Zug in der Partie der richtige.

Weiß 1 führt zur Abfolge bis 8, die nicht gut genug ist, denn Schwarz gewinnt an Stärke und Weiß schneidet zwei lebende Gruppen. Das ist nicht befriedigend.

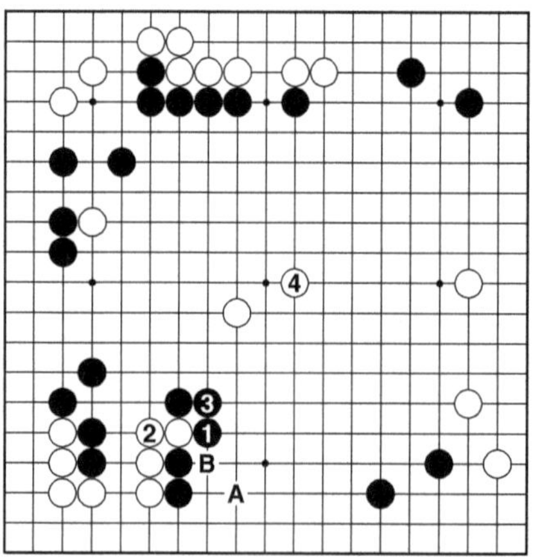

Dia. 12
Wenn Schwarz mit 43 von außen Atari gibt, dann ist die Wand nicht perfekt. Später hat Weiß A oder B zum angreifen.

Figur 2 (58 - 88)

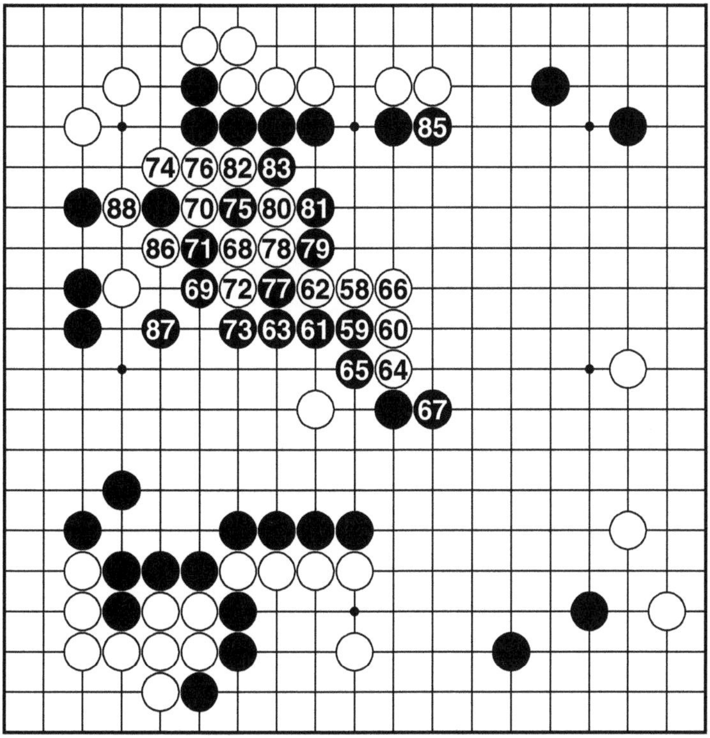

Weiß 84 auf 75

Weiß 58 ist ein schöner Zug. Für beide Seiten ist es jetzt nicht leicht. In der Partie hat Schwarz mit 63 zurückgestreckt. Das ist so ganz und gar nicht Gu Lis Art! Normalerweise würde man einen Schnitt auf 66 von ihm erwarten. Warum spielte er ihn jedoch nicht? Nach Weiß 62 sind die Spieler in die Mittagspause gegangen und Gu Li hatte Zeit, sich seinen Zug während der Pause zu überlegen. Wäre diese zusätzliche Zeit gewesen, so hätte er bestimmt geschnitten. Aber wie so häufig, wenn man zuviel nachdenkt und beginnt, sich Sorgen zu machen, dann zieht man die sichere Variante vor. So muss es auch Gu Li ergangen sein.

Weiß 70 ist wieder sehr schön. Schwarz hat diese Entschlossenheit wohl nicht erwartet. In der Folge bis 84 macht Weiß schlechte Form, aber Schwarz wurde abgeschnitten!

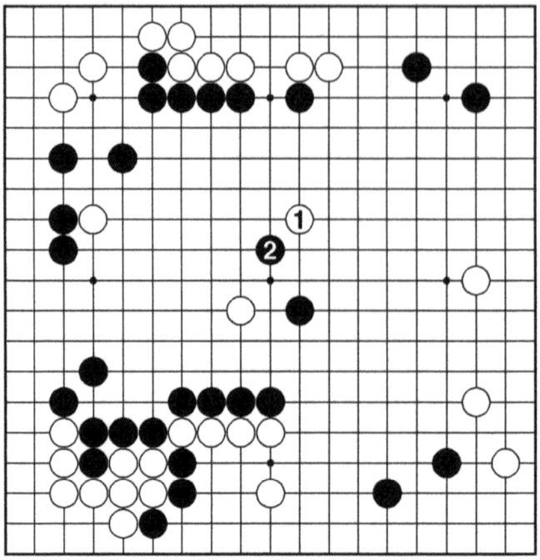

Dia. 13
Weiß 1 an Stelle von 58 in der Partie ist nicht optimal, denn Schwarz sammelt mit 2 den inneren Stein ein und der äußere Stein ist trotzdem noch schwach.

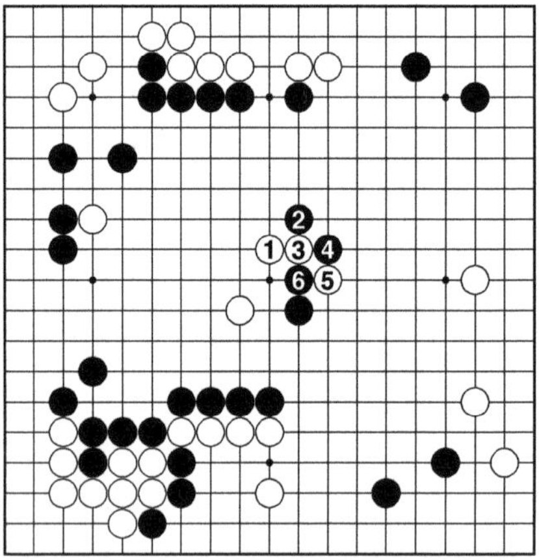

Dia. 14
Weiß 1 in dieser Variante ist zu schwerfällig und nach Schwarz 6 ist es unmöglich für Weiß, im schwarzen Gebiet zu leben.

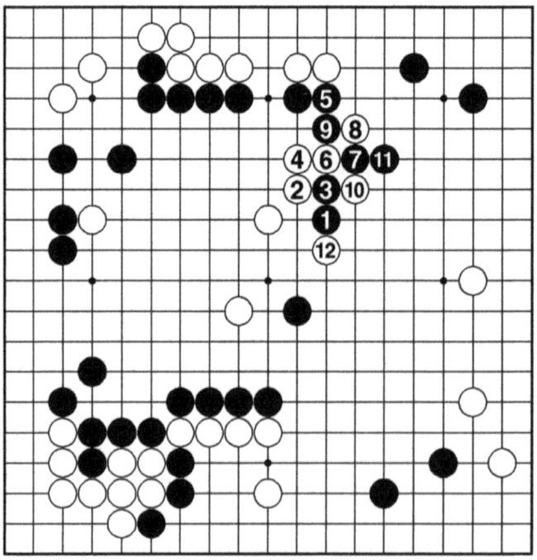

Dia. 15
Wenn Schwarz nach Weiß 58 versucht, alles zu fangen, dann findet Weiß auf diese Weise einen Weg ins Freie.

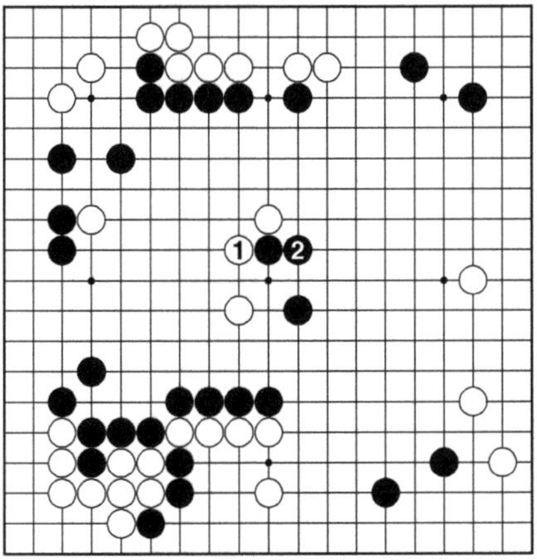

Dia. 16
Auf Schwarz 59 kann Weiß nicht mit 1 in diesem Diagramm antworten. Das sieht gefährlich aus.

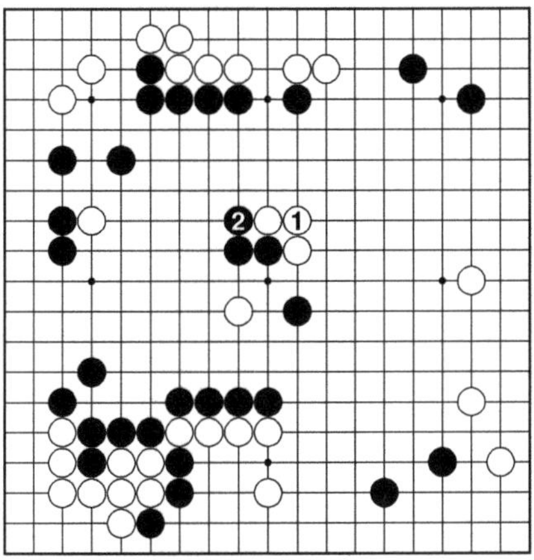

Dia. 17
Mit Weiß 62 den Schnitt decken ist eine Option, die für beide Seiten spielbar aussieht.

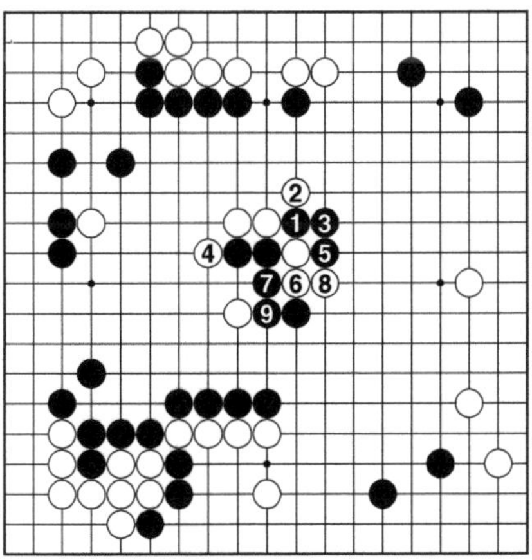

Dia. 18
Doch nachdem Weiß mit 62 gedrückt hat, was passiert wenn Schwarz nun mit 1 schneidet?

Nach Schwarz 9 haben die drei weißen Steine außen nur noch drei Freiheiten. Weiß hat eine Chance, diese Schwäche auszunutzen.

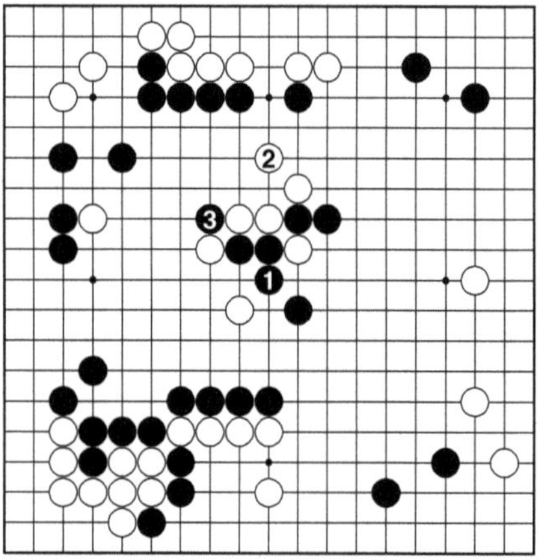

Dia. 19
Folglich wäre es besser, nach Weiß 4 im vorherigen Diagramm, mit Schwarz 1 zu strecken. Das Ergebnis nach 3 ist gut für Schwarz.

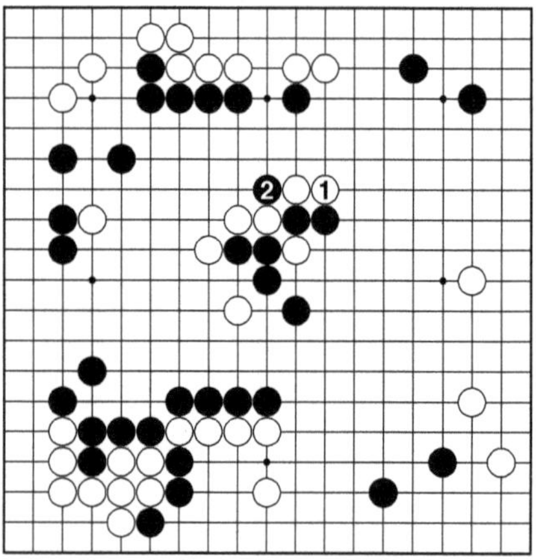

Dia. 20
Streckt Weiß mit 1, dann schneidet Schwarz 2. Das ist gut für Schwarz, denn es sieht nicht so aus, als wenn Weiß innen leben könnte.

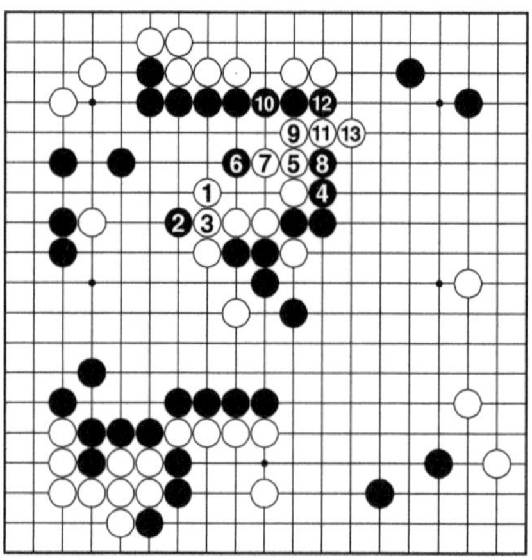

Dia. 21
Aber Weiß hat 1 in diesem Diagramm. Dieser Zug muss Gu Li Sorgen bereitet haben, denn nach 13 ist Weiß entkommen. Wenn Weiß auf diese Weise lebt, dann verliert Schwarz all sein Gebiet. Eine unangenehme Vorstellung.

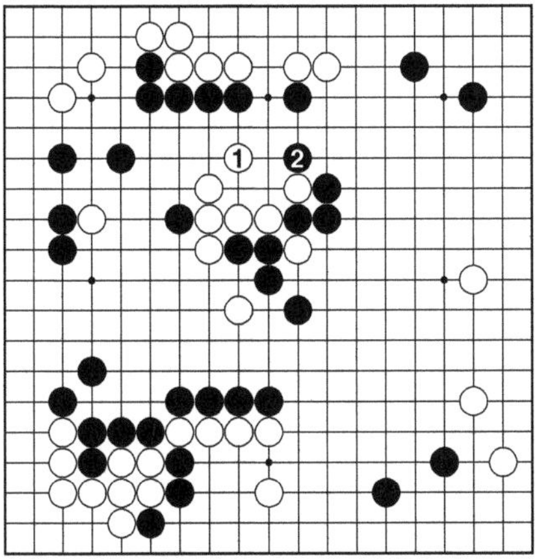

Dia. 22
Weiß 1 statt 5 ist nicht gut, denn nach Schwarz 2 verliert er jede Hoffnung auf Augenform.

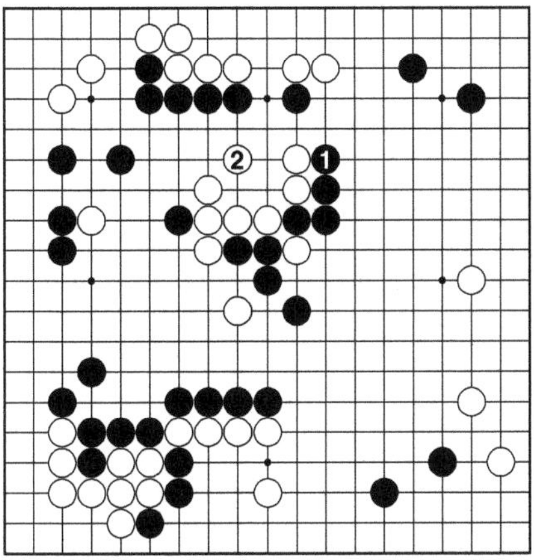

Dia. 23
Schwarz kann 6 im Diagramm 21 nicht auslassen, denn Weiß bekommt sofort Augenform...

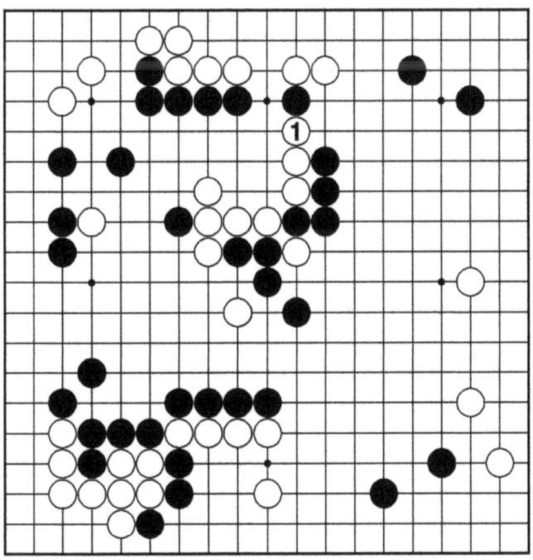

Dia. 24
...oder Weiß rennt davon.

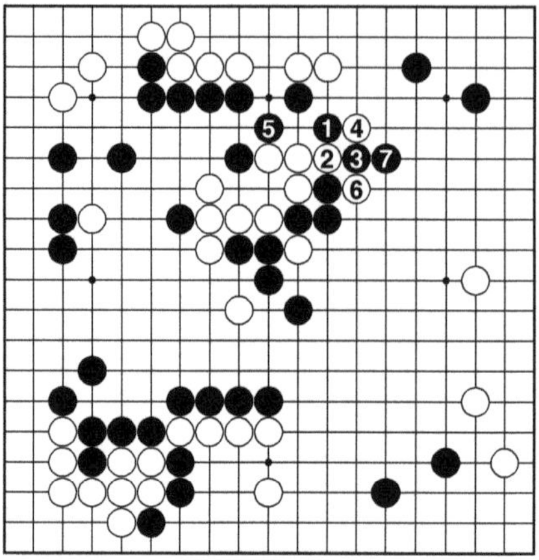

Dia. 25
Statt 8 in Diagramm 21 kann Schwarz 1 spielen. Nach Schwarz 7 sieht es nicht gut aus für Weiß.

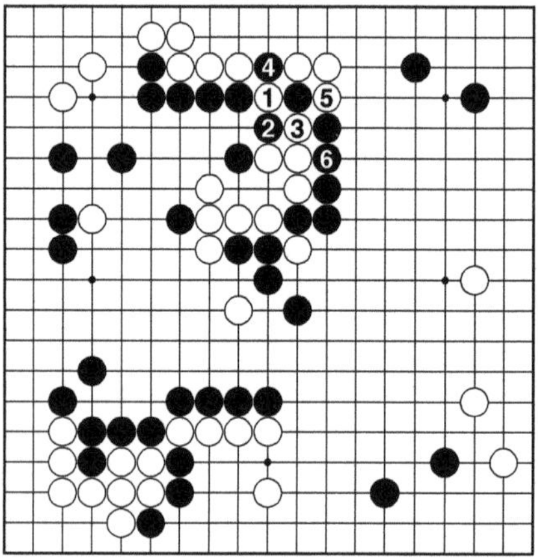

Dia. 26
Doch Weiß wird sich nicht die Freiheit nehmen, sondern mit 1 hier antworten. In der Abfolge bis 7 entsteht ein Ko. Schwarz hat keine adequate Drohung.

(Weiß 7 schlägt auf 1)

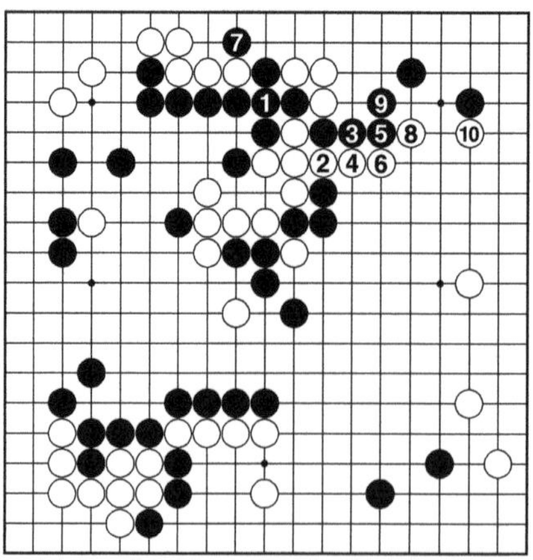

Dia. 27
Deckt Schwarz, um das Ko zu vermeiden, dann läuft Weiß heraus und der gesamte Abtausch bis 10 ist gut für Weiß.

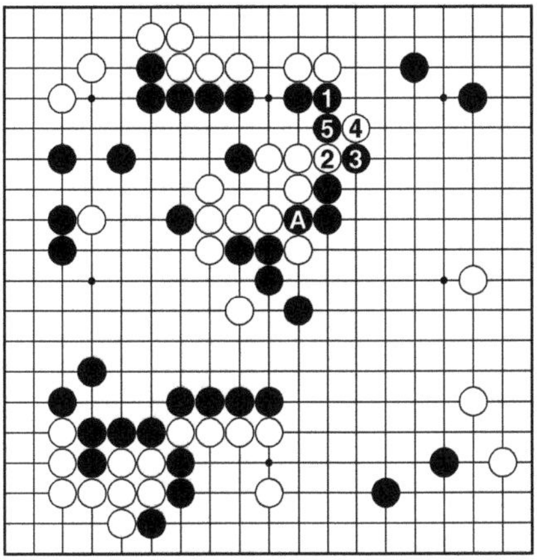

Dia. 28
Schwarz 1 ist die schärfste Variante nach 8 in Diagramm 21 und bringt Weiß in arge Probleme.

Daher ist nach allem, der Schnitt auf A besser als das Zurückstrecken mit 63 in der Partie.

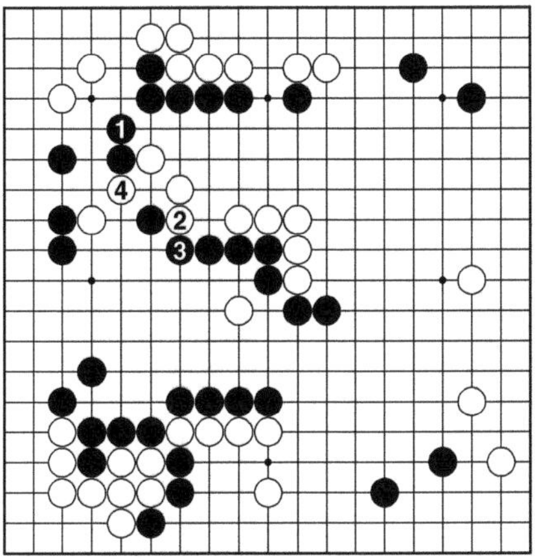

Dia. 29
Reagiert Schwarz auf Weiß 70 mit 1 in diesem Diagramm, dann verliert das schwarze Gebiet deutlich an Größe.

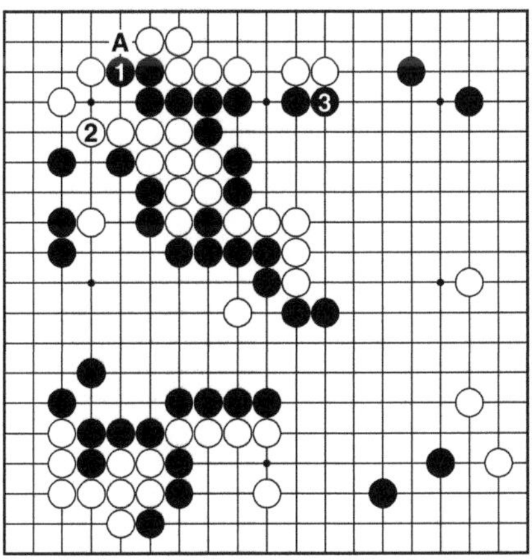

Dia. 30
Schwarz 85 auf 1 sieht wie eine gute Vorhand aus. Wenn Weiß den sanften Zug auf 2 spielt, dann streckt Schwarz mit 3 und hat später noch den Zug auf A.

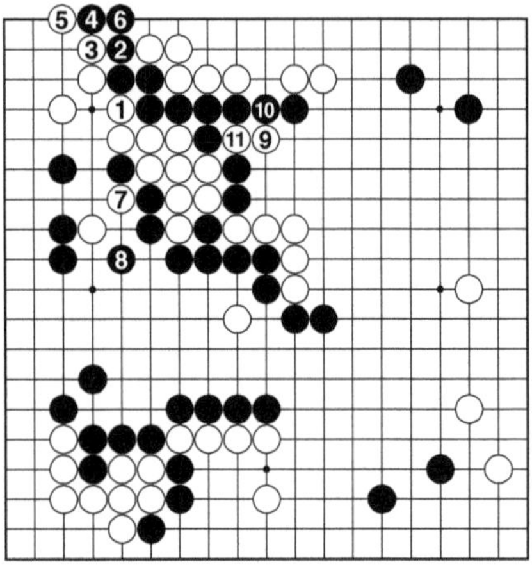

Dia. 31
Aber Weiß hat die aggressivere Antwort auf 1 hier. In der Folge bis 11 und mit dem Tesuji 9, fängt er zwei schwarze Steine.

Auf 9 kann Schwarz nicht mit 11 verbinden, denn Weiß auf 10 tötet die gesamte schwarze Gruppe.

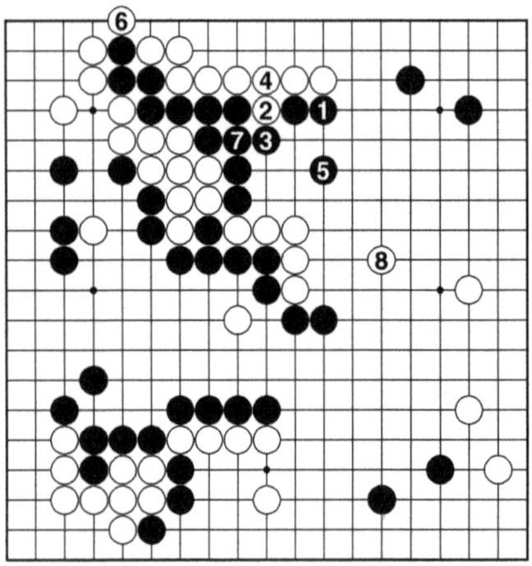

Dia. 32
Schwarz muss also auf den Durchbruch zum Rand verzichten und nach Weiß 3 im vorherigen Diagramm auf 1 strecken.

Weiß verbindet nun in Vorhand am Rand und entkommt dann problemlos mit der Mittelgruppe.

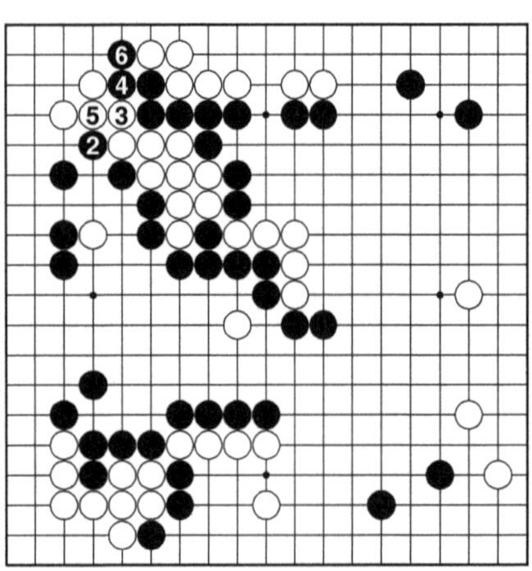

Dia. 33
Spielt Weiß nicht das geschickte Kikashi 86 in der Partie, dann hat Schwarz diesen schönen Angriff.

Figur 3 (89 - 152)

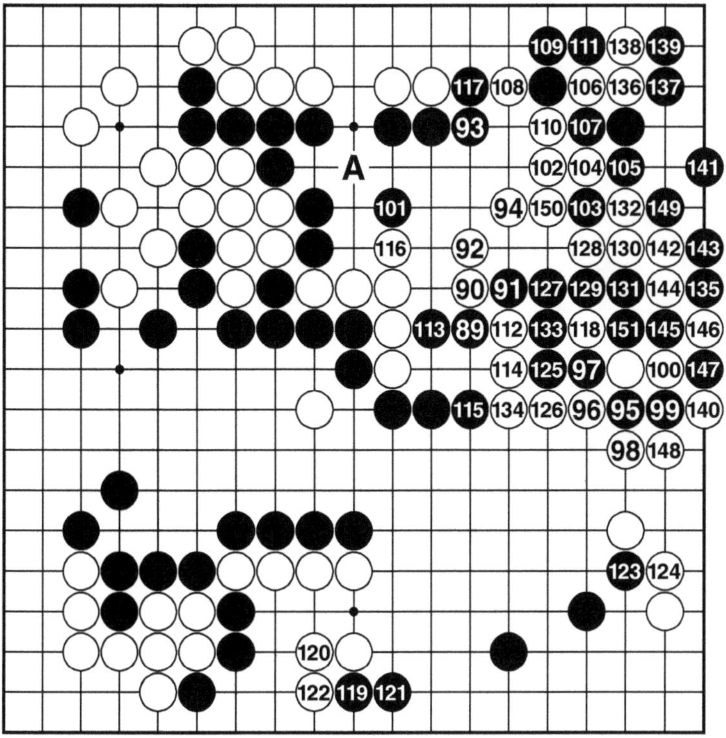

Weiß 152 auf 146

Schwarz 89 erscheint gefährlich für Weiß, aber da Schwarz selbst Schwächen hat, sieht es schlimmer aus als es ist. Weiß 94 ist ein guter Zug, der die Schwäche auf A belebt. Schwarz versucht mit 95 einen Weg zu finden, um Weiß zu fangen.

Mit seinem Angriff bis 118 hat Schwarz nicht viel erreicht. Die Situation sieht schlecht für ihn aus und Beobachter haben die Partie schon aufgegeben. Doch Gu Li zeigte Kampfgeist und viele schöne Züge, wie zum Beispiel 119, 123 und 135. Weiß 136 ist ebenfalls Tesuji. Beide Seiten spielen hier wirklich schöne Züge.

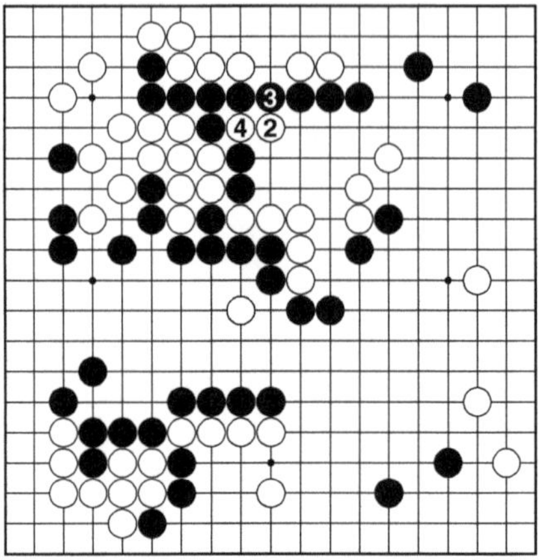

Dia. 34
Verteidigt Schwarz seine Schwäche auf Weiß 94 nicht, dann kann Weiß durch das Fangen von zwei schwarzen Steinen anbinden.

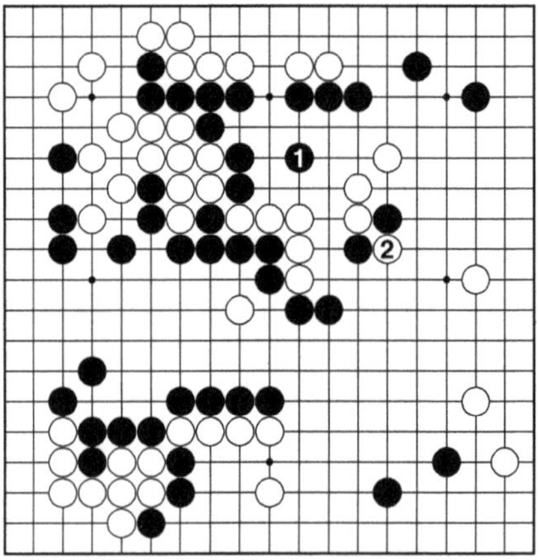

Dia. 35
Verteidigt Schwarz mit 1 den Schnitt, dann entkommt Weiß mühelos mit 2.

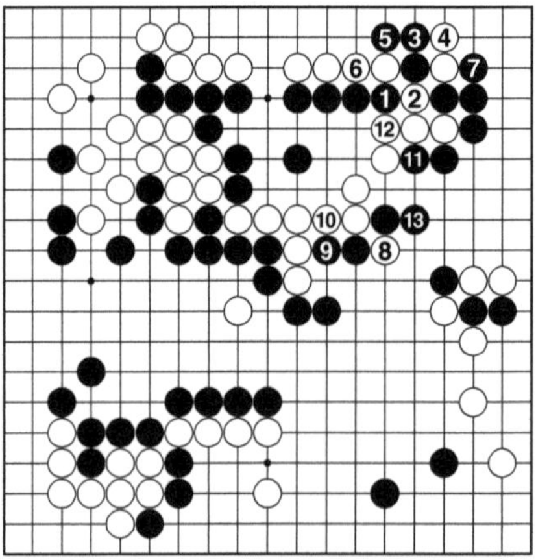

Dia. 36
Schwarz kann mit 109 nicht schneiden. Die Abfolge in diesem Diagramm zeigt eine Fortsetzung nach dem Schnitt. Nach Schwarz 13 hat Weiß nicht ausreichend Freiheiten. So sieht es gut aus für ihn, aber Weiß 6 ist auch nicht der Zug, der Schwarz Probleme macht.

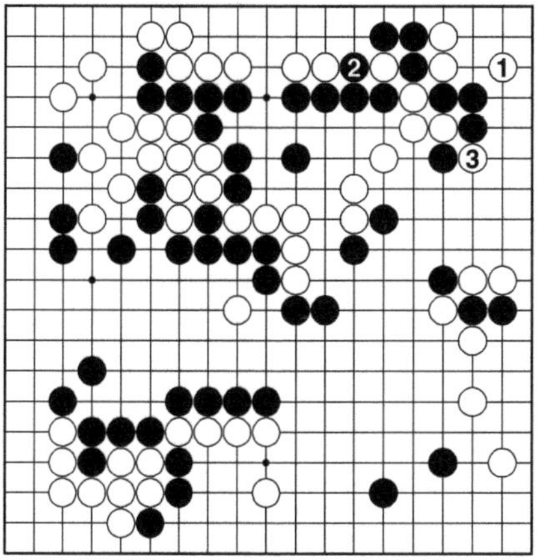

Dia. 37
Weiß wird statt dessen 1 spielen. Das Ergebnis ist mehr als schlecht für Schwarz, daher muss er in der Partie mit 109 nachgeben.

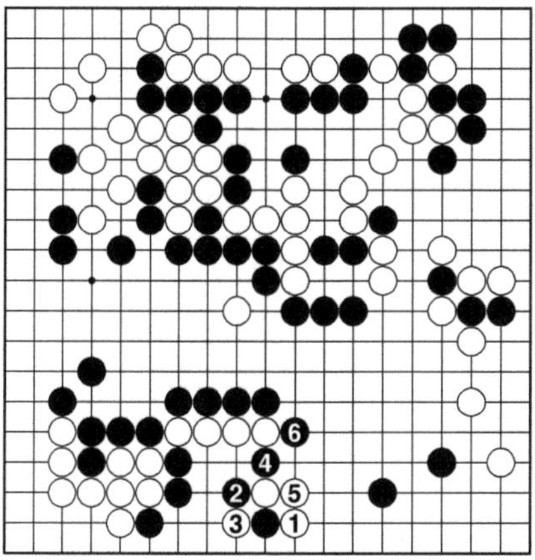

Dia. 38
Gibt es für Weiß 120 in der Partie Alternativen?

Das Hane mit 1 führt zur Abfolge bis 6 und Weiß verliert.

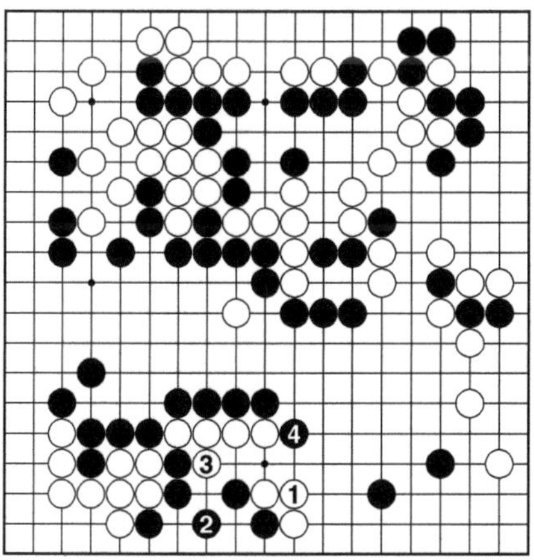

Dia. 39
Nach Schwarz 2 im letzten Diagramm mit Weiß 1 zu decken ist nicht viel besser, denn innen gibt es einen Wettlauf ums Überleben und außen bekommt Schwarz das komfortable Hane auf 4.

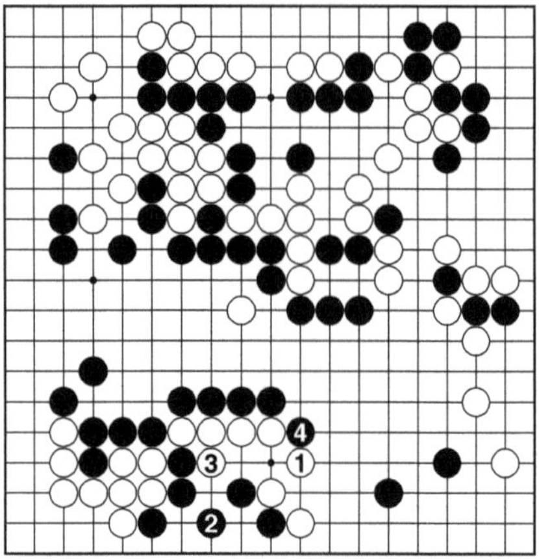

Dia. 40
Ein Zug auf 1 stellt Weiß vor die gleichen Probleme wie im vorherigen Diagramm.

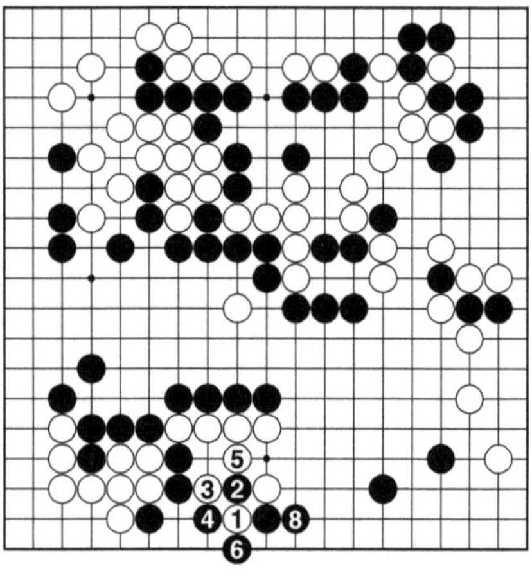

Dia. 41
Das Hane auf der Innenseite wird mit dem Tesuji auf 2 gekontert und Schwarz entkommt nach 8.

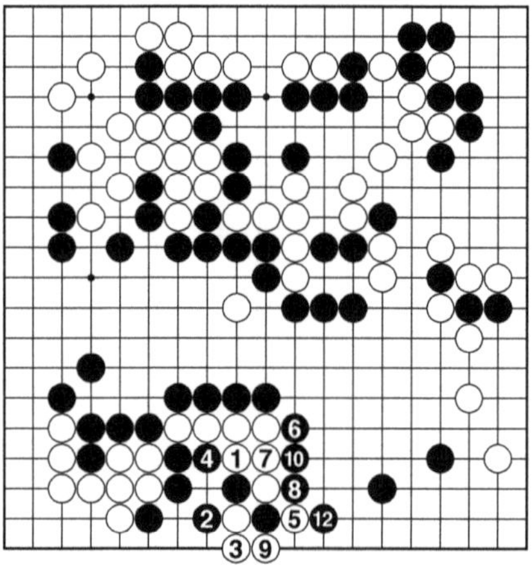

Dia. 42
Lokal ist Weiß 1 die richtige Antwort auf das Tesuji im vorherigen Diagramm. Hier sieht man die Variante, die entsteht, wenn Weiß über Ko-Drohungen verfügt.

Weiß 120 in der Partie ist daher die einzige Antwort.

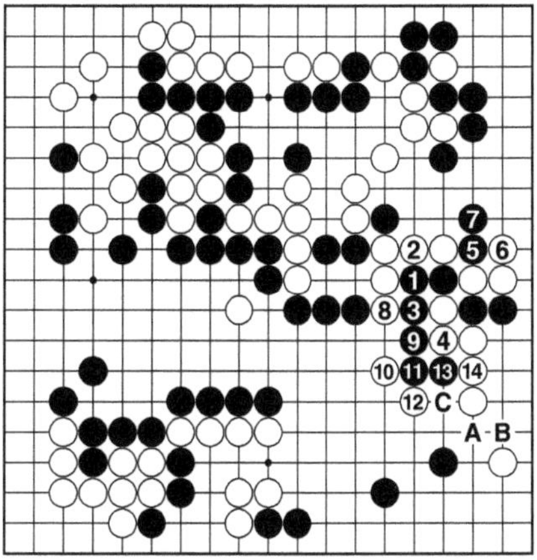

Dia. 43
Was wollte Schwarz mit 123 erreichen?

Läuft er ohne den Abtausch A und B mit 1 los, dann ist er nach Weiß 14 gefangen. Der Abtausch A für B ermöglicht ihm die Flucht auf C.

Daher muss Weiß in der Partie den Block mit 126 von unten spielen.

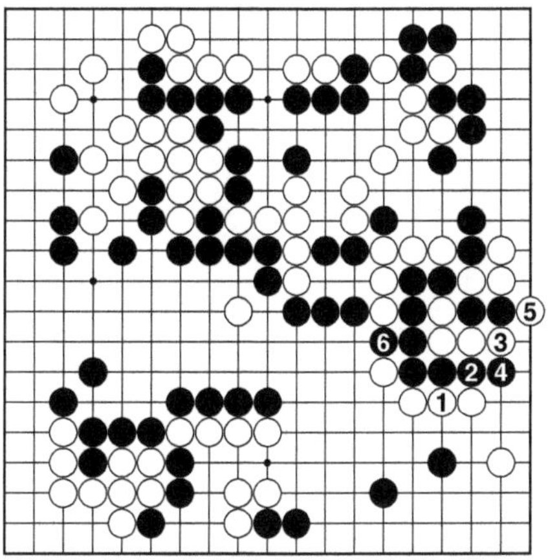

Dia. 44
Weiß kann unmöglich in der obigen Variante mit 14 auf C blocken.

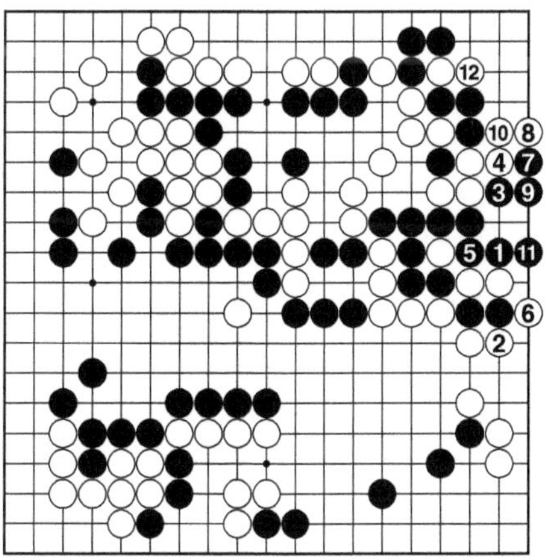

Dia. 45
An Stelle von Schwarz 135 in der Partie auf 1 in diesem Diagramm zu spielen, führt zu keinem guten Ergebnis für Schwarz.

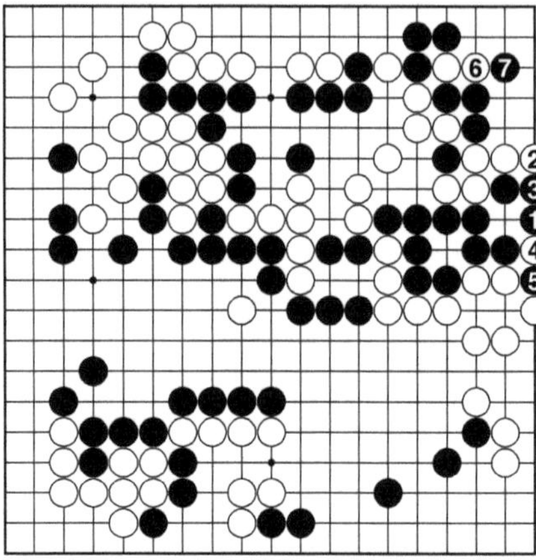

Dia. 46
Schwarz 1 hier für 5 im letzten Diagramm ist keine Alternative, denn das Ko kann Schwarz nicht gewinnen.

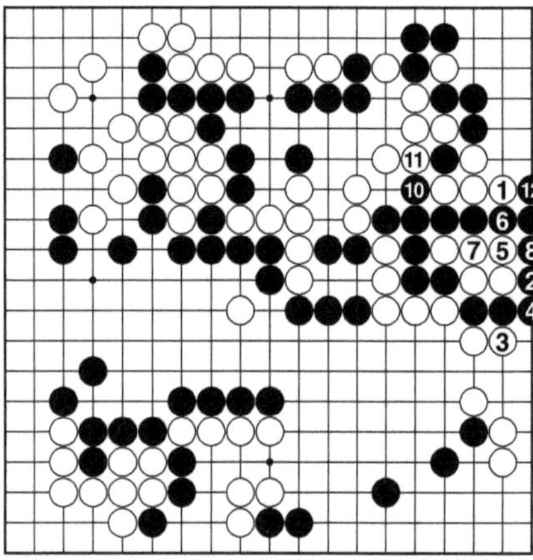

Dia. 47
Schwarz 135 war folglich Tesuji. Kontert Weiß mit 1 hier, dann bekommt Schwarz zwar keine zwei Augen, aber Weiß hat nicht genügend Freiheiten, um den Kampf zu überstehen.

(Weiß 9 auf 7)

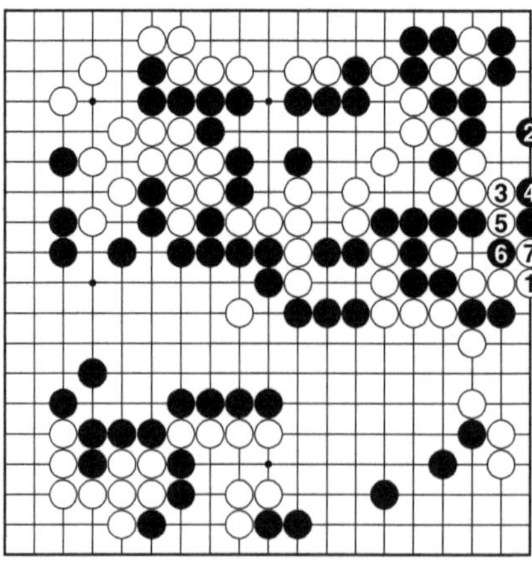

Dia. 48
Gibt es für Weiß 140 einen besseren Zug, zum Beispiel Weiß 1 hier?

In der gezeigten Folge bis 7 gewinnt Weiß.

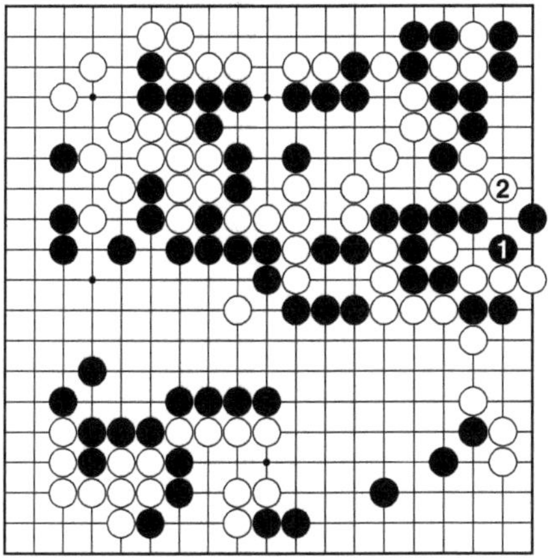

Dia. 49
Antwortet Schwarz mit 2, gewinnt wieder Weiß.

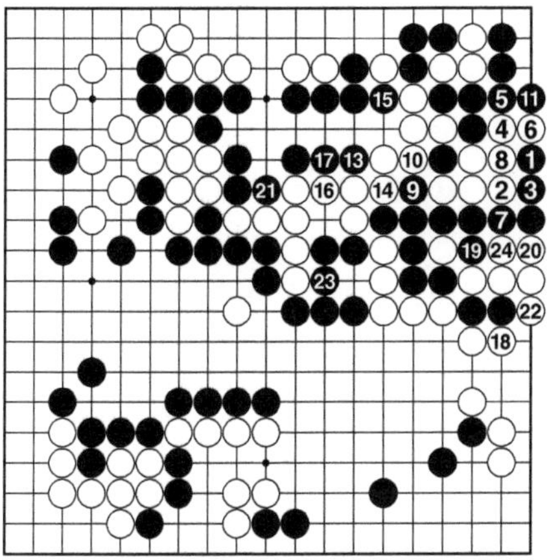

Dia. 50
Schwarz 1 in dieser Variante führt wieder zu einem Sieg von Weiß – mit nur einer Freiheit Vorsprung.

Schwarz 7 auf 8 löst es ebenfalls nicht, denn dann Weiß spielt auf 7 und gewinnt wieder.

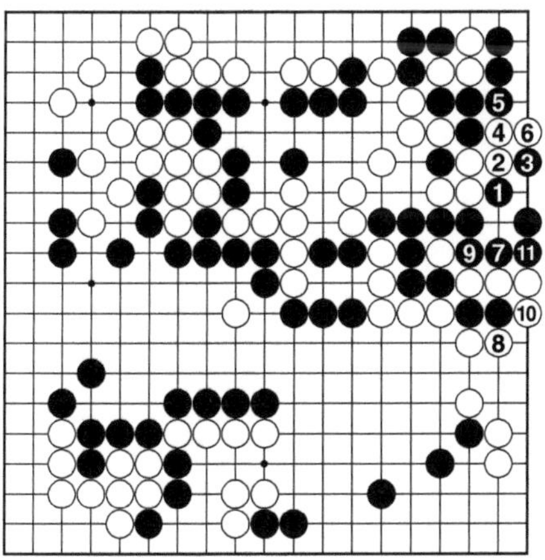

Dia. 51
Schwarz hat schließlich noch den Zug 1 hier, der zu einem Ko führt.

Da das Ko in der Partie für Weiß einfacher ist, spielt er gleich auf 140.

Figur 4 (153 - 246)

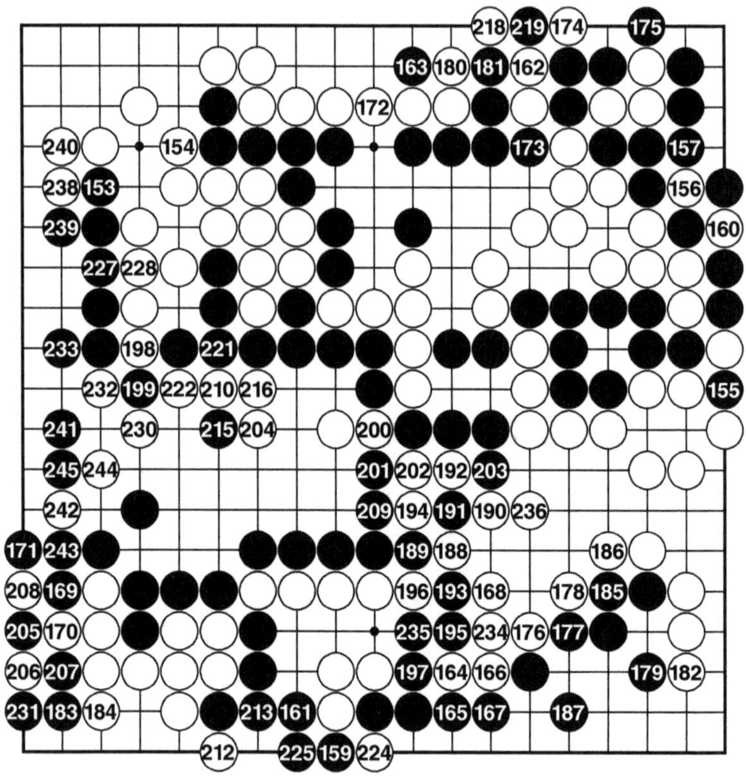

Ko 1: Weiß 158 über 155;
Ko 2: Schwarz 211, 217, 223, 229 auf 205; Weiß 214, 220, 226 auf 208;
Schwarz 237 auf 191, Weiß 246 auf 162

Gu Lis starker Zug auf 171 bereitet ein Ko in der Ecke vor, mit dem er die Partie herumreißen will. Doch er kann es nicht sofort beginnen, da er erst noch die notwendigen Ko-Drohungen auf dem Brett platzieren muss.

Schwarz 191 ist Tesuji. Weiß 196 ist nicht notwendig, er verliert nur Punkte. Schwarz 203 ist wieder Tesuji, ebenso Schwarz 215!

Es ist schade, dass Schwarz nach 230 keine weiteren Drohungen mehr besitzt. Gu Li spielt wunderbare und clevere Züge, aber Liu Shizhen ist ein ebenso vortrefflicher Gegner.

Nach Weiß 146 gibt Gu Li schließlich auf.

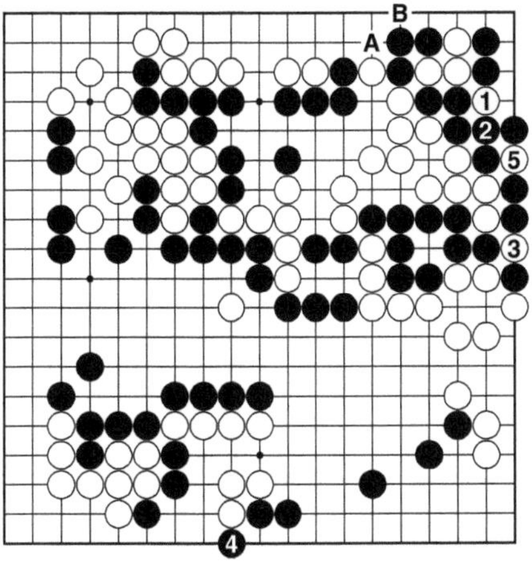

Dia. 52
Weiß 156 war ein Fehler, statt dessen muss Weiß die Drohung auf 1 spielen. Das Schlagen des Ko mit 5 ist jetzt Vorhand.

Weiß hat diese Variante nicht gespielt, weil er eine Fortsetzung auf A und B gesehen hatte und glaubte, dass...

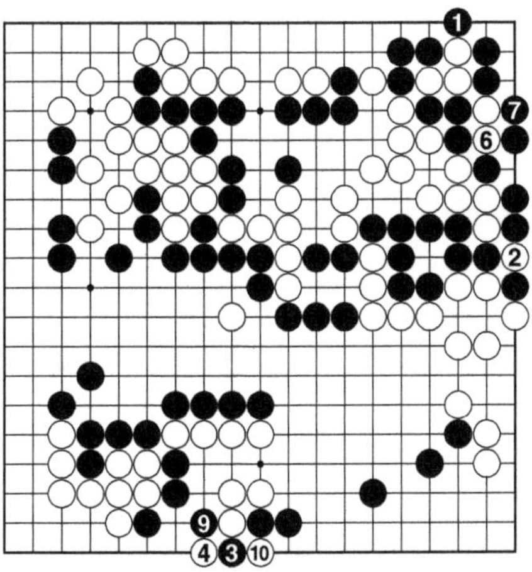

Dia. 53
...Schwarz mit 1 schlagen würde.

Schwarz 5 schlägt das Ko auf 2 und Weiß 6 spielt eine weitere Drohung.

(Weiß 8 auf 2, Schwarz 11 unter 2)

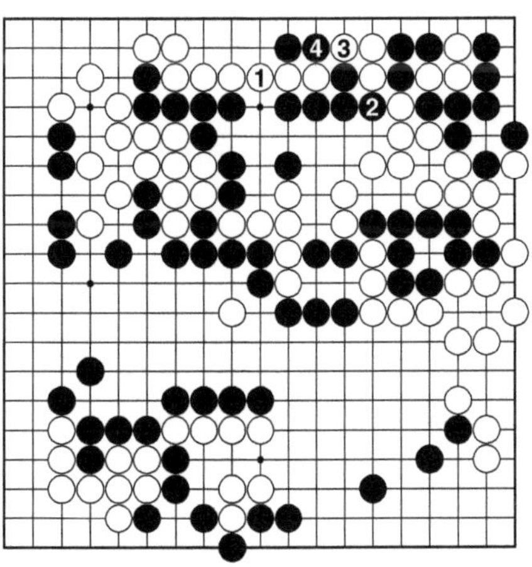

Dia. 54
Doch die vermeintliche Fortsetzung, die Weiß mit 162 gespielt hat, erwies sich als falsch, denn Schwarz kontert mit dem Tesuji 163 und fängt die weißen Steine.

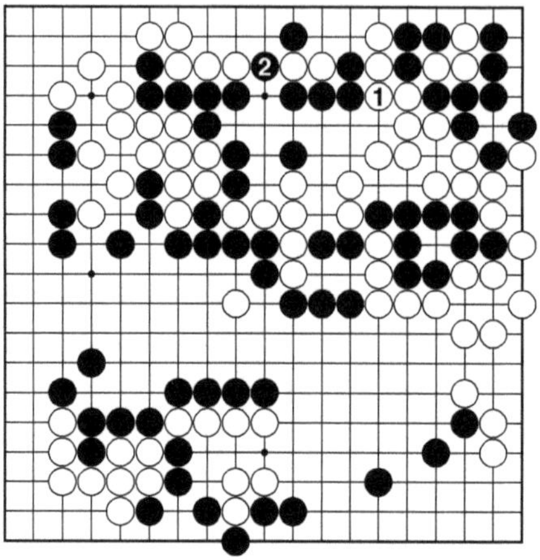

Dia. 55
Oder Schwarz lebt.

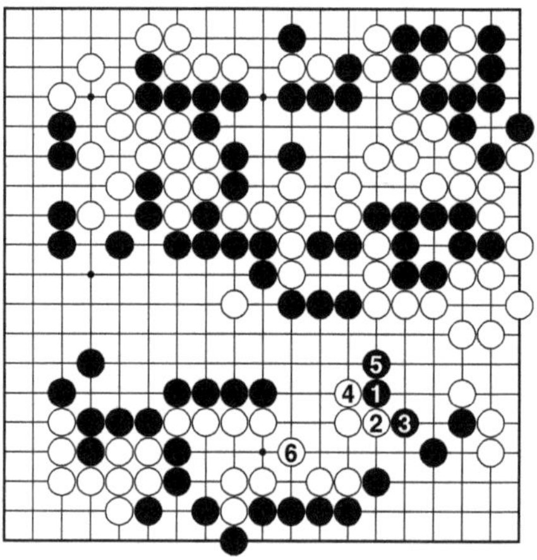

Dia. 56
Spielt Schwarz 169 wie in dieser Variante, dann lebt Weiß.

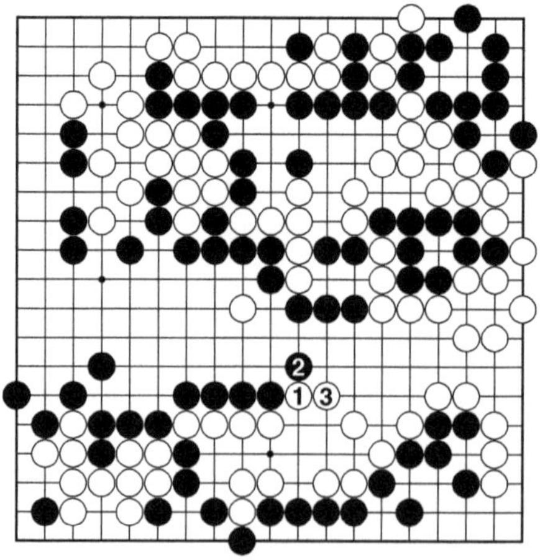

Dia. 57
Weiß 188 war nicht der stärkste Zug, denn er gibt Schwarz noch mal eine Chance. Besser ist 1 hier.

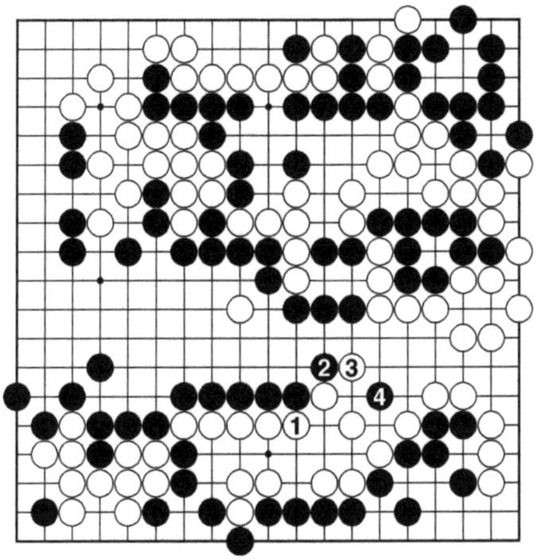

Dia. 58
Wenn Weiß mit 190 auf 1 blockt, dann sticht Schwarz 4 in die weiße Schwäche.

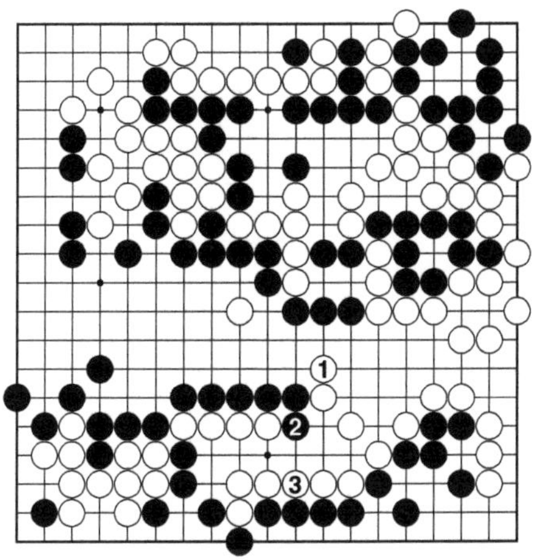

Dia. 59
Besser ist daher Weiß 1 hier, besser auch als die Partie.

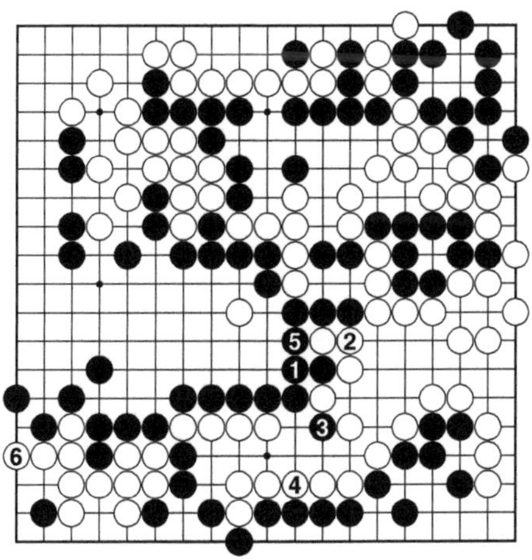

Dia. 60
Schwarz 1 hier für 193 ist zu nachgiebig. Weiß gewinnt und Schwarz muss noch einige große Ko-Drohungen kreieren, damit er das Ko in der Ecke beginnen kann.

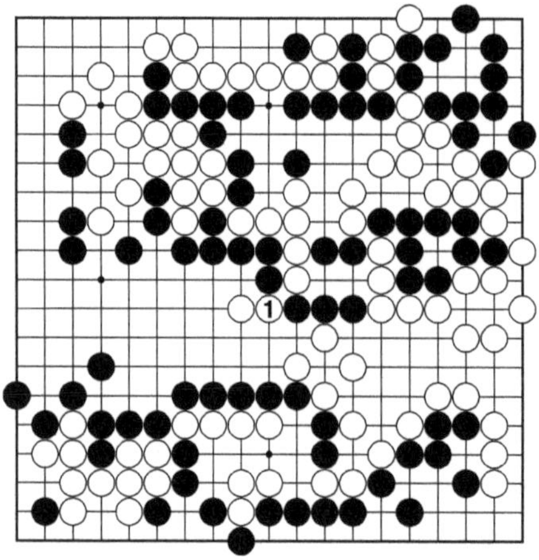

Dia. 61
Statt 196 sollte Weiß hier spielen.

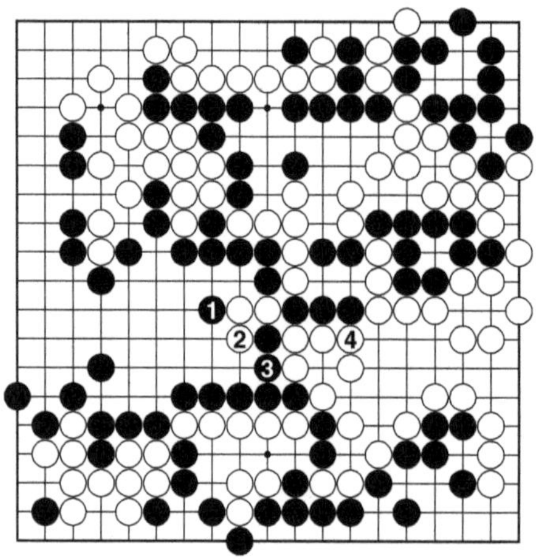

Dia. 62
Spielt Schwarz statt 203 auf 1 hier, dann gewinnt Weiß die Partie, denn Schwarz hat noch immer keine Drohungen, um das Ko zu beginnen.

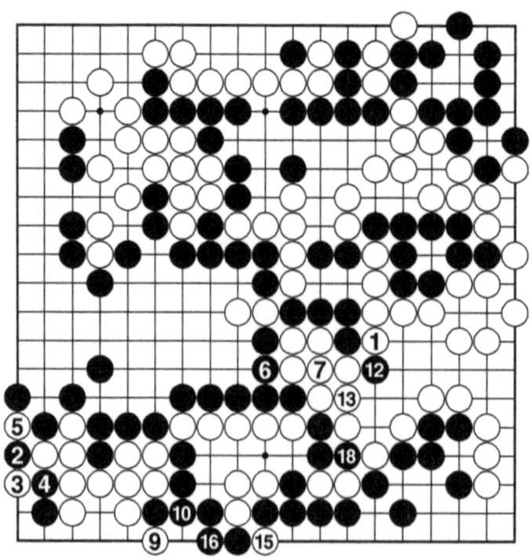

Dia. 63
Weiß kann mit 204 nicht auf Schwarz antworten, da er sonst das Ko ermöglicht. Es gibt Drohungen über Drohungen...

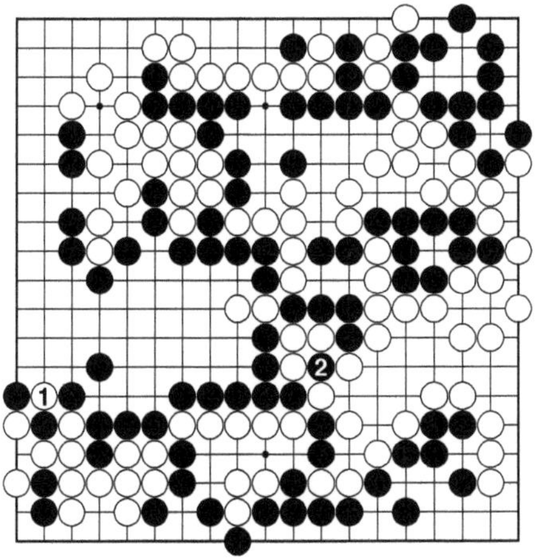

Dia. 64
Das Ko nach 6 im letzten Diagramm zu schlagen, hilft Weiß nicht, denn das Ergebnis ist trotzdem gut für Schwarz.

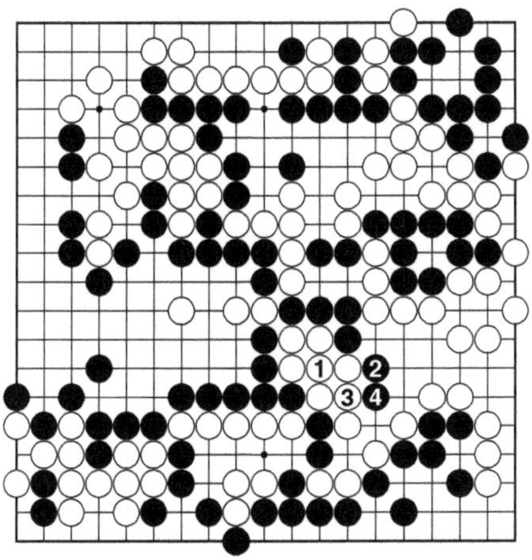

Dia. 65
Die drei weißen Steine mit 210 zu decken bringt nichts, denn Weiß ist bereits tot.

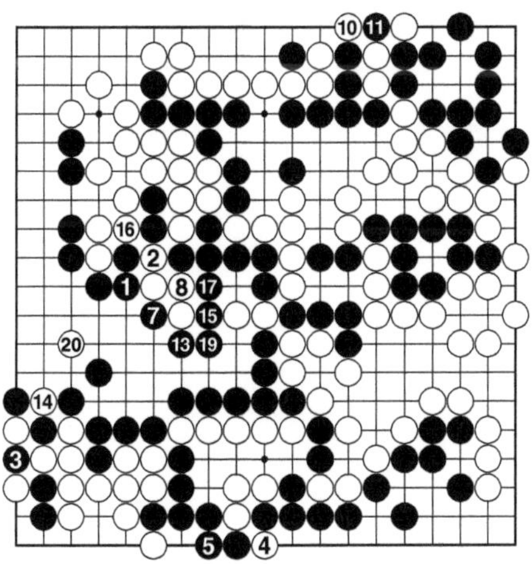

Dia. 66
Schwarz 1 hier führt zu einem guten Ergebnis für Weiß.

Daher ist das Tesuji von Schwarz 215 in der Partie richtig.

(Weiß 6 und 12 über 3; Schwarz 9 auf 3; Weiß 18 über 2.)

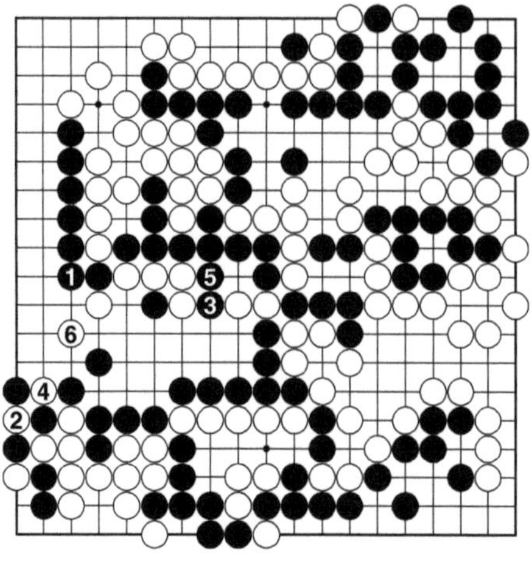

Dia. 67
Schwarz muss das Ko mit 131 nehmen, denn Schwarz 1 reicht nicht, um die Partie noch zu gewinnen.

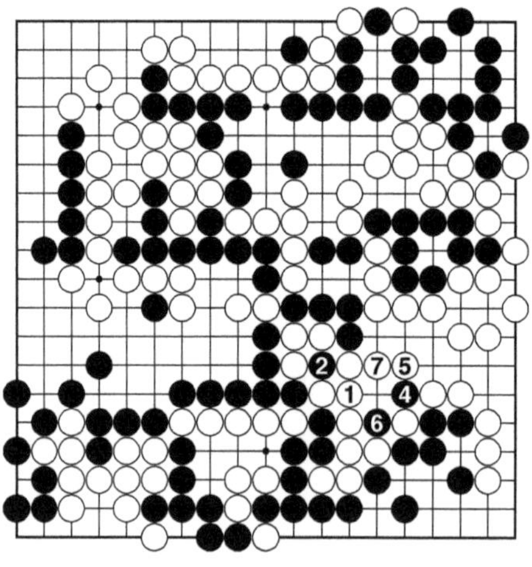

Dia. 68
Weiß 1 hier ist besser als 136 in der Partie.

(Weiß 3 Tenuki.)

Liu Shizhen hat in der zweiten Partie unerwartet zurückgeschlagen und Gu Li eine herbe Niederlage versetzt. Nun muss er in der letzten, entscheidenden Partie zeigen, dass dies kein Glückstreffer war.

天元战

Der Tianyuan-Titelkampf

Partie III

Weiß:	Gu Li, Tianyuan
Schwarz:	Liu Shizhen, 6. Dan
Partie:	21. Tianyuan, Finale
Datum:	21. April 2007
Ort:	Tongli, Provinz Jiangsu, China
Komi:	7.5
Regeln:	Japanisch
Kommentar:	Wang Jiankun 7. Dan
	Guo Juan 5. Dan

Figur 1 (1 - 50)

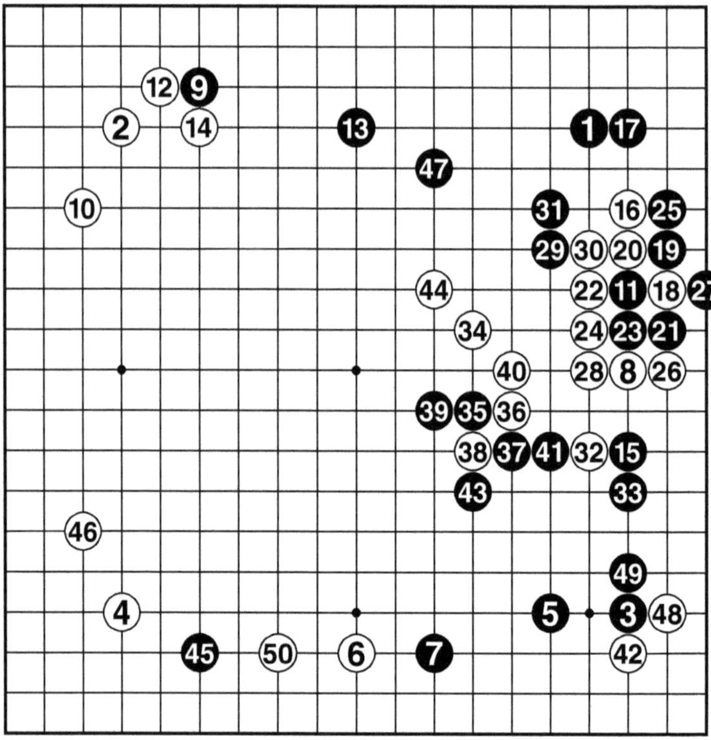

Die ersten fünf Steine sind die gleiche Eröffnung wie in der ersten Partie. Weiß spielt diesmal jedoch 6 auf der dritten Linie. Für Schwarz 7 gibt es die Alternativen 9 und 8, die man ebenfalls in Profipartien zu sehen bekommt.

Nach Schwarz 31 sieht die Partie gut aus für Schwarz, denn die weiße Gruppe ist schwer und unbeweglich. Schwarz 35 zeigt Härte! In der ersten Hälfte der Partie spielt Liu Shizhen sehr gut und Gu Li muss leiden. Normalerweise ist Gu Li der Angreifer, gerade in der ersten Partiehälfte. Aber hier greift Liu Shizhen an. Nach Schwarz 41 hat die weiße Gruppe nur ein Auge.

Weiß 42 ist ein Testzug, wie Schwarz in der Ecke reagiert. Doch Schwarz ignoriert ihn und nimmt die Vorhand um den Kampf in der Brettmitte zu verschärfen.

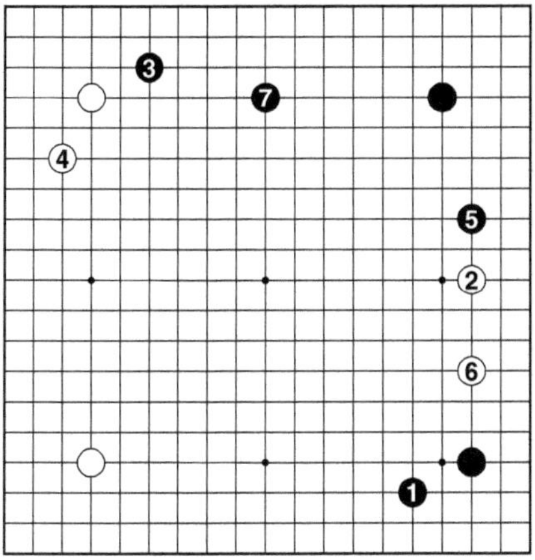

Dia. 1
Diese Variante der Eröffnung mit Schwarz 5 sieht man häufiger als die Fortsetzung in der Partie.

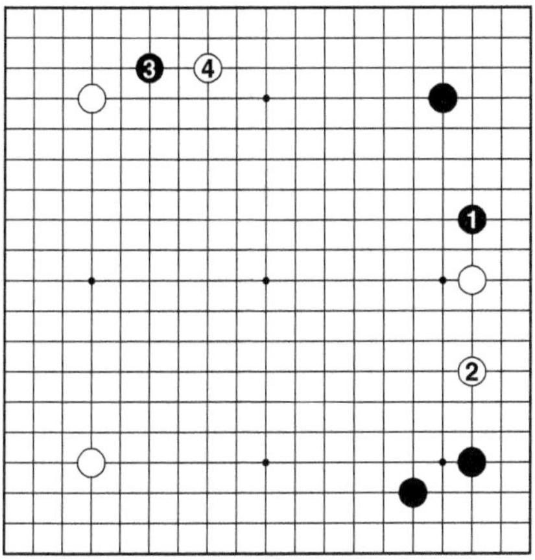

Dia. 2
Spielt Schwarz den Klemmzug 1 vor dem Eckangriff, dann wird Weiß den Angriff auf die Ecke mit einem Gegenangriff auf 4 beantworten.

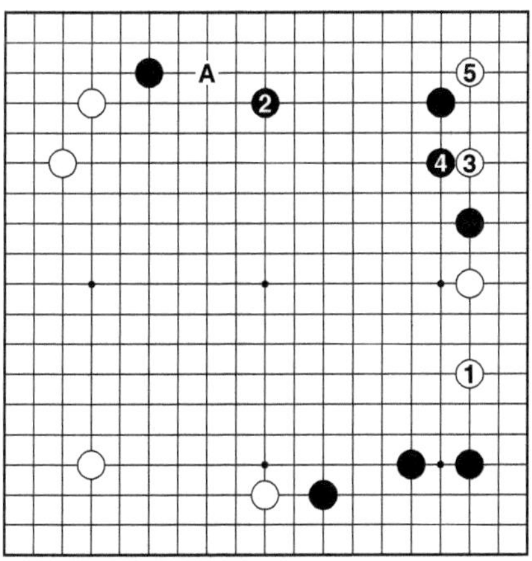

Dia. 3
Weiß 12 ist interessant. Gewöhnlich macht Weiß mit 1 eine Basis. Schwarz spielt 2 und anschließend ist die Invasion in der Ecke rechts oben eine gute Wahl. Eine Invasion auf A wäre ebenfalls denkbar.

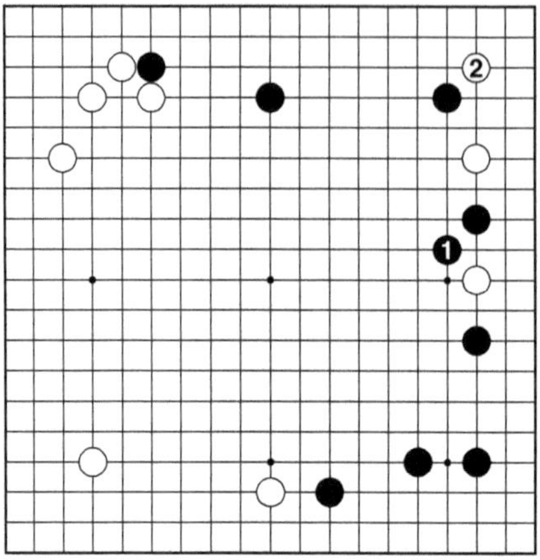

Dia. 4
Spielt Schwarz mit 17 das Kosumi, dann invadiert Weiß die Ecke.

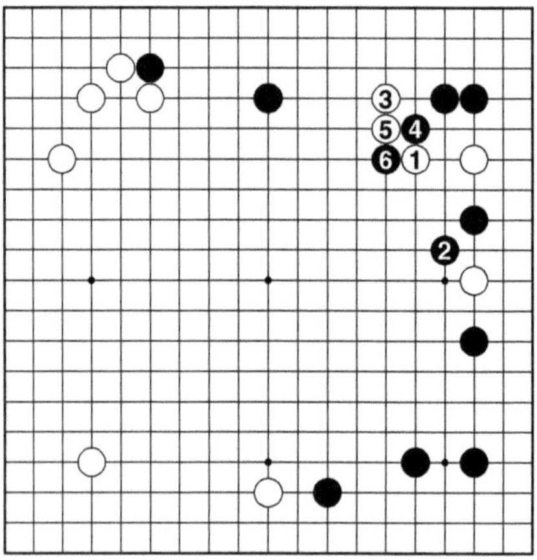

Dia. 5
Weiß muss angesichts der schwarzen Stärke mit 18 in der Partie defensiv spielen. Springt er mit 1 und 3 heraus, wird Schwarz schneiden.

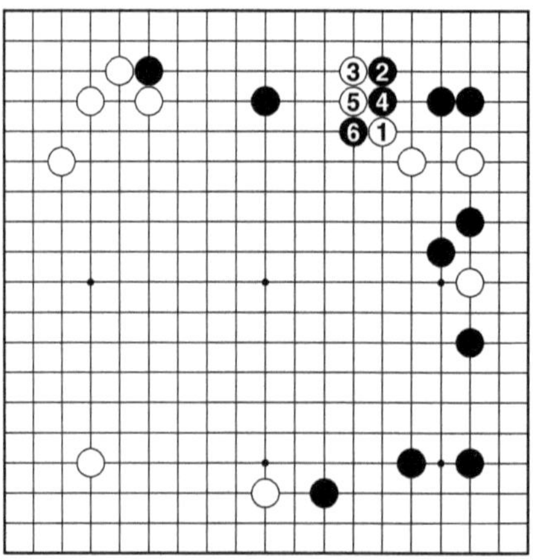

Dia. 6
Auch diese Variante nach 1 und 2 im vorherigen Diagramm, ist keine gute Fortsetzung für Weiß.

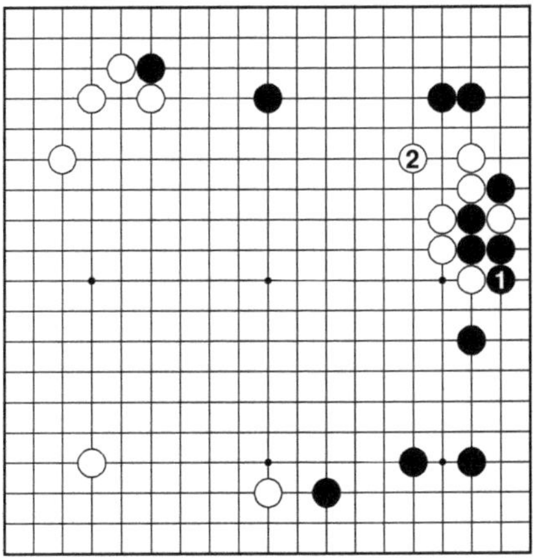

Dia. 7
Schwarz 1 für 25 in der Partie ist nicht optimal, denn Weiß macht mit 2 gute Form.

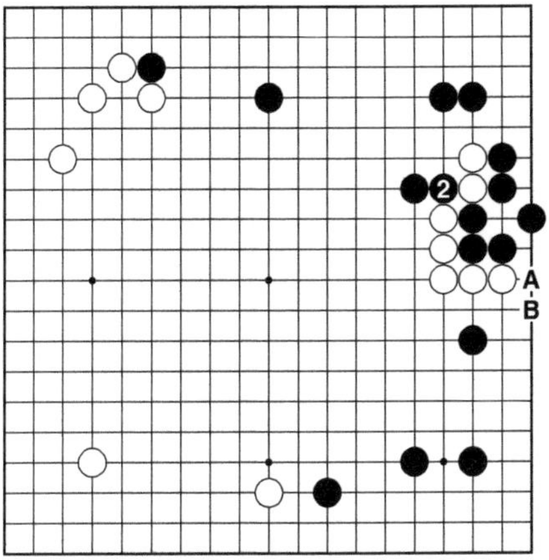

Dia. 8
Weiß kann die schwarze Drohung auf 29 nicht ignorieren und die zwei Steine hergeben.

Lässt er es zu, dann schneidet Schwarz die Steine ab. Weiß verliert damit auch die Vorhandzüge auf A oder B.

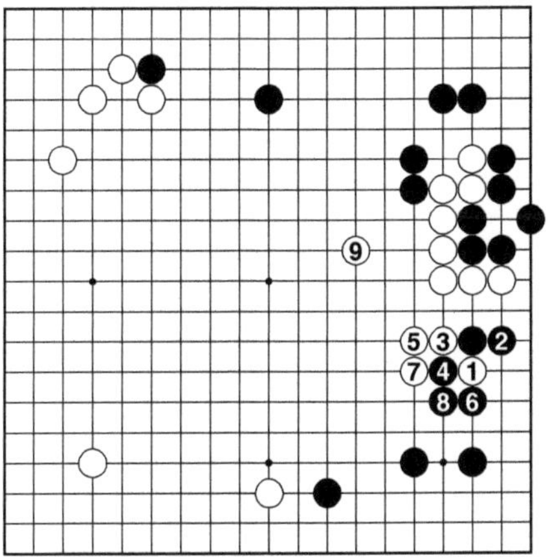

Dia. 9
Weiß 32 in der Partie sieht normal aus. Doch nach der Partie meinte Gu Li, dass es besser gewesen wäre, Weiß 1 hier zu spielen. Schwarz wird natürlich gestärkt, aber die weiße Gruppe gewinnt ebenfalls Stärke und Sicherheit. In der Partie stellte diese Gruppe einen ganz großen Ballast für Weiß dar.

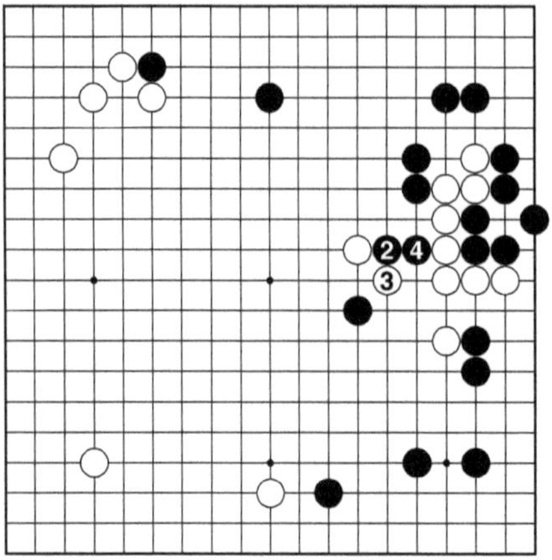

Dia. 10
Weiß 36 war notwendig. Spielt Weiß an dieser Stelle Tenuki, dann kann Schwarz mit 2 und 4 schneiden.

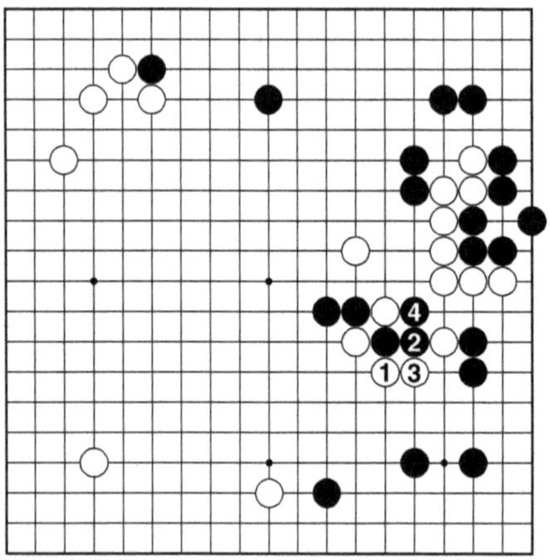

Dia. 11
Weiß möchte mit 40 gern einen schwarzen Stein fangen, aber das funktioniert nicht.

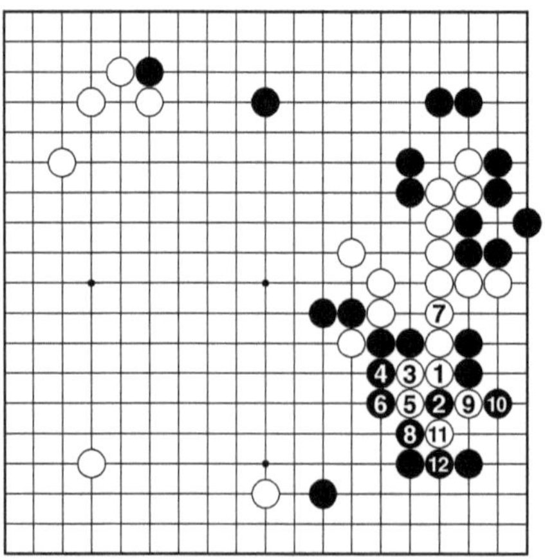

Dia. 12
Hat Weiß eine Möglichkeit, nach Schwarz 41 mit 1 zu entkommen?

Diese Variante zeigt, dass es Weiß nicht viel bringt.

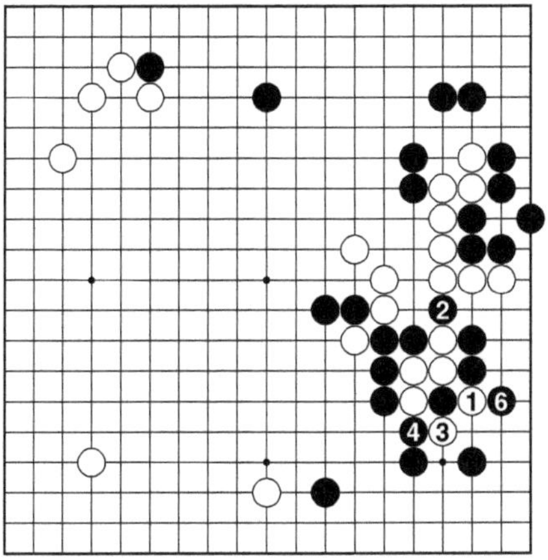

Dia. 13
Weiß 1 statt 7 im letzten Diagramm wird mit Schwarz 2 gekontert und die weißen Steine werden gefangen.

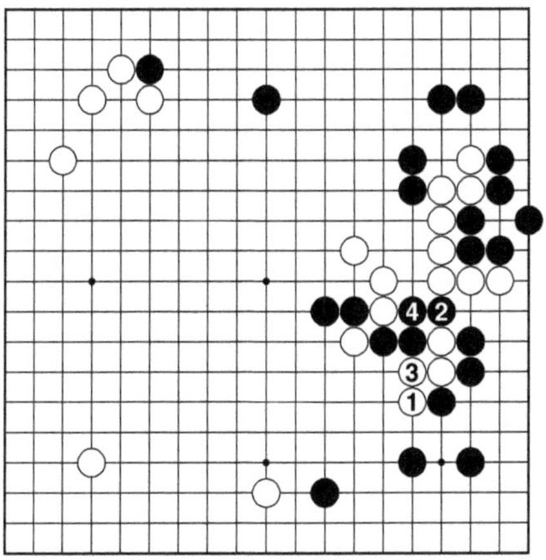

Dia. 14
Weiß 1 in diesem Diagramm ist ebenfalls nicht spielbar.

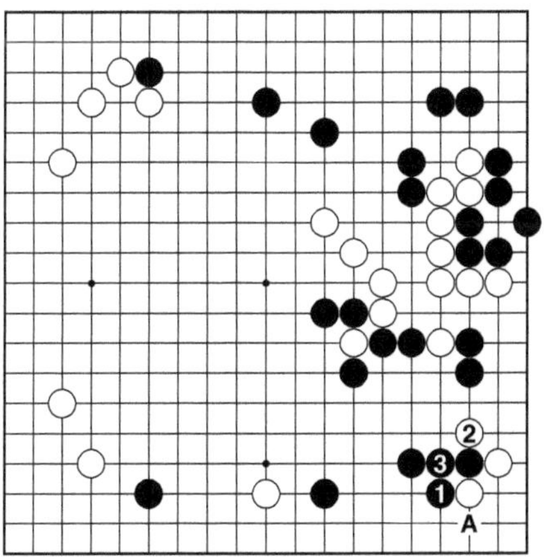

Dia. 15
Schwarz 49 war etwas nachgiebig. Statt dessen sollte er 1 und 3 spielen.

Später ist A eine große Fortsetzung für Schwarz, denn er sichert die gesamte Ecke.

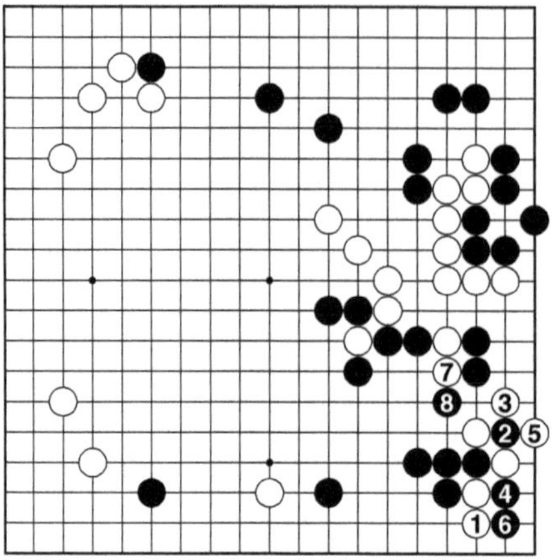

Dia. 16
Für Weiß ist 1 kein großer Zug, denn das Leben in der Ecke ist nicht viele Punkte wert. Zudem kann Schwarz 2 spielen. Das Ergebnis ist gut für Schwarz.

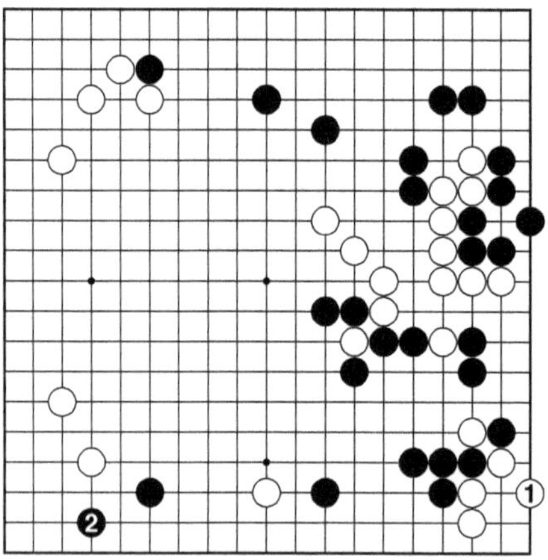

Dia. 17
Weiß kann nach 2 im letzten Diagramm auch in der Ecke leben.

Aber dann hat er keine Zeit die andere Ecke zu verteidigen.

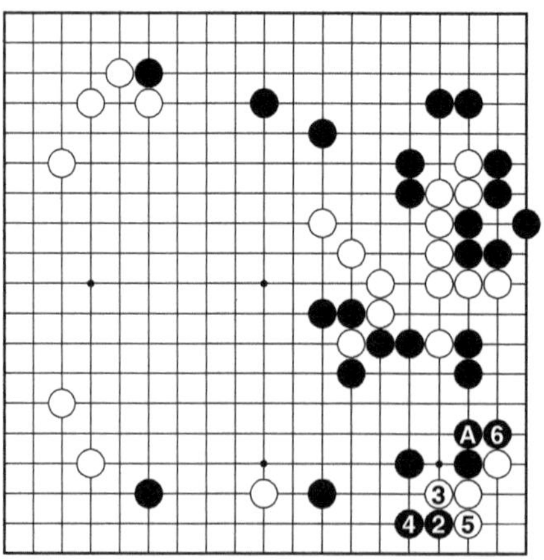

Dia. 18
Da Schwarz mit A gestreckt hat, kann er später nur mit dieser Variante die Ecke töten. Aber es gibt noch Aji.

Lokal kann Weiß keine zwei Augen bauen, aber Schwarz ist außen nicht ganz so solide. Daher ist Diagramm 15 vorzuziehen.

Figur 2 (51 - 119)

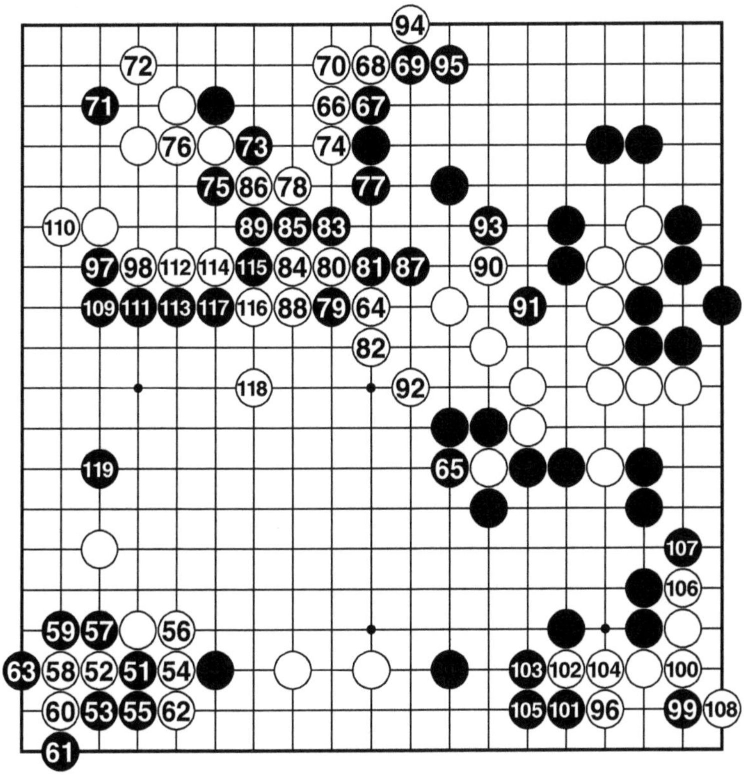

Mit 51 trifft Schwarz die erste falsche Entscheidung. Schwarz verpasst die Chance, Weiß anzugreifen und verliert mit 63 auch noch die Vorhand.

Schwarz 65 ist ein solider Zug. Schwarz 73 ist übertrieben und Gu Li bekommt seine Chance! Schwarz 79 ist ein schöner Zug.

Mit Weiß 115 zu schneiden, ist keine gute Entscheidung.

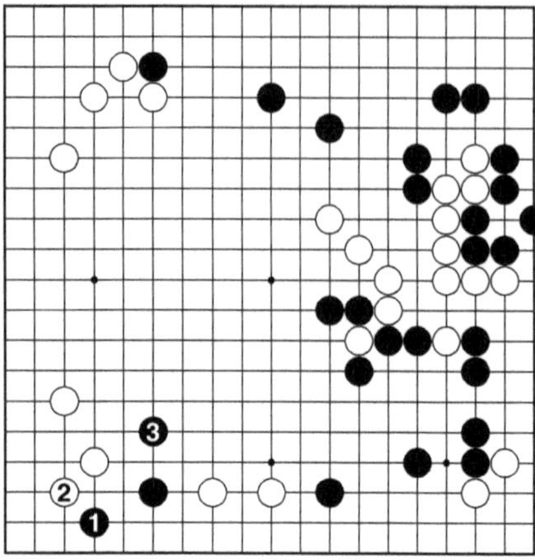

Dia. 19
An Stelle von Schwarz 51 in der Partie sollte Schwarz mit 1 und 3 herausspringen, denn Weiß hat danach zwei schwache Gruppen.

Schwarz kann so seine Stärke ideal einsetzen und die weißen Steine effektiv angreifen.

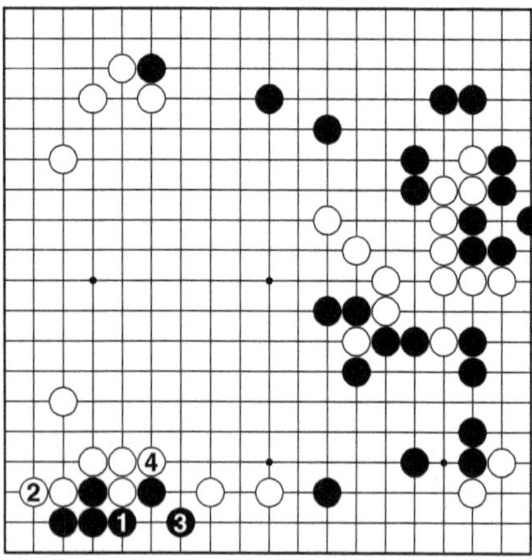

Dia. 20
Diese Variante nach Weiß 56 ist nicht interessant für Schwarz. Weiß verbindet und baut Stärke auf.

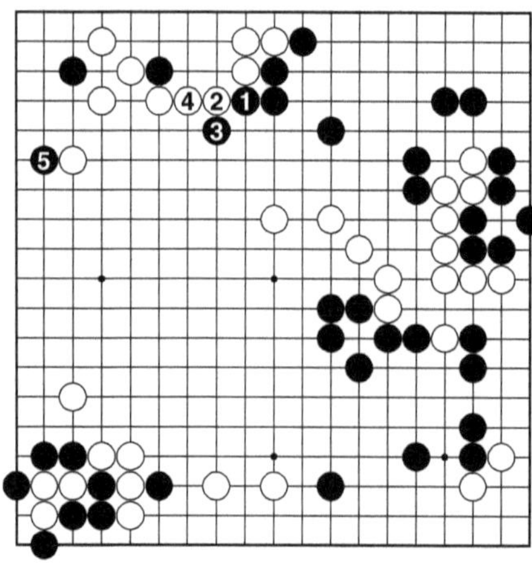

Dia. 21
Schwarz sollte anstatt 73 einfach 1 und 3 spielen.

Später kann er das verbleibende Aji mit 5 anfragen.

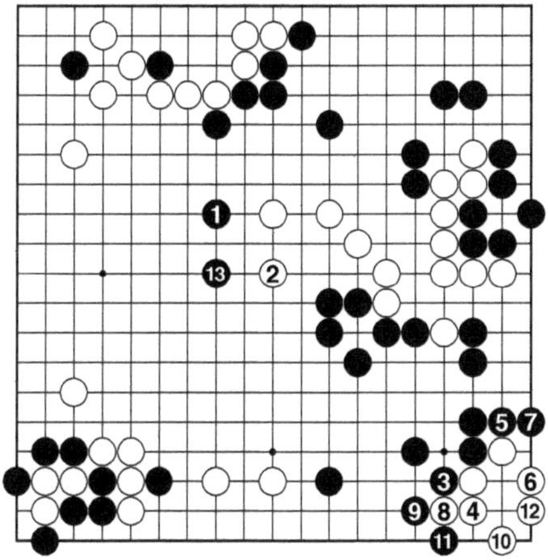

Dia. 22
Alternativ kann Schwarz nach 1 bis 4 im letzten Diagramm die weiße Gruppe angreifen.

Selbst wenn Schwarz die Ecke nicht tötet, so liegt er jetzt nach Punkten vorn.

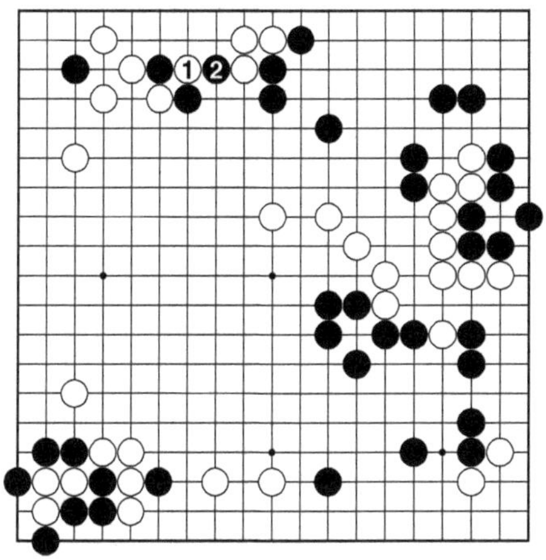

Dia. 23
Weiß 1 für 74 würde die Chance verwerfen, die Schwarz ihm anbietet. So kann Weiß nicht spielen.

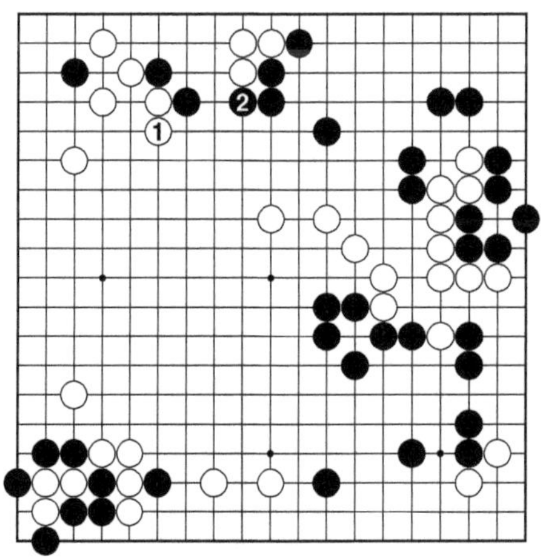

Dia. 24
Weiß 1 hier ist ebenfalls ein Unding.

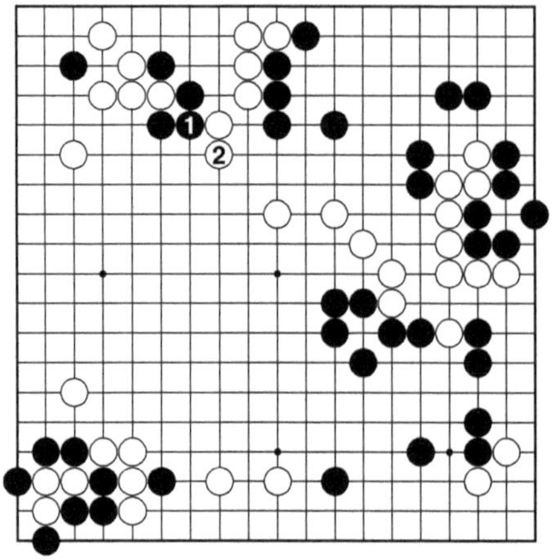

Dia. 25
Mit Schwarz 79 auf 1 zu verbinden ist nicht gut, denn die schwarze Gruppe wird schwer und Weiß erhält eine wunderbare Gelegenheit, die Gruppe anzugreifen und auf diese Weise wieder ins Spiel zu kommen.

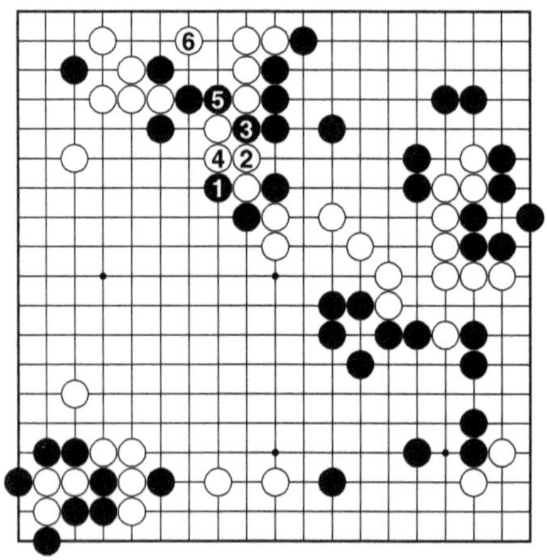

Dia. 26
Für Schwarz gibt es mit 83 keinen Weg, die vier weißen Stein zu fangen.

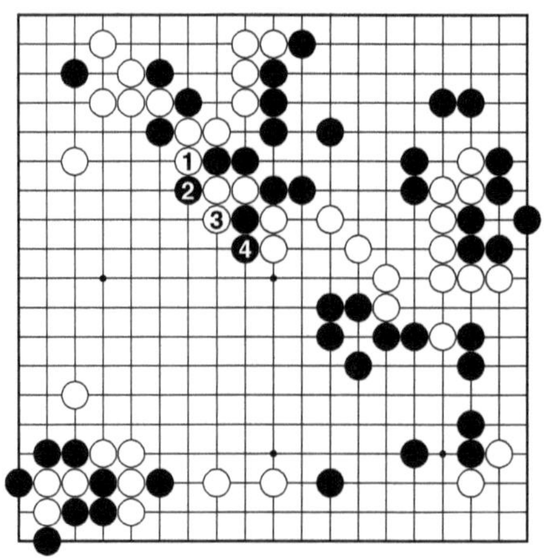

Dia. 27
Weiß möchte hier gern mit 88 blocken, aber das ist viel zu gefährlich.

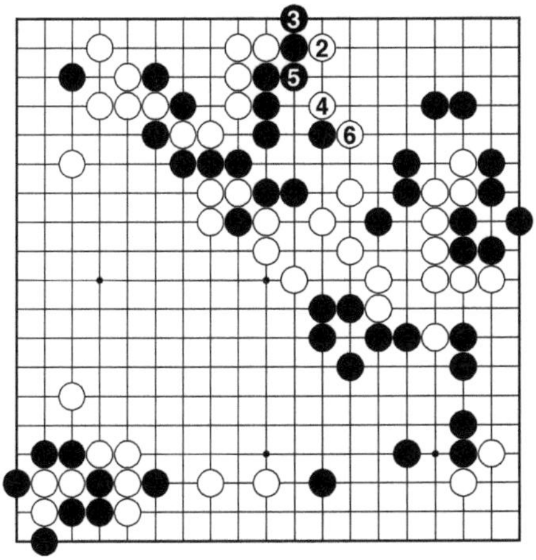

Dia. 28
Der Verteidigungszug von Schwarz 93 war notwendig, denn Weiß kann sonst mit 2 bis 6 in das schwarze Gebiet einbrechen.

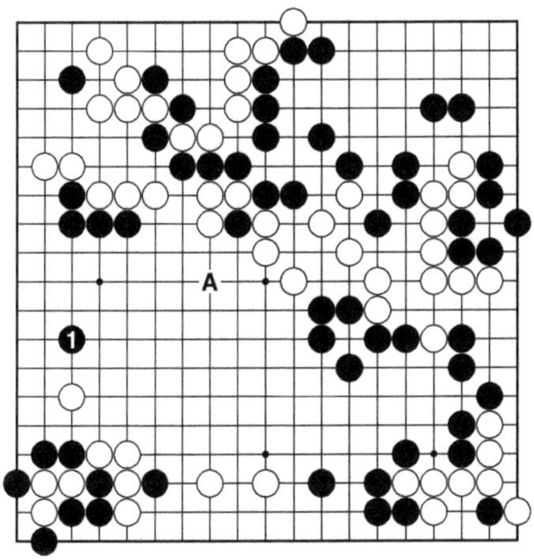

Dia. 29
Der Schnitt mit Schwarz 115 und 117 ist der Partie entscheidende Fehler.

Schwarz sollte einfach nur 1 spielen und sich A für einen Angriff aufheben. Solange Weiß diese Schwäche hat, kann er nicht viel in der Mitte des Brettes ausrichten.

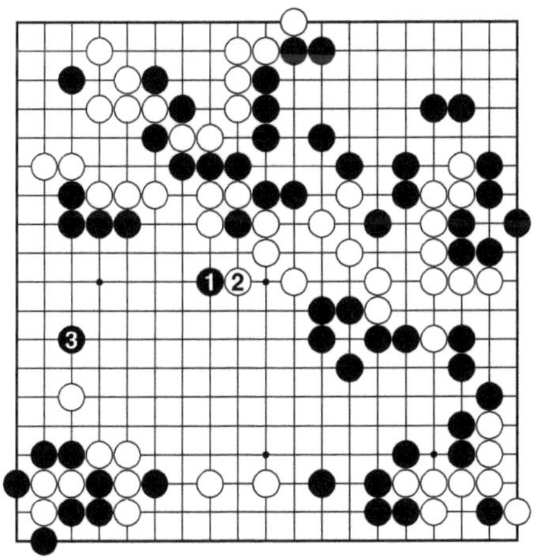

Dia. 30
Diese Variante ist ebenfalls spielbar, denn so wird Weiß in seiner Entwicklung in der Brettmitte eingeschränkt und kann nicht viel Gebiet abstecken.

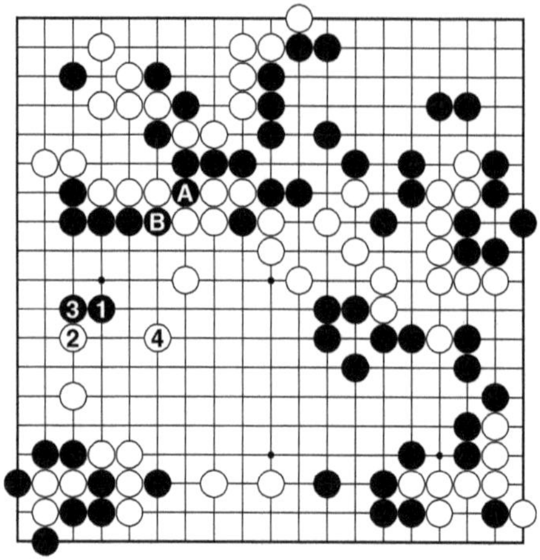

Dia. 31

Nach der Partie meinten die Profis, dass Schwarz mit 119 die hohe Ausdehnung hätte spielen sollen. Doch Weiß kann auch hier ein großes Gebiet in der Mitte abstecken.

Der Fehler lag also in dem Schnitt A und B.

Figur 3 (120 - 200)

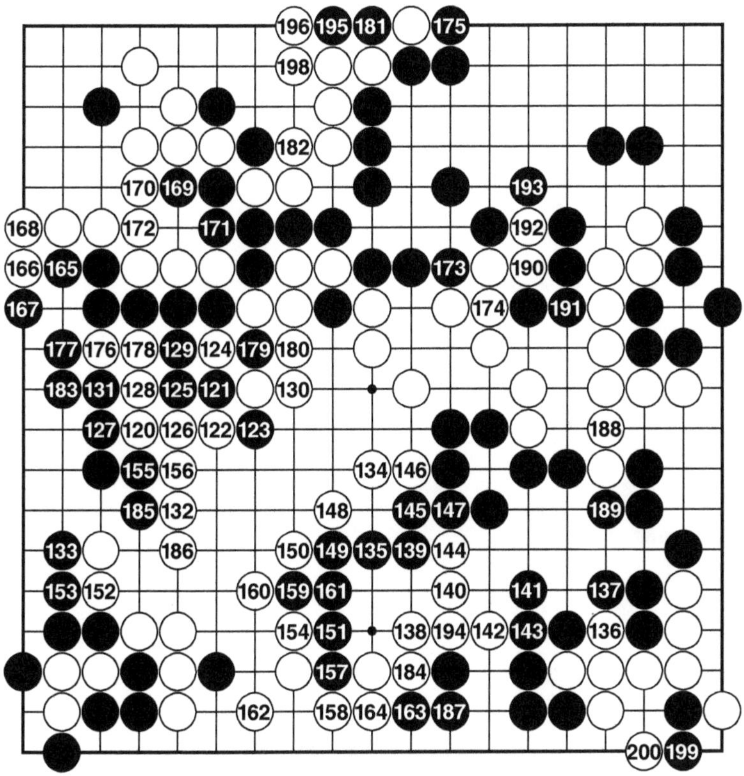

Schwarz 197 neben 175

Weiß 120 ist ein guter Zug und bringt ihn auf die Zielgerade. Das Ergebnis der Züge bis Weiß 134 hat niemand erwartet, wohl auch Liu Shizhen nicht. Plötzlich ist Schwarz eingeschlossen und gleichzeitig wurde die Mitte in weißes Gebiet verwandelt. Nach Weiß 134 gibt es für Schwarz keinen Weg mehr hinein!

Weiß 138 zielt auf die Schwächen von Schwarz ab.

Nach 154 hat Weiß auf einmal so viele Punkte in der Brettmitte! Schwarz wird nun knapp verlieren. Liu Shizhen hat in der ersten Hälfte der Partie sehr gut gespielt, aber dann einige lasche Züge gemacht. Und schließlich hat der Schnitt mit 115 und 117 die Partie gekippt.

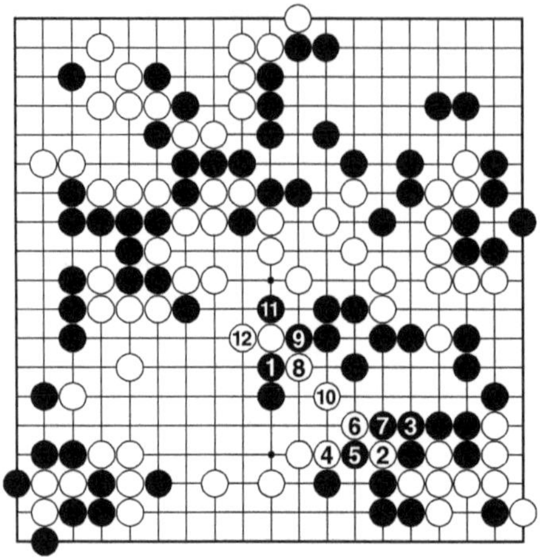

Dia. 32
Wie soll Schwarz auf 138 reagieren? Vielleicht so?

Das Ergebnis in dieser Variante ist ganz klar gut für Weiß.

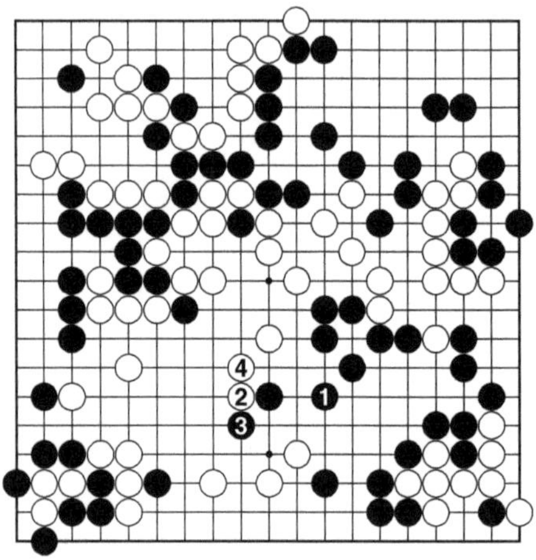

Dia. 33
Auch mit dieser Kombination kommt Schwarz nicht weiter in das weiße Gebiet hinein.

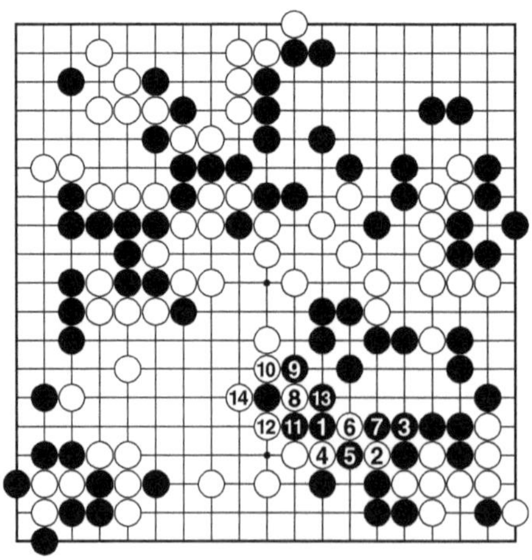

Dia. 34
Schließlich dieser Versuch mit Schwarz 1. Weiß 8 ist Tesuji und am Ende gibt es das gleiche Ergebnis. Weiß sichert ein riesiges Gebiet.

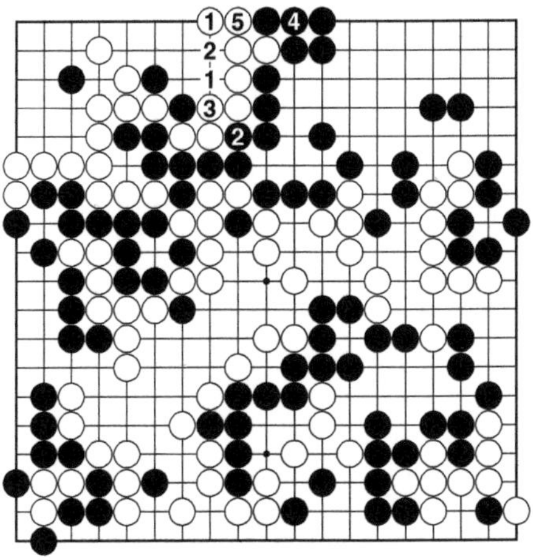

Dia. 35
Besser wäre diese Variante für Weiß 182. Weiß hat so zwei Punkte.

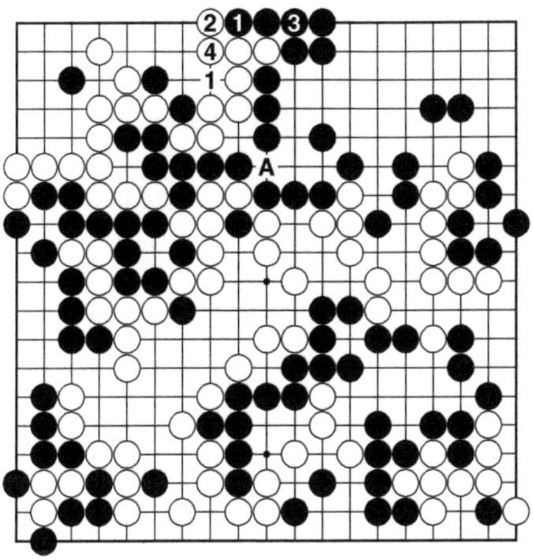

Dia. 36
In der Partie hat Weiß nur einen Punkt auf 1 und Schwarz die Chance, einen Punkt auf A zu machen. Der Unterschied beträgt einen halben Punkt.

Figur 4 (201 - 245)

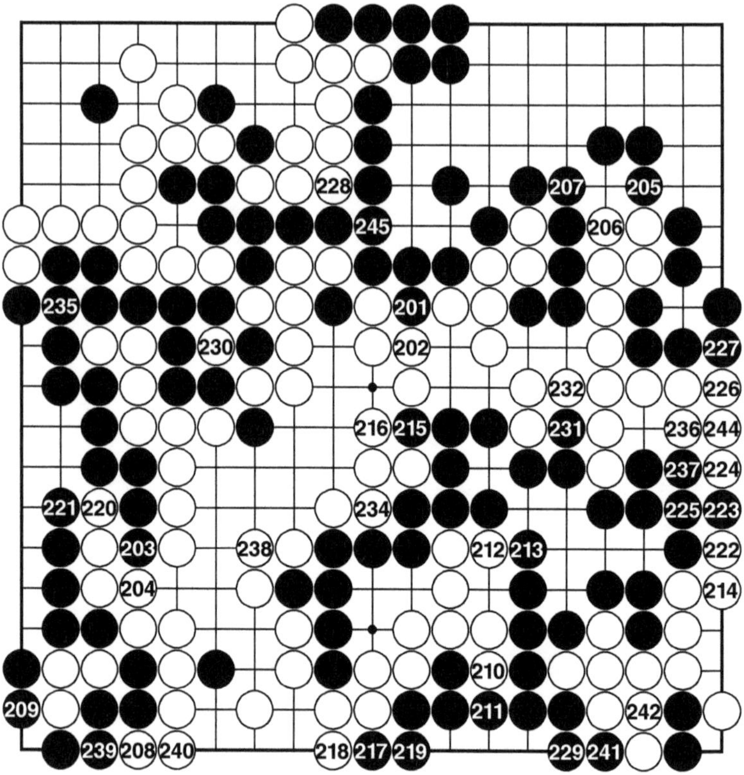

Schwarz 233 neben 230, Schwarz 243 auf 230

Schwarz gewinnt nach 245 Zügen mit 3,5 Punkten.

Liu Shizhen hat in dieser Partie sehr stark aufgespielt und Gu Li in arge Bedrängnis gebracht. Dies hätte sein erster Titelgewinn sein können. Doch dann sind ihm zwei kleinere Fehler unterlaufen, die Gu Li sofort zu seinem Vorteil ausgenutzt hat.

Gu Li gewinnt mit dieser Partie den Tianyuan-Titel das fünfte Mal in Folge.

Glossar

Aji	Wörtlich: „Geschmack". Möglichkeiten, die in einer Stellung vorhanden sind. Bei der Ausnutzung dieser Möglichkeiten kommt es meist auf den richtigen Zeitpunkt an.
Atari	Ein Stein oder eine Gruppe von Steinen mit nur noch einer Freiheit, die im nächsten Zug geschlagen werden können.
Byoyomi	Zusätzliche Bedenkzeit, die ein Spieler bekommt, wenn seine reguläre Bedenkzeit abgelaufen ist. Profis spielen z.B. mit zehn Züge á eine Minute. Wenn innerhalb der ersten Minute gezogen wird, hat man für den nächsten Zug wieder eine volle Minute Bedenkzeit. Wenn innerhalb der ersten Minute nicht gezogen wird, wird das Byoyomi um einen Zug reduziert. Wenn der Spieler insgesamt zehnmal eine Minute überschritten hat, verliert er auf Zeit.
Hane	Diagonalzug eines Steins, der um einen gegnerischen Stein umbiegt.
Joseki	Ein formelhaftes Abspiel. Es wird meistens in der Ecke gespielt, kann aber auch am Rand oder in der Mitte gespielt werden. Das Resultat ist normalerweise lokal ausgeglichen.
Keima	Pferdesprung.
Kikashi	Zwangszug, der beantwortet werden muss. Der Unterschied zu einem normalen Vorhandzug liegt darin, dass er Aji schafft und keinen direkten Profit bringt. In den meisten Fällen können die Steine ohne Probleme wieder geopfert werden.
Ko	Stellung, in der wiederholendes Schlagen eines einzelnen Steines möglich ist. Die Ko-Regel verbietet daher, in einem Ko sofort zurückzuschlagen.
Komi	Anzahl von Punkten, die der schwarze Spieler dem Weißen als Ausgleich dafür gibt, dass Schwarz anfängt.
Kosumi	Diagonalzug.
Miai	Zwei gleichwertige Brettpunkte.
Moyo	Potentielle Gebietsanlage, die noch invadiert werden kann.
Nakade	Bezeichnet eine Innenform, in der der Gegner durch das Setzen eines Steins zwei Augen verhindern und so die Gruppe töten kann.
Ponuki	Form von vier Steinen einer Farbe um einen Schnittpunkt herum.
Seki	Position, in der zwei gegnerische Gruppen leben, weil sie sich nicht angreifen können; lokales Patt.
Semeai	Tötungswettlauf zweier Gruppen, bei dem nach und nach die letzten Freiheiten der zwei Gruppen zugesetzt werden.
Tianyuan	Mitte des Himmels. Brettmittelpunkt. (jap. *tengen*)
Tenuki	In einer lokalen Situation nicht antworten, sondern den letzten Zug des Gegners ignorierend an anderer Stelle auf dem Brett weiterspielen.

Tesuji	Ein technisch guter Zug, der in einer lokalen Situation das Optimum darstellt. Nur dieser Zug erreicht etwas, das kein anderer Zug erreichen kann.
Treppe	Eine Technik, mit der eine Gruppe gefangen wird, die nur noch zwei Freiheiten hat. Man spielt immer wieder Atari und treibt die Gruppe so an den Rand oder auf einen eigenen Stein zu, wo sie dann gefangen wird.

Die Schatztruhe

Nakayamas Go-Geschichten und Rätsel

Nakayama Noriyuki

„Nakayama erzählt uns etwas über die Atmosphäre im japanischen Go. Geschichten, die uns die menschlichen Seiten der Sakatas, Kajiwaras, Chos und der anderen Go-Legenden zeigen, die der abendländische Go-Spieler meist nur aus den Go-Nachrichten oder vom Nachspielen ihrer Partien kennt. Geschichten, die aus dem Leben gegriffen sind und dabei auch doch so einzigartig wirken, dass man sich wundert, ob Nakayama eigentlich immer dabei ist, wenn in der japanischen Go-Welt etwas Spannendes passiert."

Michael Marz
Präsident des Deutschen Go-Bundes

„Die Schatztruhe" ist die erste deutschsprachige Ausgabe des beliebten Buches von Nakayama Noriyuki aus den 1980er Jahren. Es enthält sieben unterhaltsame Essays, drei Partiekommentare und zwanzig ausgewählte Go-Probleme.

In den Essays plaudert Nakayama aus dem Nähkästchen. Er erzählt amüsante Anekdoten aus der japanischen Profi-Go-Szene. In den Partiekommentaren erläutert er nicht nur das Spiel, sondern berichtet auch detailliert über die Spieler. Die meisten der Probleme sind Treppenprobleme, die Nakayama selbst komponiert hat. Das Buch ist weniger zum Studieren geeignet, sondern soll in erster Linie die Freude am Go vermitteln.

Nakayama Noriyuki wurde 1932 in der Nagano-Präfektur in Japan geboren. 1953 wurde er Schüler von Suzuki Goro 8. Dan und erlangte 1962 Profistatus. Im Jahr 2002 erhielt er den Okura-Preis für die Verbreitung und Förderung des Go-Spiels.
Nakayama ist nicht nur ein ehrgeiziger Buchautor, er veröffentlicht ebenso regelmäßig Beiträge in der japanischen Tageszeitung Asahi.

BRETT UND STEIN VERLAG

2008, 184 Seiten, EUR 19,90
ISBN 978-3-940563-02-6